Gregor Weber
Kochen ist Krieg!

Gregor Weber

Kochen ist Krieg!

Am Herd mit deutschen Profiköchen

Mit Fotos vom Autor

Piper München Zürich

Mehr über unsere Autoren und Bücher:
www.piper.de

Alle Fotos mit freundlicher Genehmigung von Gregor Weber.
S. 296: Stephan Pick

Mix
Produktgruppe aus vorbildlich bewirtschafteten
Wäldern und anderen kontrollierten Herkünften
www.fsc.org Zert.-Nr. GFA-COC-001223
© 1996 Forest Stewardship Council

ISBN 978-3-492-05293-1
5. Auflage 2009
© Piper Verlag GmbH, München 2009
Umschlaggestaltung: Büro Jorge Schmidt, München
Satz: psb, Berlin
Druck und Bindung: CPI – Clausen & Bosse, Leck
Printed in Germany

In liebevoller Erinnerung gewidmet meinem Vater Erich

Ich wünschte, Du könntest das lesen.
Du fehlst mir.
Jeden Tag.

inhalt.

lehre.

Vom Fernsehclown zum À-la-carte-Killer
in zwei Jahren

Die Doppeltür schwingt, whap, whap, whap spuckt sie drei
Kellner in die Küche.

»Zwei Gäste neu!«

»Einmal vier und einmal drei Gäste neu!«

»Tisch dreiundzwanzig kann weiter!«

Nummer eins schneidet Brot auf, Nummer zwei schnappt
vier Amusegueule vom Pass und fliegt wieder in den Gastraum, Nummer drei surft Richtung Klo, eher für eine has-
tige Zigarette als zum Pinkeln.

Küchenchef Marc klatscht zweimal und brüllt wie ein
Ringsprecher beim Boxen: »Okay, Jungs. Als Nächstes gehen
zwei Loup, einmal St. Pierre, ein Reh, eine Ente an die dreiundzwanzig. Haben das alle?«

»Jawoll, Chef!« Kasernenton.

»Wann schicken wir?«

»Saucier fertig in vier.«

Marc high fived mit dem Saucier: »Geiler Typ! Entremetier, was ist mit den Beilagen?«

»...«

»Jemand zu Hause am Entremetier??«

»Gleich ... äh ...«

9

»Was gleich, was äh? Was ist, bitteschön, unklar an zwei Loup, einem St. Pierre, einem Reh und einer Ente? Brauchen Monsieur noch Zeit zum Nachdenken? Saucier ist fertig in vier Minuten und ich frage dich: W-a-n-n, das meint: Wann kannst du schicken dein Scheiß? Also?«

Mist. Schon wieder aus der Kurve geflogen.

Es ist ein Samstagabend im Sommer vor fünf Jahren in der Küche des Berliner Spitzenrestaurants »VAU«. Hier arbeiten gerade elf Köche und Kochlehrlinge plus zwei Spüler, draußen im Service flitzen sechs Kellner. An den Tischen werden über sechzig Gäste erwartet. Sie sind wie immer in der Überzahl, und wer in Küche und Service nicht aufpasst, kämpft schnell auf verlorenem Posten.

Die kriegerische Terminologie passt durchaus zum beruflichen Selbstverständnis in der Gastronomie, denn die historische Abstammung von der Trossküche des mittelalterlichen Heeres schlägt sich in der auch heute noch quasimilitärischen Organisation von Profiküchen nieder. Das gesamte Küchenpersonal wird subsumiert unter dem Begriff »Brigade«. Die Brigade wiederum wird unterteilt in einzelne »Posten«, französisch »Partie«. Jeder Posten hat eine klar umrissene Aufgabe und einen altertümlichen französischen Namen: Der »Garde-Manger«, die »Essenswache«, ist für die kalte Küche und die Vorspeisen zuständig. Früher war er auch der Aufseher über die Lagerung und die sehr heikle Kühlung, daher der Name. Der »Entremetier«, also »Zwischengerichtemacher«, stellt die Beilagen zu den Hauptgängen her – Gemüse, Kartoffeln in allen Variationen, Teigwaren, Reis sowie alle Suppen. Der Posten »Saucier« ist für Fleisch, Fisch und Saucen zuständig. Derjenige Saucier, der den Fisch macht, nennt sich »Poissonnier«. Zu guter Letzt der »Patissier«, verantwortlich für Desserts, Kuchen, Gebäck und Brot.

In großen Brigaden gibt es noch feinere Unterteilungen, wie den »Potager«, der ausschließlich Suppen kocht, oder den »Charcutier«, den Küchenmetzger, der angelieferte Tiere zerlegt, Fleisch pariert und portioniert. In sehr traditionellen Hotelküchen heißen die Spüler gar »Casserolier«, ein an Spott grenzend feiner Begriff für einen der härtesten Jobs in der Gastronomie.

In meiner Lehrküche stehen an jedem Posten zwei Leute, dazu kommen insgesamt zwei bis drei Springer, meist Lehrlinge, die diverse Vorbereitungen übernehmen, das Aufräumen und Putzen erledigen sowie auf Zuruf alles machen oder herbeischaffen, was die Posten gerade benötigen. Die beiden Spüler teilen sich die Aufgaben strikt: Einer reinigt Geschirr und Besteck aus dem Restaurant, der andere die Töpfe und Pfannen der Köche, alles im Akkordtempo.

Die einzelnen Köche wiederum haben regelrechte Dienstgrade, die ihre Erfahrung und auch ihre Befehlsgewalt widerspiegeln. Ganz unten, wenn man mal vom »Apprenti«, dem Lehrling – also unter anderem mir –, absieht, steht der »Commis«, der »Gemeine«, der befehligt wird vom »Demichef de partie«, dem stellvertretenden Postenchef. Darüber steht der »Chef de partie«, dann kommt der »Sous-chef«, der Stellvertreter des »Chef de cuisine«, des Küchenchefs. Und wie beim Militär wird auch hier gerne mal gebrüllt. Überhaupt, die Sprache: Kaum ein Arbeitsplatz dürfte in vergleichbarem Maße von Fäkalsprache und Aggression geprägt sein. Ein Teigschaber aus Kunststoff heißt hier, pardon, »Gummifotze«, ein Schneebesen mit Spirale »schwuler Schneebesen, weil die immer annander hängenbleim«, wie man mir grinsend erklärt. »Scheiße«, »Wichser«, »Penner« – alle drei Minuten hört man einen dieser Begriffe. Vegetarier und Allergiker sind »Foodkrüppel«, die gefälligst in andere »Scheißrestaurants« zu gehen und Ärger zu machen haben.

Doch allen verbalen Entgleisungen zum Trotz: In einer Spitzenküche spuckt keiner in die Suppe, wird Essen, mit dem ein Gast nicht zufrieden ist, anstandslos neu gemacht. Der Fußboden mag zwar oft aussehen wie eine Müllkippe, was mit dem massiven Zeitdruck zu tun hat, aber Arbeitsflächen und Schneidbretter sind blitzblank und stets aufgeräumt. Denn: »Wie's auf deinem Brett aussieht, so sieht's in deinem Kopp aus!« Das war eine der ersten Regeln, die ich in der Ausbildung lernte. Peinlich gründliche Handhygiene und höchste Ansprüche an die Frische und Qualität der Zutaten sind hier selbstverständlich. Vor dem Abendservice putzen sich die Köche gründlich die Zähne, damit sie gut abschmecken können. Und obwohl kein Gast sie sieht, schlüpfen sie jeden Abend in eine frische, strahlend weiße Kochjacke. Das ist eine Frage der Ehre und des Berufsstolzes.

Ich koche heute als zweiter Mann am Entremetierposten. Das Restaurant ist ausgebucht, und mein Postenchef hat mich kurz allein gelassen. Er ist, wie die meisten hier, Mitte zwanzig. Küchenchef Florian ist Anfang dreißig, sein Kollege Marc fünfunddreißig. Ich bin sechsunddreißig und Praktikant. Extrawurstlehrling. Ich will hier lange genug arbeiten, um die IHK-Prüfung ablegen zu können. Fast ein Jahr habe ich schon geschafft.

Der Service läuft seit fünfundvierzig Minuten – und wird noch gut vier Stunden dauern. Jeder Gast wird im Schnitt drei bis vier Gänge plus je zwei Amusegueule essen, das heißt, wir schicken heute mindestens einhundertachtzig bis zweihundert große und einhundertzwanzig sehr kleine Teller mit frisch zubereitetem Gourmetessen in höchster Qualität raus. Schließlich befinden wir uns in einer der besten Küchen Berlins. Das »VAU« ist mit 17 von 20 möglichen Punkten im Gault Millau bewertet und trägt seit mehr als zehn Jahren einen Michelinstern. Um hier zu kochen, braucht man Power,

Konzentrationsfähigkeit und eiserne Nerven. Man muss über solides handwerkliches Können und sehr flinke Finger verfügen. Verbrennungen und Schnittwunden dürfen einen nicht davon abhalten, bis zum Serviceende weiterzuarbeiten, und Anschisse hart an der Beleidigungsgrenze muss man widerspruchslos schlucken können.

Die Köche arbeiten gut sechzig Stunden in der Woche, und sie verdienen kein Vermögen dabei. Der Deal geht so: Du ackerst dich hier und in ein paar anderen Spitzenküchen zehn, fünfzehn Jahre lang krumm und bucklig, und dann kannst du alles, was du können musst, um vorne mitzuspielen. Das heißt aber nicht, dass du vorne mitspielen wirst.

Eine Vielzahl von sehr guten Restaurants überall in der Republik entlässt jedes Jahr mehr und mehr topp ausgebildete Jungköche in die Welt. Manche bleiben auf der Strecke. Halten dem Druck nicht stand, wechseln den Beruf, gehen zwei, drei Gastronomieklassen tiefer, weil da der Stress etwas abnimmt, oder driften ab in Drogen und Alkohol. Für die, die dranbleiben, gilt: Nicht jeder gute Koch ist auch ein guter Küchenchef, nicht jeder gute Küchenchef ist auch ein guter Wirt. Außerdem hat der Kochboom der letzten Jahre das Niveau der deutschen Spitzengastronomie um einiges angehoben. In dieser Kategorie können sich die Chefs die besten Aspiranten aussuchen, die meisten Lehrlinge haben Abitur.

Meine aktuellen Jobs für Tisch dreiundzwanzig sind: weiße und schwarze Cavatelli (sehr kleine Nudeln, natürlich hausgemacht) in weißem Tomatenfond mit Passe Pierre, einer kleine Wasserpflanze, und Ofenpaprika zu den Loups de mer liefern. Für den St. Pierre mit Ochsenmark und Kalbsjus muss ich Safranrisotto zubereiten. Zum Reh gehören geschmorte Artischocken und ein Kartoffel-Wildkräuter-Püree, die Ente wird von gegrilltem Trevisano Tardivo, einer Art Radicchio, und cremiger Polenta begleitet. Alles gleichzeitig, und natürlich alles in der Qualität, die der Gast für fünfunddreißig Euro pro Teller erwarten kann. Außerdem: Wenn ich nicht das Gesicht verlieren will, alles in vier Minuten, denn dann sind Saucier und Poissonnier bereit zum Schicken.

Es ist neunzehn Uhr fünfundvierzig, der Service geht heute locker bis halb zwölf, es sind erst vierzehn von gut fünfundsechzig erwarteten Gästen da, und ich stecke jetzt schon in der Scheiße.

Eine Küchenbrigade im Service muss man sich wie ein schnell drehendes Uhrwerk vorstellen. Ein Zahnrad greift ins andere, und wenn es irgendwo hakt, kann alles zum Stillstand kommen. Bei mir knirscht es zumindest schon: Die Fertigstellung meiner Beilagen muss exakt mit zwei anderen Posten der Küche abgestimmt werden. Mit dem Saucier, der das Fleisch und die Saucen zubereitet, und dem Poissonnier, der den Fisch macht. Die beiden arbeiten mit dem richtig teuren Zeug – Loup de mer, St. Pierre oder Petersfisch, Rücken und Keule vom Brandenburger Reh sowie Brust und Keule von der Oldenburger Ente, Warenwerte um die zwanzig Euro.

Wenn sie mich mögen und wenn ich sie nicht enttäusche, helfen sie mir dabei sogar. Das heißt: Der Poissonnier fragt, bevor er den Fisch in die Pfanne haut, und der Saucier sagt mir Bescheid, wann das gebratene Fleisch fertig geruht haben wird. Wenn sie mich nicht mögen oder ich sie schon enttäuscht habe, dann muss ich selber sehen, wie weit sie sind. Und dann habe ich kaum eine Chance, die Beilagen rechtzeitig zu liefern. Nämlich dann, wenn die Jungs fertig sind.

Bin ich zu langsam, müssen sie den teuren Fisch und das exklusive Fleisch wegschmeißen und noch mal braten. Das mögen sie nicht, das mag der Küchenchef auch nicht, das mag der Wirt schon überhaupt nicht.

Also ranhalten.

Habe ich meine Beilagen dann fertig, wartet ein Nadelöhr. Die Qualitätsprobe am Pass. Das ist der Ort, an dem das Essen angerichtet und von den Kellnern abgeholt wird. Hier steht der Abendchef und prüft. Was seinen Ansprüchen nicht genügt, wird verbessert oder, falls das nicht geht, weggeworfen und neu gemacht. Fallen meine Beilagen durch, kann der ganze Teller nicht raus, Fleisch und Fisch müssen ebenfalls neu gemacht werden. Wenn man sich all das Essen vor dem Nadelöhr vorstellt und den Druck, mit dem es dort hindurchgepresst werden muss, um in der erforderlichen Frequenz zu den Gästen zu kommen, wird einem klar, warum man in Profiküchen Essen »schickt«. Es ist ein hochdynamischer, stundenlang anhaltender Prozess, der nicht stoppen darf und auf Französisch »envoyer« heißt.

Während mir langsam der Schweiß in den Kragen rinnt, kommt mein Postenchef endlich zurück. Er schimpft irgendetwas von »nicht mal fünf Minuten alleine lassen«, allgemeines Gelächter um mich herum, mir egal, jetzt zählt nur eins: Denny is back. Der Chef-Entremetier bringt uns wieder zurück aufs Gleis. Dann kann der Küchen-ICE weiter durch die Nacht und durch meinen Kopf rasen. Neue Gäste, neue Bestellungen, mehr Bons an der Leiste, Extrawünsche noch und noch.

Den St. Pierre bitte ohne Ochsenmark, statt Artischocken lieber Vichy-Karotten (stehen nicht auf der Karte, müssen komplett neu gekocht werden), das Reh bitte durchgebraten, nein medium-rare, nein doch ganz durch, reg dich nicht auf, mach's noch mal, ach, da ist ein Vegetarier, der will aber sechs Gänge essen.

Jetzt ist Denny voll gefordert. Als Chef-Entremetier muss er sich aus dem Stand ein vegetarisches Menü einfallen lassen. Er tritt gegen den Herd und motzt über die »Scheißveggies«, worauf ihm Küchenchef Florian, der heute als

Chefsaucier am Herd steht, sofort eins überbrät. Wenn er jetzt ausraste, könne er sich gerne umziehen und heimgehen. Oh nein. So wie Denny heute drauf ist, macht der das doch gleich. Dann lass ich aber die Luft komplett aus mir raus und geh durch den Abfluss heim.

Doch Denny-Man beruhigt sich, Profi halt, Gott sei Dank. Wenn beide Küchenchefs da sind, ist außerdem natürlich der Druck viel höher. Also konzipieren Denny und Marc innerhalb von drei Minuten ein vegetarisches Sechsgangmenü und legen los. Wir sind ein Sternerestaurant, der Gast ist König. Aber hallo.

Um halb zwölf haben wir es geschafft. Ging dann doch ganz gut. Denny ist zufrieden mit mir: »Wird doch langsam. Aus dir mach ich noch 'nen richtigen À-la-carte-Killer, und jetzt räum uff!« Beim Putzen denke ich an eine der großen Weisheiten aus dieser Küche und wie bescheuert ich die beim ersten Hören fand: »Kochen ist Krieg, Mann!«

Wie also gerät ein Familienvater und gelernter Schauspieler in seinen eher späten Dreißigern als Praktikant in eine Sterneküche voller High-Speed-Jungköche?

Mit Ende zwanzig konnte ich nicht mehr als Spaghetti à la Miracoli und Chili con Carne kochen. Mein Salatdressing war okay, und ein Rumpsteak habe ich, na ja, nicht vollständig ruiniert. Damit kommt man als Student gut durch, aber plötzlich war ich verheiratet, Vater und irgendwie erwachsen. Meine Frau stammt aus einer durch und durch kulinarischen Familie, Vater im Feinkostgeschäft, Mutter kocht Siebeck an die Wand, irgendeine Urgroßmutter war Köchin bei »feine Leut«. Und das alles ist definitiv nicht spurlos an ihr vorbeigegangen.

In einer konservativen Familienkonstellation darf ein hart arbeitender Ehemann und Vater die Früchte solcher Vorbildung ganz entspannt beim pünktlich auf den Tisch gestellten Abendessen genießen. Aber in einer modernen Beziehung sollte ein häufig arbeitsloser Schauspieler, der mit einer akademisch gebildeten und emanzipierten Frau zusammenlebt und Kinder mit ihr großzieht, ganz schnell zusehen, dass er anständig kochen lernt. Meine Frau zeigte sich bei diesem Prozess geduldig und leidensfähig. Sie motivierte mich ausschließlich durch Lob, was auf eine herausragende schauspielerische Begabung schließen lässt. Und, Wunder der modernen Pädagogik, ich wurde wirklich besser. Aber vor allem machte mir die Sache richtig Spaß.

Durch die immer wiederkehrenden Berufskrisen hatte sich überdies die Erkenntnis durchgesetzt, dass ich einen zweiten Beruf brauchte, psychisch und finanziell. Als Freunde von uns ihr erstes Restaurant eröffneten, grandioser Zufall, drängte ich mich ihnen als Hilfskoch auf. Nun zeigten sich die Nachteile des Kuschelkurses meiner Frau. Ich ging den neuen Job in brutaler Selbstüberschätzung an und wollte schnell zum gefeierten Spitzenmann des Etablissements aufsteigen.

Doch die nach klassischer Art durch Demütigung und Schweiß ausgebildeten Profis der Küche gaben ihre eigenen Erfahrungen ungefiltert an den ehrgeizigen Neuling weiter und machten in kürzester Zeit ein nervliches Wrack aus mir. Nach eineinhalb Jahren warf ich das Handtuch.

Mit der Schauspielerei lief es dann auch zeitweilig besser, und so blieb ich ein halbes Jahr abstinent. Dann traf ich bei einer Osterfeier einen Freund, den ich länger nicht gesehen hatte. Florian war seit einiger Zeit Küchenchef in Kolja Kleebergs »VAU«, und ich hörte mir schüchtern seine Erzählungen vom Krieg der Sterne an. Meine Frau gab meinem Leben einen Schubs und schickte mich zum Praktikum dorthin. »Eine Woche nur, guck's dir mal an.«

Und in der Woche passierte es.

Ich sah und roch Essen von einer Güte und Schönheit,

die ich nicht für möglich gehalten hatte, und mir wurde klar, dass man zu solcher Meisterschaft nur mit harter Disziplin und viel, viel Übung kommt. Das Koch-Virus hatte mich erwischt, und ich nutzte den ersten Fieberschub, um Nägel mit Köpfen zu machen. Kolja Kleeberg, der Capo di tutti Capi, hatte Verständnis für meine »Erkrankung«, hörte sicher auch die Meinung seiner Küchenchefs, die ich Gott sei Dank nicht kannte, klärte die Einzelheiten mit der IHK Berlin und holte sich einen übermotivierten sechsunddreißigjährigen Praktikanten ins Haus.

Wie alle Anfänger und Aficionados war auch ich wochenlang ein Meister der Verdrängung. Im gastronomischen Himmel angekommen, Meisterschüler in einer der hundert besten Küchen der (Gault-Millau-)Welt, sah ich eine strahlende Zukunft als Topf- und Pfannenmagier vor mir. Die nach einem Monat einsetzende Erschöpfung und erste Frustrationen machten mir dann einen etwas nüchterneren Blick auf meine neue berufliche Realität möglich. Und die sieht so aus: Es ist heiß in der Küche, sehr heiß, es gibt kaum natürliches Licht, den ganzen Tag über rumpelt die Abzugshaube, Töpfe und Pfannen scheppern. In den Vorbereitungszeiten, der Mise en place, dröhnt meistens Techno oder Hip-Hop in Triebwerkslautstärke durch die Küche, dauernd soll man schneller und noch schneller machen, und trotzdem werden die Erledigungslisten einfach nicht kürzer.

Lieferanten kommen, der Küchenchef checkt und schimpft und handelt den Preis herunter, während das Fußvolk unzählige Kisten und Paletten verräumt. Immer mehr Essen wird in die Kühlräume gestopft, mit Köpfchen geht's, mit Gewalt geht's besser.

Am Anfang verbringt man ganze Tage mit aufräumen, putzen und Gemüse schnibbeln, immer wieder Gemüse schnibbeln. Alle möglichen Formen von klassischen Schnitten: Juliennes, ganz feine Streifen, Brunoises, ganz feine Würfelchen, Bâtonnets, grobe Stäbe, wie Pommes frites, Paysannes, grobe Würfel. Oder feine Scheiben von Karotten runterschneiden, zack, zack, zack. Zwiebeln und Schalotten in Ringe oder Würfel oder Blätter oder Streifen schneiden. Dabei lernt man vor allem, schnell und präzise mit dem Messer zu arbeiten. Und welches Messer man für welche Arbeit benutzt. Wenn man diese Grundtechniken gut intus hat, kommen Fleisch zerlegen, Fleisch parieren und Fisch filetieren an die Reihe. Krustentiere ausbrechen und bei Krebsen die Därme ziehen. Hummer im kochenden Wasser killen und die Scheren knacken, ohne das Fleisch zu verletzen, das ist dann schon für Fortgeschrittene.

Die Arbeitszeiten: neun Uhr dreißig umgezogen am Posten, Mise en place bis zwölf. Ab zwölf Uhr Mittagsservice bis vierzehn Uhr dreißig, meistens aber bis fünfzehn Uhr. Ein bis zwei Stunden Pause, aber nur, wenn wirklich nichts zu tun ist, was aber so gut wie nie vorkommt. Dann wieder Mise en place bis achtzehn Uhr. Pause mit Personalessen für alle Köche, Kellner und Spüler. Ab neunzehn Uhr Abendservice. An ruhigen Abenden bis halb elf, an schlimmen geht das letzte Dessert um eins aus der Patisserie raus. Nach dem Service wird die ganze Küche geputzt, alles ordentlich verräumt und durchgezählt, die Bestellungen für den nächsten Tag werden bei den Lieferanten aufs Band gequatscht, und ab nach Hause. Das ist Teildienst.

Frühdienst geht von neun Uhr dreißig bis neunzehn Uhr, Spätdienst von vierzehn Uhr bis Ende. Die Ausgelernten haben drei Mal Teildienst pro Woche und zwei Mal Früh- oder Spätdienst. Zwei Tage frei.

Und wofür die ganze Plackerei? Zum Beispiel für Folgendes: Schon ab dreiviertel Zehn macht sich die Karawane der Düfte auf ihren Weg. Zum Reduzieren aufgesetzter Schmorfond, frischer Gemüsefond, Geflügelfond, Rührei fürs Personalfrühstück, die Enten im Kombidämpfer, die Wildknochen, die im Ofen rösten, für die Sauce. Aus der Patisserie ziehen Schwaden mit dem Duft von hausgemachten Baguettes nach vorne. Die Lehrlinge schneiden im Takt Gemüse klein und reden übers Wochenende, das vergangene oder das kommende.

Solange man im Zeitplan bleibt, ist Raum fürs Quatschen und fürs Lernen. Jeden Tag neue Küchenwunder. Wie setzt man Fenchelsuppe an, wie wird Heilbutt filetiert, was braucht man für eine Mousse au Chocolat, wie wird Rotweineis hergestellt, wann ist eine Kalbsjus perfekt?

Die Leute, von denen man hier lernt, haben es drauf. Brandenburger Landjungs mit Hauptschulabschluss und Kaffeekinn, Ostberliner Ex-Sprayer, Westberliner Techno-Überlebende. Küchenchef Florian war schon bei seiner Facharbeiterprüfung Landesbester in Bayern, Stefan, sein Nachfolger, wäre bei seiner Prüfung beinahe durchgefallen, Marc war ursprünglich Galerist und hat die Kochlehre erst mit fünfundzwanzig gemacht. Alle drei sind heute absolute Spitzenmänner. Einer der Lehrlinge ist auch schon dreißig, gelernter Maurer und Kontrabassist. Er schult jetzt um auf Koch und geht in seiner spärlichen Freizeit zum Kickboxen.

Manche Tischgesellschaft gibt hier an einem Abend etwa so viel aus, wie die meisten der Köche in einem Monat netto verdienen; die Menüs, die wir kochen, kosten leicht mal hundertdreißig Euro; und die Gäste finden das gar nicht so teuer. Nicht nur, weil Gäste in Sternerestaurants eben Geld haben, sondern vor allem, weil es nicht viele Orte gibt, an denen man so gutes Essen bekommt. Essen, dessen Geschmack Menschen überwältigt.

Wenn man zu Beginn der Ausbildung gelegentlich beim Abendservice zuschaut, versteht man gar nichts. Kellner annoncieren Gäste und Tischnummern, die Köche verständigen sich über zwei Herde hinweg rufend, der Chef am Pass spricht eine unverständliche Sprache. In ungeheurer Geschwindigkeit wird Essen kunstvoll auf Tellern arrangiert, fliegen Löffel in Schlenkern über die Kunstwerke und tropfen kräftig-aromatische Saucen zu präzise abgezirkelten Klecksen, Streifen und Kreisen zwischen die Köstlichkeiten.

Es entsteht der Eindruck von Zufälligkeit, aber tatsächlich ist jedes Gericht nach genauen Regeln und Vorstellungen geschmacklich und optisch komponiert. Und der Anfänger spürt schmerzhaft: Egal, wie weit der Weg noch sein mag, das ist es!

Nach Monaten der Grundausbildung, nach langsamem Start im Mittagsgeschäft ist es dann so weit. Der erste Abendservice steht an, die Feuertaufe. Sie verläuft in der Regel furchtbar. Zu viel auf einmal wird verlangt. Die Bons im Blick haben, vorausdenken, nicht die kleinste Kleinigkeit vergessen. Man muss eigentlich die ganze Karte im Kopf haben, zum Nachgucken ist keine Zeit. Welche Beilagen zu welchem Fleisch oder Fisch? Das eine gibt man halb roh zum Chef, das andere vergisst man im Ofen. Debakel reiht sich an Debakel. Auch noch bei den nächsten Versuchen. Aber wenn man dranbleibt, sich festbeißt und wenigstens kleinste Fortschritte zeigt, bekommt man immer wieder eine neue Chance. Und irgendwann ist der Abend da, an dem alles klappt. Nichts vergessen, nichts verbrannt, alles gut abgeschmeckt, nach dem letzten Teller klatscht der Postenchef ab und sagt: »Geiler Service, Mann!« Danach ein Bier, vom Chef persönlich gezapft, »aber nicht durchdrehen jetzt, Junge«, aufräumen, Bestellung machen, umziehen, ab aufs Fahrrad. Das Grinsen kriegt man auf dem ganzen Heimweg nicht mehr aus dem Gesicht. Und morgen geht's von vorne los.

Nachdem der Capo di tutti Capi, seine Küchenchefs Florian, Marc und später Steppel, mein erster Postenchef Denny, außerdem Killah, Holger, Ferdi, Steffen, Ela und noch ein paar andere nervenstarke Küchenprofis sich zwei Jahre mit mir herumgeschlagen hatten, war es dann so weit: Ende August 2006 bestand ich vor der IHK Berlin die Abschlussprüfung und darf mich seitdem ernsthaft »Koch« nennen und schwarze Knöpfe an meiner Kochjacke tragen. Eine Karriere im Zweitberuf habe ich mir dennoch abgeschminkt. Ich bin zu alt und zu bequem, um mich jetzt noch auf die dafür nötige jahrelange Ochsentour durch zig Küchen zu begeben. Aber der Virus ist latent. Wenn ich essen gehe, versuche ich immer einen Blick in die Küche zu werfen. Selbst schlechte Kochsendungen – und die meisten sind schlecht, weil sie nicht von Köchen, sondern von Fernsehleuten konzipiert werden – fesseln mich an den Fernseher.

Ich bin immer noch mit Kollegen aus der Lehre befreundet und verfolge ihren Weg sowohl mit Neid als auch schlechtem Gewissen, als hätte ich Kriegskameraden im Stich gelassen und mich auf einen Etappenposten gerettet. Jetzt bin ich nur noch ferner Zeuge ihrer Taten.

Was mich am meisten beeindruckt hat in meinen bisherigen Küchenjahren, sind die Hingabe und der ungeheure Handwerkerstolz, mit dem in der Spitzengastronomie gearbeitet wird. Und zwar von jungen Leuten, die ja heutzutage angeblich für alles zu faul und zu oberflächlich sind. Selbst das Mittagessen für die Spüler, meist Afrikaner, wird mit Liebe gekocht, fein angerichtet und mit Respekt für geschmackliche oder kulturell bedingte Vorlieben ausgesucht.

Der ungeheure Kochboom der letzten Jahre hat diesen Berufsstand wie kaum einen anderen ins Licht der Öffentlichkeit gestellt. Dennoch oder vielleicht gerade deswegen sind viele Klischees und Missverständnisse im Umlauf, und ich glaube, dass nach wie vor nur wenige Nicht-Köche eine realistische Vorstellung von gastronomischer Arbeit haben. Deshalb will ich mich jetzt auf Wanderschaft durch deutsche Profiküchen begeben. Ich will sehen, erleben und berichten, wie es in Kantinen und Kneipen, Kombüsen und Kaschemmen zugeht, und was Köchinnen und Köche dort leisten.

Ich möchte herausfinden, ob sich das mittlerweile beinahe hysterische Interesse für Küche und Ernährung in der gastronomischen Wirklichkeit niederschlägt, ob die Deutschen heute besser als früher kochen und essen und ob sie auch mehr von ihren Profiköchen verlangen. Ob die Beliebtheit ausländischen Essens unsere Gesellschaft ein bisschen ausländerfreundlicher macht.

Um sentimentale Erinnerungen an eine aufregende und sehr prägende Lebensphase auf ihren Realitätsbestand zu überprüfen, um dem ungeheuren Kochboom und seinen Ursachen und Folgen ein wenig auf den Grund zu gehen und um einfach mal wieder Zeit mit Köchinnen und Köchen, jenen heldenhaften Dienern am Bauch, zu verbringen, mache ich mich auf eine Reise, deren Ergebnis offen ist. Ich bin gespannt.

gastarbeit.

Immer gucke die Teich, Giorgio!

Giovanni lässt den gesamten Inhalt eines weiteren Fünf-
undzwanzig-Kilo-Sacks 405er Mehl in den riesigen Bottich
der Knetmaschine stauben. »Die Teich isse immer anders,
Giorgio. Muss immer gucke, wie Wetter is, wie kalte is. Wenn
kalte, mehr Efe, aber lasse länger drause vor arbeite. Wenn
Teich su kalte vor arbeite, Pizza kriege die dicke Blase, immer
gucke, immer. Die Teich lebte.«

»Giorgio« bin ich, »Teich« ist Teig und »Efe« ist Hefe.
Giovanni weiß, wovon er redet, mit acht Jahren fing er an,
nach der Schule in derselben Backfabrik zu arbeiten wie sein
Vater. Später durfte er eine richtige Bäckerlehre absolvieren,
und das war für die Verhältnisse seiner Herkunft durchaus
äquivalent zum Hochschulstudium bei etwas besser Gestellten, eine finanzielle Belastung, die die ganze Familie auf
sich nimmt, um der Begabung des Kindes gerecht zu werden. Seinen Teig mischt er, ohne etwas abzuwiegen, die un-
gefähren Mengen sind jeden Tag gleich, und ob etwas mehr
Hefe, Wasser oder Mehl hineinmuss, das sieht Giovanni mit
den Augen und vor allem mit den Händen. Immer wieder
greift er in den Bottich, zieht eine Handvoll Teig nach oben
oder drückt fest einige Male hinein und erklärt mir dabei die

Quintessenz aus über dreißig Jahren als Bäcker. Dass niemals kaltes Wasser in den Teig darf, dass er eben im Winter mehr Hefe braucht, dafür im Sommer der Teig durch die Wärme sehr schnell anfängt zu gehen und deswegen die fertig geformten Teigkugeln ganz schnell in die Kühlung müssen. Dass er kein Olivenöl in den Teig mischt, sondern Pflanzenöl, weil die Backtemperaturen im Steinofen des Restaurants so hoch sind, dass Olivenöl verbrennen und einen bitteren Geschmack verursachen würde. Und, ganz wichtig, den Teig nie länger als fünf Sekunden aus den Augen verlieren.

Giovanni ist ziemlich klein, aber mit der Statur eines Gewichthebers, breites Kreuz, die Arme stehen seitlich immer etwas vom Körper weg, ein gewaltiger Bauch wölbt sich über der Schürze. Sein Kopf ist kugelrund, darauf dicke schwarze Locken, und die kleinen Augen werden von einer sehr schicken und ausgefallenen schwarzen Brille umrahmt. Giovanni lacht schnell und gerne, er strahlt Zufriedenheit im Hier und Jetzt aus. Seit über zwanzig Jahren arbeitet er als Pizzabäcker in diesem Restaurant. An sechs Morgen in der Woche mischt er gut achtzig Kilo Pizzateig im Keller, dann trägt er den Teig in vier bis fünf Fuhren auf einem Blech nach oben, und dort stechen er und sein Kollege Giancarlo, ebenso klein wie Giovanni, aber der drahtige »Giro d'Italia«-Typ, mit Teigkarten über zweihundert Klumpen ab. Dann formen sie daraus in Windeseile glatte Kugeln; Giovanni fasst dazu einen Klumpen mit den Fingerspitzen der rechten Hand, biegt die Linke zu einer Schale, schlägt den Klumpen mit der Rechten ganz sanft in die Krümmung der Linken, lässt kurz los, dreht den Klumpen um die Mittelachse ein Stückchen weiter, fasst wieder zu, schlägt; sechs, sieben mal wird das wiederholt, dann schießen Giovannis kurze und sehr kräftige Arme nach oben, den Teig in die gefalteten Hände geschmiegt, die dann schnell rotieren, und flapp, flapp gleitet eine wunderbar polierte Hefeteigkugel auf ein leicht bemehltes Blech, auf dem sie gemächlich-geschmeidig zu einem fluffigen Fladen zusammensinkt. Das Ganze hat vielleicht sieben, acht Sekunden gedauert. Giancarlo hat eine etwas andere Technik: Er nimmt den Teigklumpen zwischen Finger und Ballen beider Hände und dreht ihn dann, zart ziehend und knetend, einmal um die Mittelachse, legt ihn in die Handfläche der Linken, dann die gebogene Rechte locker, beinahe ohne den Teig zu berühren, darum und bringt den Teig durch Vibration mit der Hand in Kugelform. Genauso schnell wie Giovanni.

Sie lachen über meine ungläubigen Blicke und laden mich ein mitzumachen. Giovannis Technik will meinen teutonischen Fleischzerlegerpratzen gar nicht gelingen, Giancarlos begreife ich, im wahrsten Sinne des Wortes, zwar nach ein paar Versuchen, aber es sieht ziemlich nach »Backe, backe, Kuchen« aus und dauert natürlich ewig. Giovannis Erläuterungen über »die Teich« und vorhandenes Basiswissen über den Gärvorgang im Hefeteig noch im Kopf, ist mir klar, dass bei meinem Produktionstempo in einer Stunde zwanzig Teigklumpen auf Blechen lägen, während die restlichen dreiundsiebzigeinhalb Kilo Teig sich schon längst fröhlich »gehend« auf den Weg in den Gastraum machen würden. Die Jungs lachen mich an, nicht aus, und kneten, drehen und formen in ihrem atemberaubenden Tempo weiter wunderschöne blassgelbe Kugeln, die dann, je zwölf auf einem Blech, mit feuchten Tüchern abgedeckt in den Kühlraum wandern.

Während Giovanni im Keller mit dem Teig zugange war, hat Giancarlo oben den Holzofen in Betrieb genommen. Es ist ein Mordstrumm, von süditalienischen Ofenbauern aus großen Steinen gesetzt, in Deutschland kann das kaum einer. Mit Kupferblech verkleidet steht das Teil prominent im Gastraum. Der tatsächliche Backraum des Ofens ist recht klein, etwa ein Quadratmeter Fläche, knapp fünfzig Zentimeter hoch, in der hinteren linken Ecke wird das Buchenholz aufgeschichtet und dann in Brand gesetzt. Das Feuer brennt also nicht über oder unter den Pizzen, sondern direkt daneben. Dieser Ofen erlischt nie ganz, ist auch während der Nacht heiß. Das Restaurant hat täglich geöffnet, jeden Morgen wird von Neuem Holz aufgeschichtet und dann während des ganzen Tages nachgelegt. Dem Heizen schenken die Bäcker genau dieselbe Aufmerksamkeit wie dem Einschieben und Backen der Pizzen. Jeder Scheit wird mit einem Backschieber liebevoll in der Feuerecke platziert, seine Position geprüft und gegebenenfalls korrigiert. »Die Aroma von die Rauc'e isse genauso wiktige wie de Hitze«, lerne ich von Giovanni. Vor ein paar Jahren haben sie den Lieferanten des Holzes gewechselt, weil beim Vorgänger erst die Qualität schwankte und dann gar verschiedene Holzsorten im Sack waren. Der jetzige ist zwar teurer, aber in jedem Sack ist ausschließlich immer gleich lange abgelagertes Buchenholz in immer gleicher Qualität. Da kennen die beiden nichts und ihr Chef ebenso.

Die Pizza aus dem einzigen Buchenholzofen der Gegend ist eines der Erfolgsgeheimnisse dieses Restaurants, und die Leute nehmen durchaus längere Anfahrten in Kauf, um sich hier ihr Essen zum Fernsehabend zu besorgen. Wenn man den Gastraum betritt, mag man im ersten Augenblick bezweifeln, dass man in einem italienischen Restaurant steht, denn er sieht definitiv nicht nach Italien aus, sondern sehr nach dem Ort, an dem ich mich befinde: Unna in Westfalen. Ein Haus aus dem siebzehnten Jahrhundert, das von Anfang an eine Schankwirtschaft war, genau wie das Gebäude, das zwei Jahrhunderte vorher an seiner Stelle stand; Fachwerk, offen gelegte Balken, rohes Mauerwerk, alles dunkel und alt. Das Aquarium, das im Eingang steht, weil es die Kinder so lieben, und die Frischtheke daneben, in der man die Salate und Antipasti sehen und aussuchen kann, weisen dann aber mit dem Pizzaofen und Giovanni und Giancarlo deutlich auf die hier gepflegte Küche und den Betreiber hin.

Die reine Anwesenheit des Gastraum-Triptychons aus Giovanni, Ofen und Giancarlo flößt schon Vertrauen ein, aber wenn gerade Pizza hergestellt wird, dann weiß auch der kritischste Erstbesucher, dass er hier zumindest mit der Bestellung eines der runden Großgebäcke nichts verkehrt machen kann. Die Theke der Bäcker, direkt vor dem Ofen, ist eine große Marmorplatte, auf der sie morgens den Teig abstechen, zu Kugeln drehen und später die Pizzen in unnachahmlicher Weise in Form bringen, nach Wunsch belegen und dann in das glühend heiße Maul des Ofens schieben. Beide Männer beherrschen die traditionelle Fertigung aus dem Handgelenk, buchstäblich. Die vorbereiteten Kugeln werden mit der Teigkarte vom Blech gehoben, in Mehl gewendet, leicht angedrückt und dann mit lockerer Hand auf die Marmorplatte geworfen. Dann drücken und ziehen die Bäcker den Fladen unter permanentem Drehen auf der Arbeitsfläche immer flacher und immer runder, das geht so richtig patsch, patsch, patsch und, wie alles hier, rasend schnell. Plötzlich heben sie die Teigscheibe in die Vertikale und werfen sie zwischen ihren eng beieinanderstehenden Händen hin und her, auch dabei drehen sie die Scheibe um die Mittelachse. Die durch die permanente Rotation wirkenden Fliehkräfte sorgen einfach dafür, dass sich der Teig gleichmäßig rund dehnt. Nach ein paar Touren des kurzen Hin- und Herfluges zwischen linker und rechter Hand zieht die rechte mit einem Mal nach außen, dann mit einem Drall nach oben, und schon fliegt die künftige Pizza, sich schnell um die Achse drehend, einen Meter in die Höhe, landet, lässig in einer einzigen schwungvollen Bewegung gefangen, auf der linken Hand, von dort wieder ein paar Kurzflüge zwischen den Händen, noch mal nach oben, man glaubt es kaum, und dann liegt sie, eine kleine Mehlwolke aufstäubend, auf der Platte. Wieder drehen und ziehen, und dann ist der Teig rund und dünn ausgerollt und bereit für den gewünschten Belag.

Die dafür vorbereiteten Zutaten finden sich in verschiedenen Metallbehältern in einer Halterung vor der Platte: geschnittene Salami, Schinken, Zwiebeln, Pilze, selbst marinierte Peperoni, Knoblauch, fein geschnitten und in Öl eingelegt, Ofenpaprika, Artischocken, Thunfisch, Anchovis, Mozzarella und Reibkäse. Und natürlich die große Schüssel Tomatensugo, mit Salz und viel Oregano abgeschmeckt. Eine Kelle davon landet als Allererstes auf jeder Pizza, mit der Kelle wird der Sugo kreisförmig ausgestrichen, und dann folgt, was auch immer an Belag bestellt wurde. Sind die Pizzen fertig belegt, greift einer der beiden zum Backschieber, die sie hier in den unterschiedlichsten Größen stehen haben. Die noch ungebackene Pizza braucht natürlich eine große Auflagefläche, sonst knickt sie und alles purzelt herunter. Der Backschieber wird also mit einem leichten Schütteln unter die noch weiche Pizza geschoben, dann vor die Öffnung des Backrohres manövriert, was angesichts der Länge der Stiele und des sehr begrenzten Platzes zwischen Ofen, Theke und dem kleinen Schalter für den Straßenverkauf gar nicht so einfach ist, und dann geht das gute Stück in die hintere rechte Ecke, so nah wie möglich ans prasselnde Buchenfeuer, und wellt sich wohlig auf.

Nun kann sich der Bäcker aber nicht etwa gemütlich umdrehen und an zu Hause denken, nein, »die Pizza, du musse immer gucke, Girogio, immer gut aufpasse. Geht so schnell isse verbrannt«. Und außerdem kann sie da, wo sie momentan ist, nicht einfach liegen bleiben. Es gibt nämlich unterschiedlich heiße Zonen im Ofen, und die Jungs kennen sie alle beim Namen. Wenn der Ofen mit vier, fünf Pizzen belegt ist, dann ist umsichtiges Umschichten angesagt. Sowieso können die einzelnen Pizzen nicht unbewegt liegen bleiben, dann besteht das Risiko des Anbrennens. Immer wieder muss also einer der beiden den Schieber in den Ofen stecken, die Pizzen leicht anheben, die Unterseite begutachten, die Festigkeit des Gutes prüfen und es mit sehr kleinen und lockeren kreisförmigen Bewegungen des Schiebers in der Horizontalen drehen, damit es ganz gleichmäßig bäckt und gratiniert. Zum rechten Zeitpunkt muss die Pizza dann auf eine weniger heiße Stelle des Rohres gelegt, dort gedreht, gehoben, begutachtet und schließlich mit einem kleineren Backschieber – denn sie ist jetzt fest und knusprig gebacken – aus dem heißen Gewölbe gezogen und auf Teller oder Kartonschachtel platziert werden.

Da liegt sie nun: Der Rand ist leicht hochgewölbt, dunkel gebräunt und krachend kross, »hate die Knacke!«, wie Giovanni mir begeistert und mit professionellem Stolz beweist, das Innere der Scheibe ist ganz dünn geblieben unter dem Belag, etwas weicher von der Soße, aber mit Stand, »nic'te suviele Sose un nic'te suviele Käse, wic'tig, sonste Pizza wird ganse weiche«, und Sugo und Käse in genau der richtigen Menge knistern vor Hitze und werfen Blasen, die beim Platzen köstlichen Duft ausstoßen wie kleine Vulkane. Italien, ich stehe mitten in Italien, daran können die Holzbalken des westfälischen Fachwerks und das draußen aufgehängte alte Holzschild mit den Gildewappen und der Aufschrift »Meisterhaus« gar nichts ändern. Deswegen ist die vom Personal mehrheitlich verwendete Aussprache »Die Meister'ause« auch der eigentlich atmosphärisch richtige Name dieses alteingesessenen Lokales.

Seit 1972 empfängt Salvatore Gala hier Gäste. Er war einer der ersten Italiener, die in dieser Ecke Deutschlands ein Restaurant eröffneten, mittlerweile führt sein Sohn Daniel das Geschäft. Das »Meisterhaus« ist genau die Art Restaurant, in der neunzig Prozent aller Westdeutschen über dreißig zum ersten Mal echt italienisches Essen bekommen haben. Ich gehöre definitiv dazu. Mein erster Italiener hieß »Da Mario«, befand sich neben der Dorftankstelle und fast unter der Autobahnbrücke. Ich aß immer Schnitzel mit Kartoffelbrei und Erbsen, meine Eltern bettelten, ich solle doch endlich mal was Italienisches essen, aber der Kellner lachte nur, strich mir über den Kopf und sagte vermutlich so was wie: »Ah lasse nur die Bambini, immer esse gern die Snitzele, hahaha!« Seitdem glaube ich fest, dass Italiener gute Menschen sind und die Faschisten ein Irrtum der Geschichte. Überhaupt wage ich zu behaupten, dass die Italiener das mit weitem Abstand beste Image aller ehemaligen »Gastarbeiter« haben; denn dass Gastronomen vom Stiefel, die seit vierzig Jahren hier leben, immer noch kaum Deutsch sprechen, finden wir alle charmant, ja wir bemühen uns eher, endlich mal ein paar Brocken Italienisch zu lernen, aber wenn ein Türke gleicher Generation nicht geschliffen »Guten Tag, die Herrschaften, was darf es denn heute sein?« sagen kann, schreien wir lauthals »Integrationsverweigerer!«.

Der Begriff »Gastarbeiter« ist überhaupt ein Widerspruch in sich. Gäste soll man nicht arbeiten lassen, sie sind ja schließlich Gäste. Möglicherweise verhält sich das anders, wenn die Gäste nicht direkt eingeladen, sondern eher vorbeigeschickt worden sind wie die vielen italienischen, türkischen, griechischen, spanischen, portugiesischen oder jugoslawischen Arbeiter, die in den Fünfziger- und Sechzigerjahren nach Deutschland kamen. Entgegen einem weit verbreiteten Missverständnis wurden diese Menschen nämlich nicht von der BRD angeworben, sondern – wie man auf Wikipedia lernen kann – von ihren eigenen Regierungen der jungen westdeutschen Wirtschaft schmackhaft gemacht.

Ein komplizierter Zusammenhang zwischen Handelsbilanzdefiziten der sogenannten »Entsendeländer« gegenüber

der BRD und der Möglichkeit des, schönes Wort: Übertra-
gungsbilanzausgleiches durch die Devisen, die die verpflanz-
ten Landeskinder nach Hause schicken, während aus dem
Mezzogiorno eher selten D-Mark Richtung Düsseldorf fließen, setzte eine den Laien abenteuerlich anmutende Rechen-
operation in Gang. Das Handelsbilanzdefizit nämlich weckte
in der BRD Befürchtungen, dass diese Länder mangels Knete
an der Abnahme bundesdeutscher Waren gehindert würden,
was wiederum zu einem spürbaren Bremsschock in der ex-
portorientierten Wirtschaftswunderindustrie hätte führen
können. Außerdem hatte der Hitlerwahnsinn ja eine Menge
Arbeitskräfte in Gräben und Lagern verschlungen oder ins
Exil getrieben. Also erklärte man sich in Bonn mit der Ent-
sendung einverstanden, damit die unentgeltliche Leistung
des Devisenversandes aus den sehr kleinen Lohntüten von
Giuseppe, Oktay, Dimitrios, Juan, Tiago und Ivica in den
Heimatländern für eine gewisse Stabilität und vor allem zu
Kauflust führte. Außerdem mussten dann jene Heinriche,
Fritze und Willis, die gesund und munter den Krieg über-
standen hatten, viele unschöne Arbeiten nicht mehr selbst
verrichten, was auch die Herren Konzernvorstände freute. Es
stand nämlich mit zunehmendem Wohlstand zu befürchten,
dass deutsche Arbeiter diese Jobs nur unter erheblichen
Lohnzuwächsen weiterhin auszuführen bereit wären.

Allen war also geholfen.

Nur Giuseppe und die anderen saßen plötzlich in einem
fremden Land, dessen Sprache sie nicht verstanden und
das sie oder ihre Eltern eigentlich gründlich zu fürchten gelernt hatten. Die Arbeit war hart, der Lohn, gemessen an
heimischen Verhältnissen, aber gut, und mit Fleiß kam man
vorwärts. Nur, ihnen fehlten ihre Lieben, ihr Zuhause und
ihr gewohntes Essen. Anfang der Sechziger vermissten an
der Ruhr, aufgrund der massiven Industrie ein bevorzugtes

Siedlungsgebiet für die Einwanderer, schon so viele Italiener Pizza und Pasta, dass sich die Eröffnung echt italienischer Restaurants zu lohnen versprach. Dass Deutsche diese Restaurants jemals frequentieren würden, das konnte sich keiner vorstellen, kein Italiener, aber natürlich schon gar kein Deutscher. Deutsche fuhren zwar seit den Fünfzigerjahren nach Italien in den Urlaub, aber, man mag es kaum glauben, viele nahmen Konserven von zu Hause mit und bereiteten diese dann auf dem Campingkocher zu. Der Fritz misstraute dem Frederico, auch wenn er seinen Strand mochte. Dahinter steckten natürlich auch so manche sehr unschöne Ressentiments aus Kriegstagen, wobei immer wieder gesagt werden muss, dass hier, wie in den meisten Nachkriegsbeziehungen zwischen uns Deutschen und anderen Völkern eher die nichtdeutsche Seite Grund zum Misstrauen gehabt hätte. Auch in Italien haben sich unsere Vorfahren in den letzten Kriegsjahren bekanntlich sehr danebenbenommen.

Folgerichtig begann also erst die Generation der Kriegskinder, Italien wirklich kennenzulernen, und bei ihr entbrannte dann auch heftige Zuneigung zum »dolce vita« in seiner ganzen Bandbreite, vor allem aber zur kulinarischen Seite des italienischen Lebensstils. Diese Generation Deutscher, aus der sich auch die Achtundsechziger mit ihrer gut nachvollziehbaren Toskanavergötterung rekrutierten, trat dann, nach den Jugendstunden in italienischen Eiscafés daheim und den ersten elternlosen Urlauben in Italien, über die Schwellen der Pizzerien von Bottrop bis Böblingen für den kleinen Italienurlaub zwischendurch. »Zum Italiener gehen« war Rebellion, es war frech und kulinarisch mutig. Man verweigerte die gutbürgerliche deutsche Küche, die war muffig und von Muttern und schmeckte auch den Nazipapas gut. Das hier war Exotik, Leichtigkeit und Amore. Die Süße der allgegenwärtigen Tomaten, die Schärfe von Salami und Peperoni, der salzige Duft von Meeresfrüchten und die heiße

Klebrigkeit von geriebenem Käse. Krachend knusprige Pizzaböden und schmatzschlürfige Pasta, dazu leichter Rotwein und der Blick auf überbordenden Italienkitsch à la Korbflasche, Knoblauchzopf und Kupferpfannen. Und das Wichtigste: der echt italienische Kellner.

Seine Rolle ist nicht vergleichbar mit der des Kellners in jeder anderen Gastronomie. Normalerweise empfängt der Kellner den Gast am Tisch, nimmt die Bestellung auf, gibt Empfehlungen, hilft bei der Weinauswahl, schenkt nach, trägt ab und auf, fragt, ob wir zufrieden waren, und kassiert dann. Das ist der normale Kellner. Ist er ein sehr guter Kellner, dann leitet er uns, ohne dass wir es merken, durch den Abend, er verkauft uns Essen, das der Küchenchef heute gerne noch verkaufen möchte, weil es morgen nicht mehr geht, empfiehlt Weine, die perfekt mit dem Essen harmonieren, aber er verkauft uns nichts, von dem er ahnt, dass wir damit nicht glücklich werden. Er entwickelt sehr schnell ein Gespür für unsere Stimmung, ob wir viel Kontakt zu ihm wünschen oder eher in Ruhe gelassen werden wollen, ob wir Entscheidungshilfen brauchen oder das Gefühl, selbst zu bestimmen, ob wir eher schnell essen oder langsam und viele Details mehr. Der italienische Kellner kann solche Dinge durchaus auch, aber das ist nicht wirklich sein Job. Der italienische Kellner macht das Lokal in einem langwierigen Prozess zu »unserem Italiener« – und dafür lässt er uns richtig ackern.

Jeder Leser, der über einen Stammitaliener verfügt, wird mehr oder weniger dieselbe Schulung durchlaufen haben, die ich im nun anschließenden Exkurs allgemeingültig beschreibe: Beim allerersten Besuch des italienischen Lokals unserer Wahl schallt uns ein unbestimmtes »Buona sera!« oder, früher am Tag, »Buon giorno!« entgegen, meist von allen gerade im Gastraum sich befindenden Mitarbeitern des

Restaurants. Man bringt uns an einen Tisch, und dann passiert oft eine Weile gar nichts mehr.

Wir entscheiden uns, den Kellner, der uns an den Tisch gebracht hat, als den für uns zuständigen zu betrachten, und versuchen also, dezent seine Aufmerksamkeit zu erhaschen. Ängstlich sind wir darauf bedacht, dabei jeden Gestus zu vermeiden, der uns als Befehlsverhalten ausgelegt werden könnte, das würde nämlich tiefe nationale Empfindlichkeiten des deutsch-italienischen Verhältnisses berühren. Freundlich und zurückhaltend verzweifelt schauen wir ihn immer wieder an, er ignoriert uns oder lächelt sehr kurz, dabei unkonzentriert und knapp an uns vorbeiguckend, zurück.

Wir haben den ersten Fehler begangen, indem wir von einer Organisation des Betriebes ausgehen, die den Kellnern bestimmte Tische als Arbeitsgebiet zuweist, denen sie dann ihre volle Aufmerksamkeit zuteil werden lassen. Einen solchen Grad an Arbeitsplanung empfinden Italiener aber als faschistoid. Es gibt möglicherweise locker vereinbarte Zuständigkeiten, aber man muss immer spontan bleiben dürfen. Und die Aufmerksamkeit eines speziellen Kellners muss sich ein Gast auch verdienen. Solange man Anfänger ist, wird man nach aktuell freien Kapazitäten zwischen allen Kellnern aufgeteilt.

Irgendwann steht also ein uns bisher nicht weiter aufgefallener Kollege des ersten Kellners an unserem Tisch und überreicht die Speisekarte. Da aber ein dritter Kellner uns später das Essen bringt, das auch nicht immer exakt das ist, das wir bestellt haben, steigen wir langsam hinter das System dieser Art Gastronomie, die alles vermeidet, was irgendwie nach System aussehen könnte. Beschwert sich ein Gast über mangelhaften Service, straft ihn die gesamte Belegschaft mit der stärksten Waffe italienischer Gastronomen: Missachtung. Und zwar die Sorte, die nur ein Südeuropäer perfekt hinkriegt. Sie ist nicht wirklich unfreundlich, mit keiner

Miene lässt man dabei Beleidigtsein erkennen oder wird gar aggressiv. Es ist eine schulterzuckende Traurigkeit, eine nur kurz seufzende Enttäuschung, die dem Gast sagen will: »Du kommst hierher, um ein bisschen Italienurlaub zu machen, wir haben alles dafür hergerichtet, und dann ärgerst du dich, dass es nicht so wie zu Hause zugeht. Du fährst nach Rom und beklagst dich über die überall herumliegenden zweitausend Jahre alten Trümmer. Ignorant!«

In diesem Moment zeigt sich das spielerische, abenteuerlustige Element der italienischen Gastronomie: Sie geht ganz bewusst das Risiko ein, den Gast zu verlieren. Wenn er wegbleibt, ist man eine auf die Dauer sicher bloß anstrengende und lästige Aufgabe los. Aber wenn er wiederkommt, dann weiß man, dass aus ihm was zu machen ist. Und lassen wir nun nicht allzu viel Zeit vergehen, bevor wir wiederkommen, wird das nächste »Buona sera!« schon mit einem »Signore, Signora!« gekoppelt, und möglicherweise bringt sogar derselbe Kellner die Karte, der uns an den Tisch geführt hat. Das Essen serviert aber immer noch ein anderer, wir wollen ja nicht gleich übertreiben.

Es vergeht einige Zeit, wir kommen sehr regelmäßig, die Begrüßung hat sich schon zu »Buona sera, Dottore! Ah, la bella Signora!« gesteigert, da wagen wir es, bei der Vorreservierung nach dem »schönen Tisch« zu fragen, den wir bei unseren zahllosen Besuchen schon oft bewundert haben. Im »Meisterhaus« in Unna beispielsweise sind das zwei Tische, direkt beim Tresen. Sie stehen etwas erhöht in einer Nische, mit lederbezogenen Bänken, und an der umgebenden Wand hängen die Fotos von Meilensteinen des Lebensweges von Salvatore Gala als Koch und Gastwirt. Ein Bild von 1967 zeigt ihn in seiner ersten eigenen Discothek, dem »Pam Pam« in Waltrop, ein anderes, ebenfalls schon ziemlich altes, dokumentiert, wie Gala gemeinsam mit dem geschätzt zwölfjährigen Harald Wohlfahrt einen großen Lachs filetiert. Lediglich ein sehr dünner Oberlippenflaum lässt ahnen, dass Wohlfahrt damals, entgegen dem optischen Eindruck, schon nachts alleine rausdurfte.

Schwarz-Weiß-Bilder des ausgelassen lachenden Gala mit Paul Breitner oder Franz Beckenbauer, ein Zeitungsbericht über die 23. Geburtstagsfeier von Kati Witt – Perlen der Frisierkunst der späten Achtziger sind zu bewundern – in Galas altem Club »Joy«, direkt neben dem »Meisterhaus«, und als Höhepunkt ein Bild des schon Grauhaarigen mit Ornella Muti, die er als Ehrengast zum alle zwei Jahre stattfindenden »Italienischen Fest« nach Unna locken konnte. Als Borussia Dortmund mit der Sammertruppe seinerzeit Deutscher Meister wurde, fand die Meisterfeier auch in »Die Meister'ause« statt. Ein für mich als Fußballlaie keinem konkreten Ereignis zuzuordnendes riesiges, rundes Schild beherrscht die Wand über der Frischtheke. Es ist schwarzgelb, und die Schrift sagt Borussia, und ein paar italienische Vereine stehen auch noch drauf, wahrscheinlich erinnert es an legendäre Zusammentreffen und beschwört die deutsch-italienische Freundschaft.

Nun gut, wir haben also nach dem »schönen Tisch« gefragt, und es wird ein bisschen kühl in der Telefonleitung. Ein leise enttäuschtes »Leider, isse nic'te mehr frei diese Samstage«. Jetzt kann Verschiedenes passieren. Schlimmstenfalls wirft uns die unbedachte Frage um Wochen zurück, und wir kriegen erst mal gar keinen Tisch, noch nicht mal den neben dem Klo. Mit ein bisschen Glück und wenn wir uns schon ausreichend Sympathie erarbeitet haben, bietet uns der Kellner nach einem Augenblick des Zappelns einen anderen Tisch an, wir sagen jetzt ganz schnell zu, »toll, Franco, danke schön, wir freuen uns schon auf Samstag«, worauf Franco sehr knapp »bene, arrive ...« sagt und bei »... derci« schon auflegt. Am Samstag erfahren wir prompt eine klare Rückstufung von »Dottore« auf »Signore« und erleben sicher mehr als einen Kellner am Tisch, obwohl vielleicht gar nicht so wahnsinnig viel los ist. Aber: Wenn wir jetzt nicht den Eingeschnappten geben und unseren Besuchsrhythmus aufrechterhalten, kann in kurzer Zeit alles wieder im Lot sein, und das Durchhalten zeitigt möglicherweise einen grandiosen Nebeneffekt. Der Kellner weiß nun, dass wir es ernst mit seinem Restaurant meinen, und so betreten wir eines Samstagabends nichts ahnend den Raum, Franco oder Paolo oder Beppo begrüßt uns mit Handschlag, »Ah, Dottore, la bella Signora!« und führt uns zum – schönen Tisch! Wir sind gerührt und haben einen wundervollen Abend. Die Bedienung ist ganz besonders zuvorkommend, und es werden auch gerne mal kleine Überraschungen serviert, die wir nicht bestellt haben, aber als ganz reizende Aufmerksamkeit erkennen und deren freudigen Verzehr wiederum der Gastgeber als Vertrauensbeweis schätzt.

Es ist geschafft! »Unser« Italiener hat uns zu Gastfreunden erklärt. Ab sofort sitzen wir nicht mehr in einem Restaurant, sondern im Wohnzimmer des Chefs und damit im Wohnzimmer der gesamten Belegschaft. Mit diesem Status müssen wir hochsensibel umgehen. Wir kriegen jetzt alles, was hier möglich ist, und dürfen diese Zuwendung niemals missbrauchen, indem wir sie als Selbstverständlichkeit hinnehmen oder anfangen mäkelig zu werden.

Die Kellner im »Meisterhaus« beherrschen dieses Spiel alle aus dem Effeff, wobei eine überragende Rolle dabei nach wie vor Salvatore Gala selbst zukommt, der Tag für Tag, Abend für Abend seinen angestammten Sessel am Tresen einnimmt, dort Zeitung liest, Kaffee trinkt und später Wein. Aber gleich, wie unbeteiligt er wirkt, nichts entgeht ihm, er ist jederzeit bereit, sich ins Geschehen einzumischen, zu bedienen, in Empfang zu nehmen, zu zapfen oder einzuschenken, Service und Küche Beine zu machen. Sohn Daniel akzeptiert das als ureigene Rolle des Vaters, der sich eigentlich aus dem Geschäft zurückgezogen hat. »Er kann ja gar nicht ohne. Außerdem ist und bleibt er der Anker für eine Unzahl unserer Stammgäste, Leute, die seit beinahe vierzig Jahren hier essen, die mich als Knirps hier rumlaufen gesehen haben. Und von den ganzen Angestellten gar nicht zu reden. Ich bin der Chef, aber er eben auch, und zwar schon seit Ewigkeiten.« Tatsächlich haben die meisten der hier Beschäftigten ihr gesamtes deutsches Berufsleben im »Meister'ause« oder anderen gastronomischen Betrieben von Salvatore Gala verbracht. Gianni, einer der Chefkellner, stammt aus demselben apulischen Dorf wie Gala, aus Copertino. Er arbeitet seit 1976 im Restaurant, unterbrochen nur von einer dramatisch gescheiterten Selbstständigkeit. Sein Geschäft brannte eines Nachts aus, sein Bruder starb bei diesem Unglück. Natürlich fand er sofort wieder Platz bei Familie Gala und ist bis heute elementares Seelenteil dieses Restaurants. Gianni spricht astreines und vollkommen akzentloses Ruhrpottdeutsch, springt aber jederzeit leichtfüßig in die Muttersprache. Sein gleichaltriger Kollege Salvatore – nicht zu verwechseln mit dem Chef – hingegen ist waschechter Sizilianer und hat den Akzent nie abgelegt. Mit seiner sorgfältig gefönten Welle, der Boxernase, dem Goldschmuck und den penibel gebundenen Siebzigerjahre-Krawatten könnte er direkt aus den »Sopranos« oder dem »Paten« hierhergekommen sein. Er ist immer laut zu den Köchen, verteilt gerne leichte Schläge auf den Hinterkopf, um den Geschlagenen sofort wieder mit dem Ausruf »ah, ihr seide alle meine Kinder!« zu umarmen und ihm, natürlich viel zu fest, durchs Haar zu strubbeln. Franco ist einer der Jüngeren, im Saarland geboren, wo sein aus Sizilien stammender Vater in den Siebzigern seinen ersten deutschen Arbeitsvertrag bekam. Ein halbes Jahr später zog die Familie ins Ruhrgebiet. Franco ginge glatt als Deutscher durch, aber nur, bis er seine Kellnerschürze umbindet und in flüssigstem Italienisch mit Giovanni diskutiert, welche Pizzen er bei ihm geordert hat und warum bitte schön die beiden Bäcker die Bestellungen von Gianni schneller abgearbeitet haben.

Giuseppe, um die dreißig, der den Tresen schmeißt, ist ein später Einwanderer. Er ist ein Neffe von Cosimo, von der Familie Gala liebevoll nur Cosimino genannt. Cosimo kam 1956 mit Salvatore Gala aus Copertino nach Deutschland. Die beiden Männer waren überall zusammen, haben jeden Job geteilt, auch das »Meisterhaus« gemeinsam geführt, bis Cosimo in Unna dann ein eigenes Restaurant eröffnete. Dass er seinen Neffen nicht selbst beschäftigte, hatte wahrscheinlich erzieherische Gründe. Einem Freund des Verwandten gegenüber ist der junge Aspirant zu besonderem Fleiß verpflichtet – »mach mir keine Schande!« –, während im Familienladen vielleicht, je nach Charakter, die Gefahr besteht, in dynastische Bequemlichkeit zu verfallen.

So ist das »Meisterhaus« über die Jahrzehnte also zur festen Anlaufstation mutiger Auswanderer geworden, die hier ein Stück Heimat fanden und wussten, dass, ausreichende Loyalität und Fleiß auf ihrer Seite vorausgesetzt, Salvatore Gala für ihr tägliches Brot sorgen würde. Schätzungsweise achtzig bis neunzig Prozent aller jemals im »Meisterhaus« Beschäftigten stammen aus Copertino und Umgebung. Diese für italienische Verhältnisse archetypische Personalpolitik macht verständlich, warum die Angestellten einen solchen Betrieb als Wohnzimmer des Chefs betrachten und wieso wir, die Gäste, uns den Platz darin auch erst verdienen müssen.

Das »Meisterhaus« machen natürlich nicht nur Giovanni und Giancarlo und ihr Ofen, oder die wählerischen und dann so herzlichen Kellner, oder gar Salvatore und Daniel Gala zum »Meister'ause«. Dazu braucht es noch ein weiteres Herzstück des Hauses: die Küche. Sie befindet sich in dem Raum hinter dem Ofen, hier wird Pasta gekocht, werden Fleisch- und Fischgerichte und die »Dolci« zubereitet. Und wer diese betritt, muss erst mal einen kleinen Schock verkraften: Keine Italiener. Außer, wenn Antonio Calasso aus Kalabrien Dienst hat. Aber an meinem ersten Tag im »Meisterhaus« hatte er frei, und so stand ich plötzlich in einer weiteren Welt innerhalb der ohnehin schon anderen, italienischen.

Der Herr dieser Welt ist etwa in meinem Alter, heißt Suresh und stammt aus Sri Lanka. Suresh arbeitet seit zwanzig Jahren im »Meisterhaus«, er fing als Spüler an und ist seit Jahren Küchenchef. Natürlich gibt es hier, analog zur Serviceorganisation des Hauses, keinen ernannten Küchenchef, und Antonio Calasso würde Suresh vielleicht auch nur ungern als Küchenchef bezeichnen. Aber Sureshs Auftreten, seine Rolle während der Schicht und nicht zuletzt Daniel Galas eigene, lachend gesprochene Worte: »Auch wenn es hier keinen ›Küchenchef‹ gibt – natürlich *ist* Suresh der Küchenchef, wer sonst?«, lassen keinen Zweifel. Außerdem kennt man ja die alte Theaterregel, dass den König immer die anderen spielen, erst durch ihr Verhalten gegenüber der Figur des Königs wird klar, wer er ist. Der König selbst verhält sich ganz selbstverständlich und natürlich.

Direkt nach Suresh folgt Antonio in der Hierarchie der Küche, danach Johnny aus Pakistan, Herr Singh aus Indien und Isa aus Afghanistan, alles Köche, dazu kommen die Spüler Assad aus Indien und der Afrikaner Patrick. Alle Köche haben als Spüler angefangen, außer Antonio, der schon seit Urzeiten hier arbeitet und gleich am Herd startete, obwohl er kein gelernter Koch ist.

Die Küche ist klein, sehr klein. In der Mitte ein Block aus Regal und Arbeitsfläche, an einer Längswand die Herde und die Grillplatte, an den anderen Arbeitsflächen, Regale und Mikrowellen. Die hintere Stirnwand nimmt die kleine Topf- spüle ein, die vordere der Pass. Neben dem Pass eine Tür, die Gastraum und Küche verbindet, im Neunziggradwinkel dazu die Tür zum Tresen und den Pizzabäckern. Hier wird alles zubereitet, was nicht Pizza ist. Eine klassische Posten- einteilung existiert nicht. Wenn Suresh und Antonio da sind, dann übernimmt Suresh zu seinen Vorbereitungsarbeiten die organisatorische Führung und während des Services die Arbeit am Pass. Er annonciert die neuen Bons, behält deren Abarbeitung im Blick und bereitet die Gemüsebeilagen zu Fleisch und Fisch vor. Antonio ist dann der Fleisch- und Fischmann, trägt aber auch die Verantwortung für bestimmte Pastagerichte. Welche das sind, entscheidet er entweder in spontaner Absprache oder es gibt ein Zuteilungssystem, das sich mir in den paar Tagen einfach nicht erschlossen hat ... Alle anderen Arbeiten verteilen sich auf die restlichen An- wesenden. Herr Singh kocht tendenziell eher auf der Fleisch-, Fisch- und Soßenseite der Herdstrecke mit, während Isa meist auf der Pasta- und Salamanderstrecke zugange ist, wo er auch noch den Pass mit im Auge behält. Patrick, der Küchenspüler, spült und kümmert sich um die Desserts. Hat Suresh frei, wird der Pass von Isa und Antonio neben dem Kochen geschmissen, hat Antonio frei, teilen sich Isa und Suresh den Job, weil dann Suresh den Hauptposten für Antonio übernimmt. Und wenn es brennt, und es brennt häufig im »Meisterhaus«, dann macht sowieso jeder irgend- wie alles, und es geht extrem laut und chaotisch zu. Dann machen sich auch manchmal die Nationalitäts- und gar die Kastenunterschiede bemerkbar. Suresh und Antonio stehen seit zwanzig Jahren gemeinsam in dieser Küche, aber sie ge- raten immer wieder in Streit. Antonio, ein harter Hund mit klassischer Ankertätowierung auf dem Unterarm, führt ein recht wildes Leben, in dem Wodka und jüngere Frauen eine nicht ganz unwichtige Rolle spielen. Suresh dagegen ist seit Ewigkeiten verheiratet und bringt als Koch vier Kinder durch. Er hat ganz offensichtlich zu Hause eine gute Schulbildung genossen und geht regelmäßig in den Hindutempel. Er arbeitet systematisch, schnell und hat stets die nächsten fünf Aufgaben fest im Blick. Antonio hangelt sich von Augenblick zu Augenblick, knallt die Pfannen auf den Herd und flucht viel vor sich hin; weil er nicht über die nächsten fünf Minuten hinaus plant, mahnt Suresh öfter die Bestellungen an, was wiederum Antonio nervt. Jeden der beiden ärgert der Lebensstil des anderen, und manchmal reden sie mehrere Monate nicht miteinander, was dann die restliche Belegschaft sehr belastet, denn die beiden sind nun mal die wichtigsten Köche hier und haben es einfach drauf.

Johnny, der eigentlich Ingenieur ist und seine Familie seit neun Jahren nicht mehr gesehen hat, ist der dritte Mann am Steinofen. Er fertigt Pizza genauso schnell und fast ebenso lässig wie Giovanni und Giancarlo, außerdem betreut er meistens die Antipasti und die Salate. Hat Johnny frei, übernimmt das einer der beiden Bäcker mit.

Die Karte ist seit vielen Jahren im Wesentlichen unverändert. Man findet auf ihr alle klassischen Pastagerichte und einfach strukturierte »Primi piatti« mit Fleisch und Fisch. Bei diesen »Primi« stehen Geschmack und Großzügigkeit von Fleisch- und Fischportion im Vordergrund, Beilagen sind Nebendarsteller. Ordentlich abgeschmeckte, blanchierte und später in Butter kurz erhitzte Gemüse und Folienkartoffeln oder Pommes gehen meist mit den eiweißhaltigen Hauptdarstellern zu Tisch. Die Jungs hier können die Karte im Schlaf, und zwar bis auf die letzte Knoblauchzehenscheibe. Der Bon wird an die Leiste gehängt, Suresh sagt »Sueimal de Vongole«, und Antonio schmeißt bei »Vongo ...« schon Tomatenconcassee in die Pfanne, Knoblauch dazu, gießt etwas Brühe an, salzt, pfeffert und lässt das Ganze erst mal bruddeln. Er kümmert sich um anderes Zeug, während Isa zwei Portionen Spaghetti abkocht. Irgendwann sagt Suresh »Wase mage de Vongole jesse?«, dann feuert Antonio zwei Handvoll Muscheln in den Sud, Petersilie dazu, noch mal Brühe. Die meisten Vongole gehen auf, die geschlossenen zupft Antonio wieder raus, Isa guckt ihn an, Antonio nickt, Isa holt den Korb Spaghetti aus dem großen Nudelwasserbad, das den ganzen Abend sprudelt, schüttet die Pasta über die Muschelsoße, Antonio schwenkt alles fünf Mal durch und kippt mit gut bemessenem Schwung je eine Portion auf zwei Teller. Noch mal Pfeffer und fein geschnittene Petersilie drüber, und die Teller gehen zum Pass. Suresh klingelt und ruft »Salvi, de Suansige!«, denn Salvatore hat Tisch zwanzig mit den Vongole, es kommt atemlos Franco und fragt nach Tisch vier, das ist sein Tisch. Suresh sagt entnervt »Die Vier kum, wenne fertig, da die Suansig fur Salvi.« Franco macht ein klassisches Porca-miseria-Gesicht, aber Suresh ist Suresh; Salvatore Gala, der ihn seit zwanzig Jahren kennt, sagt, er sei »stur wie eine kalabresische Ziege«. Also schnappt sich Franco die zwei Mal Vongole, weil er erstens weiß, dass Salvi gerade ein bisschen in der Scheiße steckt und deswegen nicht so bald dieses Essen abholen wird, was bedeuten würde, dass Suresh richtig schlechte Laune bekommt, und zweitens, dass ein schlecht gelaunter Suresh möglicherweise solchen Ärger wegen kalt gewordener Vongole macht, dass Franco erst sehr viel später seine »Rigatoni Meisterhaus«, sein Rinderfilet und sein Saltimbocca bekommt, was wiederum Francos Stand bei den Gästen an Tisch vier dermaßen unsicher macht, dass der Abend in noch mehr Stress als sowieso schon ausartet.

Diese Truppe ist so zu Hause in allem, was das Restaurant ausmacht, dass man als Außenstehender nur überflüssig sein kann. Schon während der Tagesarbeiten fallen höchstens langwierige Schnibbel- und Sortierarbeiten für mich an, weil alles andere so eingespielt verteilt ist, dass die Erklärung der Vorgänge viel mehr Zeit in Anspruch nehmen würde als die Ausführung des Jobs. Dazu kommt, dass ich ein massives Sprachproblem in der Küche habe. Die Verkehrssprache ist ein wüstes Gemisch aus wenig Deutsch, viel Hindi und Italienisch, Englisch kommt mit Patrick ins Spiel; wenn es eng wird, gilt schlechtes Deutsch als Amtssprache, das können alle hier, außer mir. Mit dem Satz »Ich bin jetzt wohl der einzige Ausländer in dieser Küche«, ernte ich brüllendes Gelächter bei der Mannschaft.

Daniel Gala ist ziemlich stolz auf die irre Truppe hier. Das »Meisterhaus« hat etwa hundertfünfzig Sitzplätze, am Wochenende sind die zwei bis drei Mal pro Abend belegt. All diese Gäste versorgen zwei Handvoll chaotischer Mitarbeiter, die ein Wort wie »Mise en place« noch nie gehört haben und am Abend panisch den Inhalt ihrer Schubladen nach und nach in Pfannen und Töpfe werfen, bis endlich alle satt sind und der Schmerz nachlässt. Daniel kennt viele schon, seit er ein kleiner Junge ist. »Die sind natürlich ein Albtraum für geschulte Gastronomen, weil sie sich an keine übliche Regel halten.« Sein Halbbruder ist Frank Buchholz, der Sternekoch aus Mainz, und seine Schwester Nadine hat Köchin gelernt und ist ausgebildete Hotelbetriebswirtin. »Frank und Nadine lieben beide das ›Meisterhaus‹ als Heimat, aber beruflich sind sie auf einer ganz anderen Schiene. Die würden wohl nicht in der Weise arbeiten wollen und können.« Daniel selbst hat versucht, der Gastronomie zu entgehen. Ein Psychologiestudium führte ihn vorübergehend ins Personalmanagement, aber irgendwann kapitulierte er vor der Tradition, die weitergeführt werden soll, dem Sog, den das Gewerbe auf ihn ausübte, und der schlichten Tatsache, dass er, wie seine Geschwister, die Berufung zum Gastgeber mit der Muttermilch aufgesogen hat. Er stand zwischen den Welten, selbst nicht klassisch für die Gastronomie ausgebildet, aber über die Geschwister natürlich nicht ganz ahnungslos, wie »normalerweise« in dieser Sparte gearbeitet wird. Und wahrscheinlich war dieses Dazwischensein eine perfekte Voraussetzung für den Eintritt ins Familiengeschäft. Daniel Gala kann im Wesentlichen das »Meisterhaus« so lassen, wie es ist, aber an einigen Punkten nachsteuern und so die Zukunft anpeilen. Er übernimmt damit nicht nur die Verantwortung für das Kernstück des gastronomischen Lebenswerkes von Vater und Mutter, sondern auch für alle Angestellten und ihre Familien. Es mag wie ein Klischee wirken, aber für Italiener ist das nun mal ein realer Druck. Der Chef ist auch der Papa. Alle hier können arbeiten bis zum Umfallen und haben das auch schon tausendmal getan. Aber der Chef muss ansagen, in welche Richtung gefahren wird. Wenn er sieht, dass einer Unsinn verzapft, muss er reinhauen. Das gilt durchaus auch für das Privatleben. Einer der langjährigen Mitarbeiter hatte mal schwere Alkoholprobleme. Mit einer konzertierten Aktion von Vater und Sohn Gala und der Ehefrau bekamen sie den Mann wieder trocken. Sie drohten ihm mit dem Verlust beider Familien. Seiner eigenen und der vom »Meister'ause«. Das wirkte.

Ein »Padrone« sein kann man lernen, aber man muss gewisse charakterliche Voraussetzungen dafür mitbringen. Salvatore Gala wurde damals nicht nach Deutschland geschickt, weil er der Älteste, sondern der Härteste aus der Familie war. Sein Vater, ein einfacher Bauer, sah bei ihm die größten Chancen, dass er es im fernen Norden schaffen würde. Und Salvatore, der als Zehnjähriger schon die Oliven verkaufte, auf die er eigentlich aufpassen sollte, nahm die Aufgabe an. Er schuftete mit Cosimo in Böblingen, und neben den Fabrikschichten arbeitete er auf dem Bauernhof, auf dem er anfangs untergekommen war. Sie zogen weiter an die Ruhr, dort verkaufte Salvatore in den Schichtpausen kalte Getränke an die Kollegen. Irgendwann hatte er seinen ersten Job in der Gastronomie, natürlich neben der Hauptarbeit. Von seinem damaligen Wirt spricht er heute noch mit größter Hochachtung, erzählt sein Sohn. Und nachdem Gala in Holland die erste Disco seines Lebens gesehen hatte, klebte er die Scheiben der »Capri-Bar« in Waltrop mit schwarzer Folie zu, schrieb denselben Namen wie die Holländer drauf, nämlich »Pam Pam«, und so bekam Waltrop Anschluss an die wilde Welt der Beatmusik. Es folgte eine Eisdiele, aber Eis verkaufen fand er blöd, zehn Pfennig pro Kugel, das war nichts für die Ambitionen von Salvatore Gala aus Copertino. Er heiratete eine schöne deutsche Metzgerstochter, trug weiße Anzüge und zog drei Kinder mit ihr groß. Das Paar eröffnete ein zweites »Pam Pam«, das ein Rockerlokal wurde, und Gala bekam ein Messer in den Bauch. Es ging gut aus, aber es war klar, das konnte es auf Dauer nicht sein. Als sich die Chance bot, mit einer Truppe Italiener ins »Meisterhaus« einzusteigen, griff Salvatore zu. Angefangen hat er dort als Koch, obwohl er eigentlich keine Ahnung hatte. Sie hatten alle keine Ahnung, deswegen holten sie sich italienische Gastrolegionäre aus der Großstadt, aus Düsseldorf. Die kamen und erklärten den bisherigen Industriearbeitern und Disco- und Schnapsbarbetreibern im Nebenerwerb, wie man einen Tisch vernünftig deckt, eine Speisekarte schreibt und Essen für mehr als drei Leute gleichzeitig kocht. Learning by doing. Goldgräber. Ein paar Jahre später filetiert der Mann Lachs mit Harald Wohlfahrt und ist mit dem bayerischen Sternekoch Otto Koch befreundet.

Das »Meisterhaus« lief nicht besonders am Anfang. Salvatore übernahm die Leitung und Cosimo eröffnete ein eigenes Geschäft. Erst ein Artikel im »Stern«, Ende der Siebziger, über Einwanderer und ihre Küche brachte einen ersten Run.

Italienisches Essen als exotische Empfehlung, man stelle sich das vor ... Und irgendwann brummte die Hütte. Die Galas bauten neben dem Restaurant ein Haus, dort eröffneten sie den Club »Joy«, irgendwann hatten sie noch einen Edelitaliener in Dortmund, das »Ristorante Gala« mit Schampus bis in den frühen Morgen und der Highsociety der Rheinmetropole. Die Ehe ging wegen der enormen beruflichen Belastungen in die Brüche, aber man ist und bleibt eine Familie, die geschäftliche Verknüpfung und eine Freundschaft blieben. Nach einem, wegen der Vielzahl der Läden langwierigen, Steuerverfahren wurde das Imperium wieder etwas kleiner und überschaubarer. Gianni und Salvatore, die früheren Pizzabäcker Mario und Maurizio, die jetzigen Giovanni und Giancarlo, Antonio, der Koch. Sie alle waren den Weg von Salvatore Gala gegangen, nur gab es für sie eben schon diesen Chef Salvatore, zu dem sie geschickt wurden, der es da oben geschafft hatte.

Zwei Geschwistern hat das Geld, das er in Deutschland verdiente, Abitur und Studium ermöglicht. Seinem Vater hat er Landmaschinen geschenkt, die dieser nie benutzte, weil er sich nicht vom Althergebrachten trennen wollte. Aber der Stolz auf diesen tüchtigen Sohn muss ungeheuer gewesen sein.

Heute geht es den meisten Italienern zu Hause genauso gut oder schlecht wie uns Deutschen. Es kommen keine mehr nach. Auch deswegen stehen Suresh und Isa und Johnny und Herr Singh in dieser Küche und machen einfaches, phantastisches italienisches Essen, das schmeckt wie Urlaub im Süden und Kindheit in Westdeutschland. Daniel Gala erzählt von einem Türken, der eine Eisdiele in Düsseldorf betrieb, das Eis war sehr gut. Aber das Geschäft lief nicht, weil kein Deutscher zur türkischen Eisdiele geht. Er machte zu und eröffnete in Köln ein neues Eiscafé. Dasselbe Eis, aber er gab sich einen italienischen Namen, alle seine türkischen

Mitarbeiter gaben sich italienische Namen. Jetzt läuft das Geschäft. »Na ja, vielleicht ist das ja auch unsere Zukunft. Türkische Kellner mit italienischen Namen«, lacht Daniel.

Einstweilen stehen die Zeichen aber noch auf eine stabile italienisch-asiatische Mischung in »Die Meister'ause«. Giovanni, der kugelrunde Bäcker, der von den römischen Ruinen und den Florentiner Museen schwärmt, während er seine umwerfende Pizza macht, vollführt gerade lachend Bauchtänze beim Teigformen. Suresh bringt eine Schale Lasagne und eine kleine Auflaufform mit gratinierten Muscheln aus der Küche nach vorne. Diese beiden Essen werden nämlich immer im Pizzaofen glühend heiß gebacken, damit sie ein bisschen Raucharoma mitbekommen. Suresh guckt mich an und grinst: »Sie Shauspieler? Ja? Gut, wi gähn Bollywood mit Giovanni un mache Film, haha!« Und Giovanni jauchzt und sagt etwas auf Hindi. Er spricht tatsächlich ein bisschen Hindi, als Einziger der Italiener hier. Zu Hause hat er eine riesige Sammlung mit Bollywoodfilmen, die er sich oft nachts nach der Arbeit in Originalsprache anschaut, bevor er sich zu seiner Frau ins Bett legt.

Sie haben viel gemeinsam, die älteren Italiener und die Asiaten und Afrikaner. Eine lange Reise war der Anfang ihres großen Abenteuers. In einem fremden Land haben sie es mit harter Arbeit zu etwas gebracht. Sie kochen und servieren Essen und Getränke, und an Weihnachten, wenn alle Gäste gegangen sind, decken sie jedes Jahr eine lange Tafel im großen Saal. Die Köche brutzeln und schmurgeln, die Kellner tragen Wein auf und decken den Tisch. Die Familien kommen dazu, fast alle haben drei, vier Kinder und manche schon Enkel, und dann sitzen sie bis in die Morgenstunden beisammen.

Nach meiner letzten Schicht, in der ich als Arbeitskraft genauso überflüssig war, wie in allen anderen, verabschiede ich mich von jedem Einzelnen. Sie nehmen meine Hand in beide Hände, klopfen mir auf den Oberarm oder die Schulter und sagen, dass ich bald mal wieder vorbeischauen soll. »Na, Giorgio, fährste morgen wieder nach Berlino?«, fragt Gianni. Ich nicke ein bisschen traurig, mein Gott. »Ja, schade«, setzt Gianni nach, »getz hamma uns gerade an dich gewöhnt, woll?«

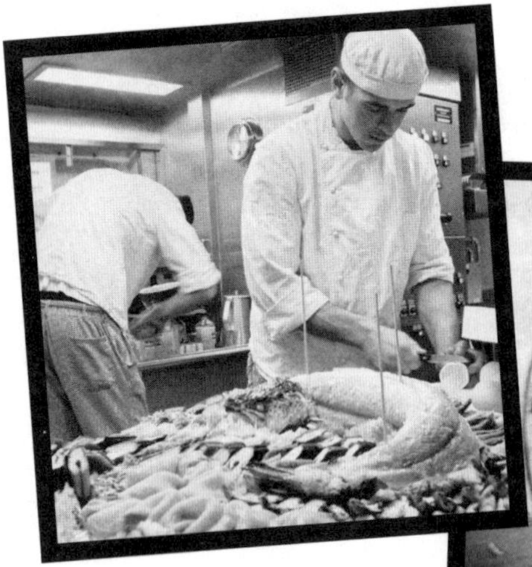

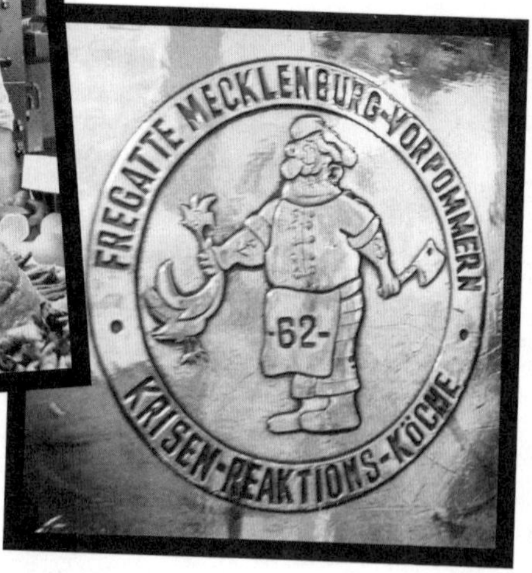
FREGATTE MECKLENBURG-VORPOMMERN
-62-
KRISEN-REAKTIONS-KÖCHE

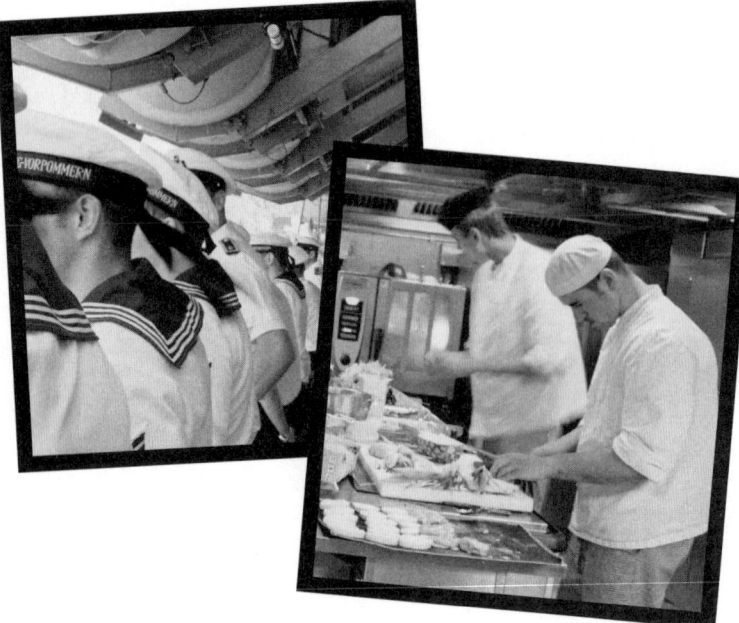

auf gefechtsstation.

Smut, Smutje, von »Smut«, für
»Schmuddel«. Ein Schiffskoch.

Ah Reiiise, Reiiise, Aufstehen!«
Noch mal in höherer Tonlage und etwas lauter: »Ah Reiiise, Reiiise, Aufstehen!!«
Kurze Atempause.
Einen Halbton höher geht's noch und auch deutlich lauter:
»Ah Reiiise, Reiiise, Auuufstehen!!!«

Sieben Uhr früh, Ostatlantik. Kein Weckerklingeln, kein Handypiepsen, sondern eine kräftige Lautsprecherdurchsage holt mich und die anderen gut einhundertfünfzig Freiwächter an Bord der Fregatte »Mecklenburg-Vorpommern«, kurz »Emmvaupee« (MVP) genannt, aus den muffigen Federn. Meine Koje ist etwa achtzig Zentimeter breit und zwei Meter lang. Da über mir noch jemand schläft, habe ich nur gut neunzig Zentimeter Luft nach oben. Ein Klappgitter schützt bei Seegang vor unfreiwilligem Aussteigen, und ein Vorhang vor der Koje sorgt für etwas Intimsphäre. Direkt neben dem Kopfende befindet sich der Spind, um den ich beim Aus- und Einsteigen meinen halben Oberkörper plus Kopf schrauben muss. Nicht einfach, sich aus diesem Schlafknast zu befreien.

53

Der Weckruf »Reise, Reise« hat auf Schiffen Tradition und nichts mit dem Reisen, sondern dem englischen »to arise«, also »erheben, aufstehen« zu tun. Ein Überbleibsel davon ist auch jene seltsame und offensichtlich ansteckende Vorsilbe »Ah«, mit der bei der Marine sinnentleert beinahe jede Durchsage eingeleitet wird. Beispiel: »Ah zuuur Flaggenparade!«, oder »Ah die Kantiiiine hat geöffnet!« Die Begriffe und Rituale an Bord wären überhaupt ein eigenes Kapitel wert, weil sie für den Laien so schwer durchschaubar sind wie Nebelbänke.

Es ist der zweite Seetag. Am Vortag sind wir gegen zehn Uhr aus Wilhelmshaven ausgelaufen, Ziel: Rouen an der Seine, etwa achtzig Kilometer landeinwärts. Die Seine ist bis Rouen auch für größere Pötte gut schiffbar. Zweck der Reise: Teilnahme an der »Armada de Rouen 2008«, einem etwa alle fünf Jahre stattfindenden Treffen von Großseglern und Kriegsschiffen, vergleichbar der »Kieler Woche«. Zweieinhalb Tage Hinfahrt, viereinhalb Hafentage, zwei Tage Rückfahrt. Diese Art von Abstechern ist in friedlichen Zeiten durchaus Routine für die internationalen Seestreitkräfte. Winkende Seeleute in blauweißer Ausgehuniform, »Open-Ship-Tage« mit Besucherströmen, Empfänge an Bord mit Buffet oder Spitzenessen beim Kommandanten mit deutschen Marineattachés und hochrangigen Politikern und Militärs der Gastländer sind Teil des militärisch-diplomatischen Alltagsgeschäfts. Und die Smuts stehen als kulinarische Helfer der Völkerverständigung sozusagen an vorderster Front.

Die »MVP« ist eine zwölf Jahre alte Fregatte und rein technisch gesehen eines der modernsten Kampfschiffe der deutschen Marine. Ihre taktische Aufgabe: Absicherung von Geleitzügen gegen U-Boote und Kampfflieger. Einhundertachtunddreißig Meter lang, sechzehn Meter breit, Tiefgang sechs Meter achtzig, Verdrängung etwa fünftausend Tons. Ein vor Waffen und Elektronik starrendes Schiff, das von zwei Dieselmotoren mit insgesamt elftausendsiebzig PS Leistung auf neunzehn Knoten Fahrt gebracht werden kann. Die Gasturbinen haben eine Leistung von einundfünfzigtausend PS und können das Schiff auf dreißig Knoten beschleunigen, das sind etwa fünfundfünfzig Stundenkilometer.

An Bord befinden sich im Normalfall knapp zweihundert Soldaten, je nach Auftrag aber auch bis zu zweihundertvierzig Mann (und Frau). Wenn etwa die beiden Hangars mit Hubschraubern zur U-Boot-Bekämpfung bestückt werden und Piloten, Techniker und Flugsicherungspersonal eingeschifft werden. Oder wenn bei großen internationalen Einsätzen wie UNIFIL (Seeüberwachung vor der libanesischen Küste), »Operation Enduring Freedom« oder der EU-Mission »Atalanta« zur Piratenbekämpfung ein Boardingteam der »Spezialisierten Einsatzkräfte Marine« für Schiffsdurchsuchungen oder der Einsatzstab einer Task Force auf dem Schiff Platz finden muss. Und alle diese Mägen werden von gerade mal elf Soldaten mit Essen versorgt. Rund um die Uhr. Bei jedem Wetter, bei jedem Seegang.

Eingeschifft habe ich mich vorgestern, am Sonntag den 6. Juli, im Lauf des Nachmittags. Die meisten Besatzungsmitglieder genossen noch das freie Wochenende, nur die knapp zwanzig Soldaten der Schiffshafenwache waren an Bord, dazu einige Offiziere und Bootsmannsdienstgrade, die vor dem Auslaufen noch letzte administrative Dinge erledigen müssen.

Das Leben an Bord ist mir nicht neu. Ich habe vor gut zwanzig Jahren meinen fünfzehnmonatigen Wehrdienst, den ich wegen einer Mittelmeerfahrt sogar auf achtzehn Monate verlängerte, bei der Marine geleistet. Als Funker. Mit Morsetaste und geheimen Funkschlüsseln im Kalten Krieg, wie in den alten Spionagefilmen. Neben vielen anderen Erfahrungen, teilweise auch eher gesundheitsschädlicher Art, machte ich in dieser Zeit auch die erste nähere Bekanntschaft mit Berufsköchen. Die Kombüse des alten Zerstörers, auf dem ich ein Jahr lang fuhr, war zur Cafeteria hin – so hieß der Essensraum der Mannschaften und Unteroffiziere rätselhafterweise – mit einer großen Klappe versehen, die für die Essensausgabe geöffnet wurde. Zur besseren Belüftung ließen die Smuts die Klappe aber oft auch außerhalb der Essenszeiten offen stehen. Da man als Funker in der vordigitalen Zeit nicht nur Seemeilen, sondern auch Fuß-Kilometer machte, weil alle eingegangenen Funksprüche gleich von mehreren Vorgesetzten gelesen und unterschrieben werden mussten, kam ich häufig an der offenen Kombüse vorbei, in der die Angehörigen diverser bayerischer Stämme in Kochklamotten mit Essenmachen und Anbrüllen beschäftigt waren. Dieses in Dampfschwaden gehüllte Kasperltheater mit blubbernden Töpfen, zischendem Fett und Pfannengeklapper faszinierte mich immer wieder. Es schien mir, als absolutem Küchentrottel, ohnehin unvorstellbar, tagtäglich vier Mahlzeiten für zweihundertsechzig Mann zu kochen, aber dann auch noch bei Sturm? Der Zerstörer war zwar extrem seetüchtig, aber er schlingerte schon bei Windstärke sechs wie auf einer Achterbahn. Bei Windstärke zehn und entsprechendem Seegang schwebte man in der Abwärtsbewegung des Schiffes einen Moment lang quasi in der Luft, weil der Boden in so rasender Geschwindigkeit nach unten verschwand. Kam das Schiff dann am untersten Punkt an und sammelte sich zum Aufsteigen, wurde man so zusammengestaucht, dass man sich sekundenlang nicht nach oben bewegen konnte. Schon die sitzende Arbeit im Funkraum war unter diesen Umständen nur unter Schwierigkeiten zu leisten, weil man hauptsächlich damit befasst war, nicht durch die Gegend zu fliegen. Essen zu kochen schien mir da schlicht unmöglich. Tatsächlich stand aber auch bei schwerstem Wetter immer wenigstens ein Koch am Herd und tat sein Bestes, um unser aller Mägen mit der nötigen Füllung und die armen Seelen mit Labsal zu versorgen. Echte Helden.

Nach zwanzig äußerst zivil verbrachten Jahren finde ich mich nun also wieder an Bord eines Kriegsschiffes, habe ziemlich unsicher die Flagge gegrüßt und mich beim Wachhabenden gemeldet. Der junge Oberbootsmann weiß nur so ungefähr über mein Vorhaben Bescheid, ist aber freundlich und lässt mich hinein. Er gibt mir Bettzeug aus, zeigt mir meinen Wohnraum und die Messe, in der ich die Mahlzeiten einnehmen werde und mich auch in der freien Zeit aufhalten kann. Nach dem Auspacken und Verräumen gibt es Abendessen. Brot, Aufschnitt, Wasser, Kaffee, Tee, alles untermalt vom permanenten Gedudel eines Breitbildfernsehers.

Eigentlich hat man ja in meiner Generation meist mit dem etwas zu flotten Fortschritt zu kämpfen. Aber hier hat sich definitiv nichts verändert seit damals. Und damals hatte sich auch schon nichts verändert seit irgendwann vor langer, langer Zeit. Viel dunkles Holz oder Kunststoff in Holzoptik. Dicke Polster, gesammelte Wappen von anderen Schiffen oder NATO-Einheiten an der Wand, poliertes Messing und eine uralte Marinejacke mit Bootsmannsmaatenpfeife und Mütze in einer Glasvitrine. Geschmacksarm und vertraut.

Als sich die Messe langsam füllt, ernte ich erste interessierte Blicke, beantworte Fragen und führe ein paar knappe Gespräche: »Ah, du bist der Kombüsenschriftsteller ...« – nette Umschreibung für ein Abenteuer mit ungewissem Ausgang. Um kurz vor zehn bin ich lull und lall von meiner Zeitreise und turne ächzend in meine kleine Koje. Unruhiger Schlaf, um sieben Uhr morgens dann zum ersten Mal nach zwanzig Jahren wieder: »Ah Reiise, Reiise ...«

Am Auslauftag lerne ich bei der Morgenmusterung die Kombüsenbesatzung kurz kennen, dann packt mich die Bordroutine am Schlafittchen. Irgendwie geht mir alles zu schnell, zumal ich als »Eingeschiffter« ein ziemliches Startprogramm zu absolvieren habe. Ich bekomme eine Schwimmweste und gleich danach im Backbordhangar die dazugehörige Einweisung. Die Dinger sind nämlich nicht so einfach zu bedienen. Sie blasen sich zwar automatisch bei Salzwasserkontakt auf und retten so auch den Ohnmächtigen vor dem Ertrinken, aber es gibt noch einige schicke Features, die einen im Wasser – und vermutlich heller Panik – ganz schön überfordern können. Wie entfaltet man doch gleich noch den eingearbeiteten Kälteschutzanzug? Und was ist mit Sprühschutzhaube gegen Ertrinkungsangst, Trillerpfeife, Leuchtdiode und den Mundschläuchen zur Regulierung der Aufblasdicke der Schwimmkörper? Ja, es wurden wirklich keine technischen Mühen gescheut, um mir Teilzeitseebär einen eventuellen unfreiwilligen Aufenthalt im Meer so angenehm und lebenserhaltend wie möglich zu gestalten.

Kurz vor der Auslaufmusterung sorgt Oberleutnant zur See Becker für noch etwas mehr Verwirrung bei mir: Ob ich denn schon »eingekleidet« sei? »Na ja, die Kombüse gibt mir später Arbeitsklamotten.« Das sei ja klar, nein, er meine BEGA. Hinter diesem kryptischen Kürzel verbirgt sich der »Bordeinsatz und -Gefechtsanzug«, ein blaues Zeug, vergleichbar dem Kampfanzug beim Heer. Nein, davon wüsste ich nichts. Gut, das wird er noch klären, eventuell muss ich dann noch zur Kleiderkammer.

Und weiter geht's mit meinem Pflichtprogramm: Fregattenkapitän Ivo Schneider, der Erste Offizier (Eins O, bzw. IO) des Schiffes, Stellvertreter des Kommandanten und sozusagen »Personalchef«, möchte mich irgendwann im Laufe des Tages gerne eine halbe Stunde sprechen, um Viertel vor elf muss ich zur offiziellen Vorstellung in die Messe der

Portepeeunteroffiziere, kurz PUOs, in der ich für die gesamte Reise zu Gast bin. Die Angehörigen dieser gehobenen Unteroffiziersklasse, trugen früher tatsächlich ein Portepee, einen Offiziersdolch mit Schnurgehänge, als Zeichen ihrer Stellung zwischen einfachen Unteroffizieren und Offizieren. Sie haben dieselbe Funktion wie ein Meister in zivilen Betrieben, und ihre Dienstposten werden denn auch mit dem bedeutenden Zusatz »Meister« versehen. Hier heißen Damen in Funktion also »Frau Navigationsmeister« oder »Frau Signalmeister«.

Die Vorstellung läuft gut, auch wenn ich mir schon komisch vorkomme als Zivilist. Dass ich mal bei der Marine war, hilft sicher auch ein bisschen. Nur ein halb verlachter Satz ärgert mich denn doch: »Tscha, dann wird das Essen ja vielleicht büschen besser, wenn denen einer auf die Pfoten guckt.« Warum glauben eigentlich so viele Nichtköche, dass wir nichts anderes im Sinn haben, als ihnen Mist vorzusetzen? Koch kann ein wirklich beschissener Job sein ...

Nach dem Mittagessen – das Auslaufen habe ich vor lauter Hektik glatt versäumt – irre ich ziemlich planlos durchs Schiff. Es wird dauern, bis ich mich hier auskenne, zu verwirrend die Zahl der Längs- und Quergänge, der verschiedenen Decks (sozusagen Stockwerke) und Treppenschächte. Der eine führt zur Brücke, wo ich gar nicht hinwill, aber dafür einem Fregattenkapitän, der *nicht* der IO ist, in die Kammer stolpere. Einem allgemeinen landrättischen Missverständnis entgegen heißen die Wohnräume der Besatzung nämlich nicht »Kajüte«, sondern »Kammer« oder, in der größeren Ausführung, »Deck«. »Wer sind denn Sie, bitte schön?« Ich fühle mich auf einmal wieder so was von wehrpflichtig und plaudere entsprechend unlocker los: »Sind Sie, äh ... ja, Sie sind der Kommandant, tja, also Weber, der Name, Zivilist, ich bin eingeschifft, Kombüse, also ...« – »Ah, ich weiß Bescheid, herzlich willkommen, Herr Weber. Interessiert einen ja, wer da so durchs Schiff stolpert, nicht?« Ja, das kann ich mir vorstellen, dass so was interessant ist für den Kommandanten eines Kriegsschiffes. So ein wirr guckender Mensch in Jeans und Poloshirt, der offensichtlich nicht so genau weiß, wo er ist, und hoffentlich eine Wampe da unterm Hemd hat und keinen Plastiksprengstoff.

Treppe, die hier Niedergang heißt, hoch, Treppe runter, links in den Gang, nein, raus hier, zurück und dann rechte Seite und runter, oh, Scheiße, Sackgasse, ein, nein, zwei Stationen zurück ... Dann fliege ich schon wieder an der offenen Kammer eines Fregattenkapitäns vorbei, halt, bremsen, auf der »MVP« gibt es nur zwei Offiziere mit diesem hohen Dienstgrad, dem Kommandanten habe ich mich gerade ganz toll vorgestellt, dann muss das hier der IO sein, stimmt, den habe ich ja auch schon mal gesehen. »Tag, Herr Kap'tän«, fällt mir gerade noch die korrekte Anrede ein, Kaptän ohne »i«.

Kleiner Exkurs zum Thema Orientierung auf Schiffen.

Jedes Schiff ist in Abteilungen gegliedert. Jede Abteilung kann mit wasserdichten Schotts verschlossen werden. Das soll im Leckagefall in nur einer Abteilung verhindern, dass das ganze Schiff nach und nach vollläuft. Diese Abteilungen werden, von achtern nach vorn aufsteigend, mit römischen Ziffern gekennzeichnet. Die »Stockwerke« des Schiffes bekommen Großbuchstaben verpasst. Ganz unten ist die »Stauung«, das S-Deck, darüber kommt das »Plattformdeck«, P-Deck, danach das »Zwischendeck«, also Z-Deck, darüber das »Hauptdeck«, H-Deck, und sozusagen das Erdgeschoss des Schiffes. Die Aufbauten haben dann noch die Buchstaben B, C und D, aber die spielen für die Smuts dann keine Rolle mehr. Ihr Leben findet im Keller statt. Ob sich ein Raum oder Gang nun backbord, steuerbord oder mittschiffs befindet, kann man an der arabischen Endziffer ablesen. Ungerade Zahlen bezeichnen die Steuerbordseite, gerade die Backbordseite, und für die Mitte steht die Null. Alles klar?

Die Kombüse befindet sich in Abteilung zehn des Zwischendecks auf Steuerbordseite und hat folgerichtig die Raumnummer X Z 3. Ich wohne in der Abteilung acht des Hauptdecks auf Steuerbordseite, also VIII H 3. Falls mich jemand sucht.

Auf den ersten Blick befinde ich mich in einer ganz gewöhnlichen Profiküche. Etwa zwanzig Quadratmeter, in der Mitte ein Küchenblock mit Arbeitsfläche, Vierplattenherd und großem Kippbräter. Letzteren gibt es in fast allen Großküchen. Eine viereckige Wanne, etwa ein Meter auf achtzig Zentimeter, zwanzig Zentimeter tief, beschichtet, mit einem Klappdeckel verschließbar. Elektrisch befeuert. Sie ruht auf einem Gestell und kann per Handkurbel nach vorne bis um neunzig Grad gekippt werden. Ein vielfältig einsetzbares Kochgerät. Man kann Steaks, Fischfilets und Schnitzel darin braten, Gulasch oder große Braten schmoren, Bratkartoffeln in riesiger Menge, Nudel- oder Reispfannen darin zubereiten. Spiegel- und Rühreier fürs Frühstück werden auch darin gemacht. Kippbar ist die Wanne aus zwei Gründen. Einmal, damit man darin zubereitete Pfannen- und Schmorgerichte bequem in ein untergestelltes Gefäß befördern oder Soßen und Brühen durch ein Sieb passieren kann. Und zweitens kann man so nach dem Reinigen und Schrubben die Putzflüssigkeit einfach herauslaufen lassen. Unter dem Ausgussstutzen befindet sich nämlich ein großer Abfluss.

Vom Eingangsschott aus gesehen links befindet sich die Essensausgabe, die außerhalb der Essenszeiten mit einer großen Klappe verschlossen ist. Davor reihen sich Warmhaltewasserbecken, ein Hochbord für Salate und Brötchen und ein Kühlbecken für Milchprodukte aneinander, unter dem noch ein kleiner Kühlschrank steht.

An der gegenüberliegenden Wand sind drei Kochkessel im Block und zwei Konvektomaten angeordnet. Kochkessel sind doppelwandige Töpfe, die in einen Stahlblock versenkt sind. Zwischen die Wände wird Wasser eingelassen, dieses dann durch Heizschlangen erhitzt. Durch diese Konstruktionsweise wird der Kessel absolut gleichmäßig erwärmt, und an keiner Stelle des Kessels kann die Temperatur über hundert Grad steigen. Damit ist Anbrennen äußerst unwahrscheinlich. Jeder Kessel fasst maximal achtzig Liter und kann mit einem Klappdeckel verschlossen werden. In ihnen werden Nudeln, Kartoffeln oder Reis abgekocht und Suppen und Eintöpfe, bei denen nichts angebraten werden muss, zubereitet. Bei Sturm wird übrigens ausschließlich in diesen Kesseln gekocht, die dann höchstens zu einem Viertel gefüllt werden, damit die Suppe nicht in der ganzen Küche herumspritzt.

Konvektomaten oder Kombidämpfer sind moderne Elektroöfen, die sich mittlerweile in jeder Profiküche finden. Sie können trocken und mit Umluft braten oder mit Dampf in unterschiedlichen Stufen garen. Man kann ein integriertes Thermometer in die zuzubereitende Speise stecken und eine Zieltemperatur eingeben. Dann gart der Konvektomat solange, bis diese erreicht, ist und gibt Alarm. Die Geräte dienen auch zum Warmhalten, Aufbacken und Gratinieren, sogar schmoren kann man zur Not darin.

Um die restlichen zwei Wände der Kombüse ziehen sich Arbeitsflächen, Schränke und Stauräume. Eine Kombi-Küchenmaschine dient als Rührgerät, Fleischwolf, Gemüsehobel und Aufschlagkessel. In einem kleinen Nebenraum sind weitere Kühlschränke, ein Regal, Reinigungsmittel, Arbeitsklamotten und ein paar persönliche Kleinigkeiten der Smuts untergebracht. Draußen, gegenüber dem Kombüsenschott, befindet sich der Schacht des Kombüsenaufzuges, der von ganz unten im Schiff, wo sich die Hauptlager- und Kühlräume befinden, über die Kombüse bis in die Pantry der Offiziersmesse läuft. Eine Pantry ist die Anrichte und kleine Kaffeeküche einer Messe. Hier arbeiten die »Kellner« der Offiziere. Sie heißen Pantrys, wie ihr Arbeitsplatz, sind eigentlich für ganz andere Aufgaben ausgebildet, haben sich dann aber freiwillig für diesen Posten gemeldet. Auch in der Messe der PUOs gibt es Pantrys, aber die müssen alles zu Fuß holen kommen.

Der Chef der Kombüsenmannschaft ist der »Erste Proviantmeister«, der Eins Provi. Hauptbootsmann Kai Eiser (30) ist ein bäriger Franke mit vorwiegend glänzender Laune und einem Gesicht, das für »kein Bock« keinen Ausdruck zu kennen scheint. Gelernt hat er Bäcker, sich aber in mehr als zehn Jahren Marinedienst auch am Herd fleißig weitergebildet. Dass er selber gerne isst, kommt seinen beruflichen Interessen ziemlich entgegen. Er schreibt die Menüpläne für Wochen im Voraus, plant, wenn sie genehmigt sind, die Einkäufe und muss dabei eine Unmenge von Vorschriften, den sehr begrenzten Lagerraum, das vorgesehene Einsatzgebiet, die Haltbarkeit und alle möglichen Sonderveranstaltungen berücksichtigen, wie eben Empfänge, Spitzenessen, ein außerplanmäßiges Grillfest oder Feten in den verschiedenen Messen. Das Essen ist solide Kost, wie man sie aus Kantinen und Mensen kennt. Zum Frühstück Brötchen, Konfitüre, Honig, Schokocreme, Wurst, Käse, Cerealien. Dreimal wöchentlich Ei, mal gekocht, mal gerührt und sonntags mit Speck gespiegelt. Mittags Schnitzel mit Mischgemüse, Chili con Carne, Nudeln mit Bolognese, Wurstgulasch und Ähnliches. Als Vorgang Suppe, ein Dessert. Jeden Abend gibt es ein »Highlight«, ein warmes Gericht zusätzlich zum klassischen Abendbrot: Toast Hawaii, Strammer Max, gebackener Camembert.

Laut Vorschrift hat Eiser mit seiner Truppe (gerade mal sechs Smuts, die von morgens bis abends hier rackern) drei Mahlzeiten am Tag zuzubereiten: Frühstück, Mittagessen, Abendessen. Ende. Im Hafen läuft das dann auch so, aber ein Schiff in See hat Vierundzwanzig-Stunden-Betrieb, und je nach Arbeitsgebiet sind die Leute körperlich oder konzentrationsmäßig stark gefordert. Und wer um Mitternacht für vier oder sechs Stunden auf Wache zieht, hätte schon auch gerne was im Magen. Also gibt es zwischen Viertel nach elf und Viertel nach zwölf nachts zusätzlich den sogenannten »Mittelwächter«, eine meist deftige Eintopfmahlzeit mit ordentlich Kohlehydraten für die aufziehende Seewache (rund fünfzig Mann) und, wenn was überbleibt, auch noch für die abziehende Wache. Ebenfalls nur in See gibt es das »Vier-Uhr-Frühstück« für die stehende Seewache, von dem noch die Rede sein wird ... Donnerstags ist traditionell »Seemannssonntag«, das heißt, es gibt Kaffee und Kuchen am Nachmittag. Diese »Marineextras« kommen im offiziellen Versorgungsplan nicht vor, das heißt, jeder Proviantmeister der Flotte muss sie sich irgendwie aus den Planungen der vorgesehenen drei Mahlzeiten herausrechnen. Denn ohne sie gibt's Stress an Bord.

Überhaupt: Die Stimmung an Bord ist in hohem Maße von der Arbeit der Smuts abhängig, je länger die Reise, desto heftiger. Die Smuts arbeiten unter großem Druck. Schließlich: Übers Essen hat ja jeder was zu sagen, und Mutti kann das sowieso viel besser.

Eiser stellt mich seinen jungen Smuts und Unteroffizieren vor. Nach den Wirrungen des ersten Tages kann ich mir zu meiner Schande die Namen nicht alle gleich merken ... Ich bekomme drei Garnituren Kochkleidung, dieselbe wie an Land auch, also fein karierte Hose und weiße Kasackjacke mit zwei Knopfreihen, und gehe mich umziehen. Dann werde ich gleich in diverse Schnippel- und Sortierarbeiten eingebunden, und es gibt Klönschnack ohne Ende. »Heute ist noch mal Routinetag«, grinst mich einer an. »Aber ab morgen geht's hier rund!« Auf der Überfahrt muss ein Buffetempfang an Bord für 250 Personen am Einlauftag vorbereitet werden. Und am ersten Tag in Rouen findet ein Spitzenessen beim Kommandanten statt. Vier Gänge, zwölf Personen. Für den Empfang müssen eintausend Canapés mit fünf verschiedenen Belägen garniert werden, dazu kommen ungarische Gulaschsuppe, Sauerkraut mit Kassler und Bratwürsten, große Platten mit Räucherfisch, Käse und Obst.

Während wir so vor uns hin klönen und schnibbeln, hat die »Mecklenburg-Vorpommern« längst den Lotsen verabschiedet und fährt auf offener Nordsee Richtung Atlantik. Mit von der Partie ist heute noch das Schwesterschiff »Brandenburg«, mit der verschiedene Seemanöver zur Übung gefahren werden sollen. Wir hier unten bekommen das allerdings nur durch entsprechende Lautsprecherdurchsagen mit. Sozusagen unser »Bordradio«, ohne das nur wenige Besatzungsmitglieder wüssten, welche Tageszeit gerade ist, wo sich das Schiff befindet oder welche Manöver und Übungen gerade stattfinden. Im Alarm- oder Gefechtsfall schallen natürlich noch ganz andere Töne aus den Lautsprechern.

Einzig die aktuelle Fahrtgeschwindigkeit des Schiffes kann man in der Kombüse auch ohne Durchsage ziemlich gut einschätzen: Wenn die Abzugshaube zittert, dann fahren wir deutlich mehr als fünfundzwanzig Knoten.

Gerade hat uns die Brücke per Durchsage informiert, dass wir zur Übung »RAS-Anläufe« mit der »Brandenburg« fahren. Ein RAS-Manöver ist die Versorgung eines Schiffes auf See. Zu diesem Zweck geht das zu versorgende Schiff auf Parallelkurs zum Versorger. Abstand etwa fünfzig Meter. Dann schießt ein Seemann mit einem Druckluftgewehr eine lange Leine zum Versorger, die dort über eine Rolle geführt und wieder zurückgeschossen wird. Mithilfe dieser Leinenkonstruktion, »Manila-Highline« genannt, kann nun ein Transportkorb oder ein Kraftstoff- oder Frischwasserschlauch von einem Schiff zum anderen übergeholt werden. Ein riskantes Manöver, vor allem bei der Übernahme von Kraftstoff. Die Schiffe müssen dabei nämlich von den beiden Rudergängern während der gesamten Versorgung auf gleichbleibendem Abstand gehalten werden. Man muss schon über ein sicheres Empfinden, einige Erfahrung und gute Nerven verfügen, um für plötzliche Kurskorrekturen gewappnet zu sein. Dabei hilft eine ordentliche Geschwindigkeit, denn je schneller die Schrauben drehen, umso stabiler ist der Kurs.

Wir brettern nun also mit zitternder Abzugshaube durch die Nordsee, und ich bekomme gleich den ersten Einsteigerkurs in »Kochen auf See«. Ohne Vorwarnung geht die »MVP« plötzlich nach Trennung der Highline-Verbindung mit der »Brandenburg« auf hart steuerbord und legt sich entsprechend nach backbord über. Ein Schiff dieser Größe geht langsam, aber unerbittlich in solche Kurse. Wenn es sich überlegt, also »krängt«, dann verharrt es lange in dieser Lage, bevor es sich langsam wieder aufrichtet. In dieser Phase kann sich eine Menge Zeug – und auch der nachlässige Seemann – auf eine unvorhersehbare Reise durch den Raum machen. Bei der Metallschüssel, die mir jetzt gerade abhaut, ist das ja nicht weiter tragisch, aber bei unseren Küchenmessern kann das böse ausgehen ... Der Stabsgefreite Jan Beyer, der entgegen seiner sehr jungenhaften und zarten Physiognomie der dienstälteste Mannschaftsdienstgrad der Kombüse und damit »Küchenbulle« ist, bringt mir grinsend den ersten Merksatz bei: »Immer seefest!!« Die Smuts klemmen sogar im Hafen ihre Messer immer unters Schneidbrett, so sehr ist ihnen diese wichtige Regel in Fleisch und Blut übergegangen. Die zweite wichtige, und bei Küchenarbeit schwer einzuhaltende, ewige Seemannsregel heißt: »Eine Hand fürs Schiff, eine Hand für dich.« Sie wird der Besatzung bei jeder Auslaufmusterung und jeder Sicherheitseinweisung aufs Neue ans Herz gelegt. An Herden und Arbeitsflächen der Kombüse befinden sich auf Hüfthöhe umlaufende Stahlrohre, an denen meist Putztücher hängen, die aber eigentlich zum Festhalten bei heftiger Schiffsbewegung da sind. Die Herdfläche ist mit Metallleisten eingefasst, auf die weitere Leisten gesteckt werden können, um die vier Kochfelder einzeln zu begrenzen. Sie sollen aufgestellte Töpfe und Pfannen vor dem Abrutschen bewahren und heißen passenderweise »Schlingerleisten«.

Jetzt muss ich aber erst mal ganz vorsichtig der fliegenden Schüssel bergab folgen, um sie wieder einzusammeln und mich dann bergauf, »Steigung« gut dreißig Grad, wieder hoch an meinen Arbeitsplatz wuchten. Das Spiel wiederholt sich noch zwei, drei Mal, dann »verabschieden wir die Fregatte ›Brandenburg‹«, wie der Lautsprecher mitteilt, alle Smuts winken einmal ins Nichts, »Tschü-üss«, und arbeiten grinsend aufs Abendessen zu.

Eine Alarmglocke reißt uns plötzlich aus den Vorbereitungen. Offenbar hat der Erste Offizier seine kurze Ansprache bei der Auslaufmusterung am Morgen nicht ohne Grund mit dem Satz beendet: »Und dann wollen wir uns alle auch auf dieser Fahrt wieder daran erinnern, dass wir ein Kriegsschiff sind.« Dreimal schrillt es, dann ohrenbetäubt es aus dem Lautsprecher: »Feuer im Schiff, Feuer im Schiff. Es brennt in Dreizehn Zulu Acht. Besatzung auf Gefechtsstation! Alle Gruppenstände besetzen!« In meinem eher langsamen Kopf laufen jetzt ausnahmsweise schnell ein paar Informationen zusammen: Früher sagten sie bei Übungsalarm immer »Ah zuur Übung!« vorneweg, ohne diesen Vorsatz war's echter Alarm. Panik also? Nein, da war doch noch was.

Stimmt. Mittlerweile setzt man »Safeguard! Safeguard!« vor die eigentliche Durchsage, wenn *wirklich* etwas passiert ist. Puh, also nur eine Übung, und ich bleibe zunächst, wo ich bin. Die anderen Smuts stecken die Messer unter die Bretter, reißen sich die Kochjacken runter, ziehen ihre blauen BEGA-Jacken über (wo bleibt eigentlich meine?) und hasten aus der Kombüse. Marineköche haben nämlich noch eine störende Nebenbeschäftigung. Alle Smuts und Pantrys werden im Gefecht, bei Feuer im Schiff, Leckabwehr oder Mann über Bord als HSD – Helfer im Sanitätsdienst – eingesetzt. Dafür haben sie, neben der allgemeinen Erste-Hilfe-Ausbildung, die jeder Soldat erhält, an Bord eine Spezialausbildung durch die Schiffsärztin durchlaufen. Sie müssen Infusionen legen und mit einem Spatel die Atemwege eines Verletzten freilegen, also im Grunde alle Erstversorgungsmaßnahmen ergreifen können. Und sie sind mitverantwortlich für den Transport von Verwundeten ins Schiffslazarett oder zum Verbandsplatz. Die vier sogenannten »Schiffssicherungsgruppenstände«, zu denen die Smuts gleich hasten werden, sind strategisch über das Schiff verteilte Sammelstellen, an denen sich alle Soldaten treffen, die zur Brandbekämpfung, Leckabwehr und Bergung von Verwundeten ausgebildet sind. An den Ständen befinden sich Kommunikationseinrichtungen, Schutzkleidung, Atemgeräte und Lampen für die Angriffstrupps. Alle restlichen Besatzungsmitglieder haben sich auf ihren jeweiligen Gefechtsstationen einzufinden.

Und ich? Vielleicht sollte ich einfach hinterher? Schließlich will ich ja auch darüber Bescheid wissen. Der Hauptgefreite Sebastian Galla, ein langer, dünner und dauerquatschender Potsdamer, bemerkt meine Verunsicherung und schnarrt fröhlich: »Na klar kommste mit, musste ooch ma jesehn ham.« Obermaat Anselm Kleinelanghorst, der verantwortliche Unteroffizier in der Kombüse, überlegt kurz und nickt dann. Ich also hinter Galla her. Der schließt im

Gehen seine BEGA-Jacke und eilt Richtung Bäckerei. Auf dem Gang herrscht hektischer Verkehr. Kurz vor der Backstube stoßen wir beinah mit dem kleinen und kugelrunden Hauptgefreiten Ben Thode zusammen, auch ein Smut. Thode mit seinem ewig rosigen Gesicht hat sich eben in seine Rettungsweste gezwängt, zieht eine weiße Flammschutzhaube über den Kopf und setzt dann seinen olivfarbenen Gefechtshelm auf. Die zur Flammschutzbekleidung, oder »Anti-Flash«, gehörenden Handschuhe stecken griffbereit in der Hosentasche. Diese Ausrüstungsgegenstände lagern die Smuts in einem Regal in der Bäckervorratskammer, der Mehllast. Wo eben Platz ist. Auch Galla schnappt sich sein Zeug, dann geht es flott nach achtern, hinauf ins H-Deck. Dort sammeln sich etwa fünfzehn Seeleute. Schiffssicherer, Sanis und die Schiffsärztin. Einer meldet per Telefon Vollzähligkeit, und dann stehen wir da und stehen und ... Wieder eine Durchsage: »Herr Weber soll sich dringend melden, Herr Weber, bitte!«

Äh, was ist denn jetzt? Alle gucken mich groß an. Galla lacht: »Jeh ma schnell wieder runter, die machen sich Sorgen um dich.« Ja, schön gesagt, hoffentlich finde ich die Kombüse wieder ...

Nach nur einmal verlaufen bin ich da. Obermaat Kleinelanghorst erwartet mich schon mit dem Hörer in der Hand. »Ja, äh, hier Weber, ich sollte mich melden.« Eine mir unbekannte, leicht genervte, aber um Freundlichkeit bemühte Stimme sagt »Wir müssen doch Vollzähligkeit herstellen, Herr Weber. Da musst du in der Kombüse bleiben bei Alarm, alles klar?« Duzen plus Nachname, typisch Marine! Ich will antworten, aber er hat schon aufgelegt. Kurz danach beendet der Schiffstechnische Offizier die Übung, und der IO stellt per Lautsprecherdurchsage fest, dass das noch nichts war! »Die Besatzung hat sechs Minuten dreißig gebraucht, um Vollzähligkeit herzustellen!«, und ich habe die unschöne Vermutung, dass mindestens dreißig Sekunden davon auf meine Kappe gehen.

Der nächste Übungsalarm, knapp zehn Minuten später, bestätigt das. Ich bleibe brav in der Kombüse, werde von Obermaat Kleinelanghorst als »ein zusätzlicher Soldat, ja, der Schriftsteller, also ja, ein Zivilist« an die Operationszentrale gemeldet, und schon hat es die Besatzung in genau sechs Minuten geschafft.

Die Nummer wird heute noch einige Male von der Schiffsregie durchgespielt, bis das Theater dann fürs Abendessen schließt. Da wir während der Alarmübungen nur noch drei Mann in der Kombüse sind, geht das Produktionstempo deutlich zurück. Als die anderen dann endlich zurückkommen und aus ihren BEGA-Jacken schlüpfen, werfe ich einen genaueren Blick auf das Kleidungsstück: Die Smuts der »MVP« haben ein eigens gestaltetes Abzeichen auf ihren linken Ärmeln. Es zeigt einen dicken Koch, in der einen Hand ein Küchenbeil, in der anderen einen noch lebenden Hahn. Und drum herum ist zu lesen: »Fregatte Mecklenburg-Vorpommern. Krisen-Reaktions-Köche«. Wie wahr.

Nach Abendessen und Aufklaren steht die Entscheidung an, wer den Mittelwächter kocht. Ich habe den leisen Verdacht, dass das ein kleiner Test ist, denn eigentlich sind solche Dinge beim Bund ja immer klar geregelt. Ich ergreife die Gelegenheit beim Schopf, mich auch praktisch für die allgemeine Nachsicht beim Übungschaos zu bedanken, und ich biete mich als »Nachtkoch« an. Freudige Zustimmung, was Wunder. Obermaat Kleinelanghorst wird mir dabei zur Seite stehen, schließlich kenne ich mich ja noch nicht richtig aus. Und außerdem kann er mir dann auch auf die Finger gucken ...

Ich haue mich für zweieinhalb Stunden zum Lesen und Dümpeln in die Koje, bin natürlich gerade am Einschlafen, als ich schon wieder rausmuss. Mühsam schleppe ich mich wieder in X Z 3, knipse alle Lichter, einen Kochkessel mit Salzwasser für Nudeln und den Kippbräter an und beginne, eine riesige Nudelpfanne mit Gemüse, Hühnchen und Curry zuzubereiten. Kleinelanghorst ist schnell zur Stelle, beäugt meine Bemühungen mal kritisch, mal zuversichtlich, dann probiert er, ist zufrieden, und wir öffnen sogar rechtzeitig die Essensausgabe. Gespannt gebe ich mein erstes Erzeugnis als Schiffskoch an die müden Seeleute der aufziehenden Wache aus. Als der Erste zurückkommt und Nachschlag verlangt, bin ich richtig happy. Alles wird ratzeputz leer gefuttert, der letzte Rest von Kleinelanghorst und mir. Aufklaren, kurz durchputzen, Lichter aus und endgültig ab ins Bett.

Wir sind über Nacht ohne Turbinen, also nur mit den Dieseln gefahren, trotzdem ist der Geräuschpegel ordentlich hoch. Und wenn man, wie ich, eher im achteren Bereich des Schiffes untergebracht ist, nah an den Propellerwellen, ist an Durchschlafen nicht zu denken. Aber so kann man sich wenigstens seelisch auf die bocklaute Weckdurchsage einstellen und wird nicht völlig kalt erwischt. Noch einmal strecken und dehnen, so weit das in dem Marinekinderbettchen geht, und dann herauswinden, duschen, rasieren. Doch kurz bevor ich mein müdes Fleisch in Bewegung setze, startet der diensthabende Wachoffizier auf der Brücke per Lautsprecher eine Attacke.

»Guten Morgen, Besatzung, hier spricht der WO. Es ist Dienstag, der achte Juli, sieben Uhr fünf Bravozeit. Aktuelle Position ist dreiundfünfzig Grad, acht Komma neun Minuten Nord, nullnulldrei Grad, zweiundzwanzig Komma einssieben Minuten East. Wir peilen Den Helder auf einsnullsechs, Abstand fünfzig nautische Meilen. Unser Kurs: einsneunsieben Grad, wir machen vierzehn Komma drei Knoten Fahrt. Lufttemperatur beträgt vierzehn Komma sieben Grad Celsius, Wassertemperatur sechzehn Komma fünf Grad Celsius. Der Wind kommt mit fünfzehn Knoten aus zwodreifünf Grad. Luftdruck tausendeins Komma sechs Millibar, Bewölkung siebenachtel. Niederschlag: Die abziehende Seewache ist sehr niedergeschlagen, weil es heute kein Vier-Uhr-Frühstück mit frischen Brötchen gab ... Einen schönen Tag und Ende der Durchsage.«

Hallo? Hat der das gerade über die gesamte Schiffslautsprecheranlage (SLA) gesagt? Das wird ja interessant bei der Frühbesprechung der Smuts. Denn die frischen Brötchen mit etwas Aufstrich und Kaffee für die Seewache um vier Uhr morgens sind eine Goodwill-Leistung der Kombüse, deren Bereitstellung auf dieser Tour aus einem ganz bestimmten Grund heikel ist. Dazu später mehr, jetzt heißt es erst mal: Antreten zur Morgenmusterung.

Die Besatzung jedes deutschen Kriegsschiffes ist, je nach Aufgabengebiet, in sechs sogenannte »Hauptabschnitte« (»HAs«) eingeteilt, nummeriert von »Einhundert« bis »Sechshundert«. Die gesamte »Heizerei«, also das Personal für Maschine, Antrieb, Turbinen, Elektrik, ist beispielsweise im HA Zweihundert – Schiffstechnik – zusammengefasst. Die Kombüse ist Teil des HA Vierhundert – Zentrale Dienste. Leiter ist der Erste Schiffsversorgungsoffizier, kurz Eins SVO genannt. Sein Stellvertreter ist der Zwo SVO. HA Vierhundert fasst alle Stabs- und Versorgungsdienste zusammen, Schreibstube, Wachtmeisterei, Rechnungsstelle, Sanitätsdienst, Kantine (eine Art Kiosk, in dem man zu bestimmten Tageszeiten Kosmetikartikel, Süßigkeiten, Softdrinks und Souvenirartikel wie Basecaps mit Schiffswappen und Ähnliches kaufen kann) und eben die Kombüse. Die Vierhunderter sorgen für Proviant und Büroklammern, Medizin und Ersatzteile, sie zahlen den Sold aus und verteilen Urlaubsscheine.

Nach der Körperpflege, die natürlich dank zahlreicher Dienstvorschriften genauestens geregelt ist, besonders streng für die Smuts, hallo Hygiene, geht man eigentlich zum Frühstück in seine jeweilige Messe, danach, um acht Uhr, ist Dienstbeginn mit besagter Morgenmusterung. HA Vierhundert, meiner also, tritt dazu auf dem Hubschrauberlandeplatz achtern an.

Wir Smuts traben leider ohne Frühstück direkt zur Musterung, »is entspannter hinterher, wenn alle weg sind, und wir machen dann auch immer die Besprechungen«. Nun denn.

Die Morgenmusterung des HA Vierhundert folgt dem immer gleichen Ritual: Die Mannschaften und Unteroffiziere aller Abteilungen des Versorgungsdienstes treten auf Backbordseite in drei Reihen an, dann zählt der dienstgradälteste Maat durch, nimmt eventuelle Krankmeldungen entgegen, verliest den Tagesbefehl des Ersten Offiziers und meldet anschließend dem HAB (Hauptabschnittsbootsmann) Vollzähligkeit oder Fehlstand. HAB Vierhundert ist der KaFü, der Kantinenführer, der auch mal Provi war und mit seinem ewig gut gelaunten Grinsen sagt: »Tscha, das is dann das andere, was du als Koch bei der Marine noch werden kannst.« Er verwaltet alle Kantinenwaren und ist Herr über extrem begehrtes Gut: Bier, harten Alkohol und andere Zollware, die er außerhalb der Zwölf-Meilen-Zone Duty-free verkaufen darf wie auf der guten alten Butterfahrt. Zigaretten und Schnaps für den Eigenbedarf, Parfüm für die Freundin daheim oder schickes Aftershave für den Ausgang im Auslandshafen. Die Dienst- und Zollvorschriften dazu sind aber äußerst streng. Bier darf auf See nur in äußerst geringen Mengen getrunken werden, die harten Alkoholika müssen sowieso ungeöffnet von Bord, und ihre Mitnahmemenge ist, genau wie bei Tabakwaren, für Marineangehörige viel schärfer begrenzt als für Zivilisten.

Zurück zum schönen Morgenritual. Nach der Meldung formieren sich die PUOs auch so langsam, denn als Nächstes folgt der Auftritt der Offiziere. Zunächst die Schiffsärztin, die Zwote Schiffsärztin und der Zwo SVO (Zweiter Schiffsversorgungsoffizier, gemerkt? Bravo, oder Bravo Zulu, wie der Mariner sagt, das entstammt dem militärischen Fernmeldewesen) und gruppieren sich neben den PUOs.

Und jetzt kommt der Mann mit dem theatermäßig besten Auftritt jeden Tages. Aus dem Schott zwischen den beiden Hangars, aus dem wir alle mehr oder weniger wach gequollen sind, tritt, unter maximaler Aufmerksamkeit aller Angetretenen, bemüht dienstlich schauend, der Eins SVO: Kapitänleutnant Carstensen, ein wacher, stets freundlicher und eher zivil wirkender Mann. Groß und schlaksig, etwa Mitte dreißig, graue Locken, die so gar nicht zu seinem jugendlichen Gesicht mit den immer ins Bubenhafte schlingernden Zügen passen wollen. Aber auf der rechten Hemdbrust prangt das U-Boot-Abzeichen, und Kaleu ist Kaleu. An Land entspricht das dem Hauptmann. Alle nehmen Haltung an, »zur Meldung an den SVO, Augen rechts!«, sogar ich kratze die Resterinnerungen an den lang zurückliegenden Wehrdienst zwecks Herstellung einer einigermaßen musterungsgerechten Körperhaltung zusammen. Dann dreht sich der HAB elegant in Grußstellung und meldet, was alle schon wissen: Vollzähligkeit oder Fehlstand. Danach tritt er befehlsgemäß wieder ins Glied ein, denn nun hat der SVO seinen militärischsten Moment des Tages. Hand zum Gruß an der Stirn, ruft er gedämpft: »Guten Morgen, Hauptabschnitt Vierhundert!« Wer jetzt ein brüllendes »Guten Morgen, Herr Kaleu!!«, gefolgt von »Ich habe Sie nicht gehört!« und umso lauterer Grußwiederholung erwartet, der wird aufs Äußerste irritiert, denn es folgt – nichts. Die Mannschaften und Unteroffiziere des HA Vierhundert lassen den Gruß ihres Chefs einfach in der frischen Brise stehen und zählen im Stillen und schön langsam »einundzwanzig ... zweiundzwanzig«, holen dann Luft und singen tief, leise, gedehnt, aber rhythmisch und gut verständlich aus: »Moooorgen, Herr Kaleu«, das »leu« als kurzen Backbeat und tonlich leicht hochgezogen. Das hat durchaus Stil und ist ein Statement zum Selbstverständnis der Marine als eher elitärer Verein mit – zumindest für militärische Verhältnisse – flacher Hierarchie.

»Augen geradeee-aus. Hauptabschnitt Vierhundert, rührt euch!« Auch das kommt eher lässig, wenn nicht sogar fast nachlässig. Abschließend begrüßen sich die PUOs und die Offiziere in aufgelöster Formation per Handschlag.

Dieses ganze lang gezogene Ritual hat vor allem für die Smuts eine wichtige Nebenbedeutung: Es ist in aller Regel bis nach dem Abendessen der einzige Aufenthalt an der frischen Luft. Und bei schönem Wetter ist das auch ein ganz besonderer Moment. Morgenstimmung auf See, Weite, Sonnenglitzern auf dem Wasser, eine starke Maschine sorgt für ruhige und sichere Fahrt, Dieseldunst mischt sich mit salziger Meeresluft, der gischtfeuchte Wind bläst die Arbeitsklamotten noch mal richtig durch, und dann geht's ab zum Frühstück, der letzten Atempause vor dem Tagesgeschäft.

Einziges Thema beim heutigen Smut-Frühstück ist natürlich die Durchsage des WO, eines jungen Fähnrichs, der wahrscheinlich einfach nur euphorisch war angesichts einer seiner ersten selbstständig, und dann auch noch nachts, gefahrenen Brückenwachen. Alle stochern übellaunig in ihren Cornflakes rum. Galla, das Schnellfeuermundwerk der Kombüse, findet »dit ma wieda typisch. Jetze heißt et wieder den janzen Tach, wie faul die Smuts sind«. Zustimmendes Geraune. »Die denken doch alle sowieso, wir pennen abwechselnd in den Lasten, und dann schmeißen wir irjendwat in die Töppe, scheißejal wie's schmeckt«, legt Galla nach. »Das ist mir ehrlich gesagt egal, was die denken, aber so 'ne

Durchsage is 'ne Sauerei«, findet Beyer, »soll der sich doch direkt bei uns beschweren, das wär ja dann in Ordnung.« – »Jenau!«, auch die anderen nicken zustimmend. Da ist er wieder, der ewige Frust der Köche, in jeder Küche, überall auf der Welt. »Keiner versteht, was wir hier machen«, ob Sterneküche oder Kantine, der Gast ist der geliebte Feind. Man versucht, ihn zufriedenzustellen, aber er zeigt immer wieder die kalte Schulter. In meiner Lehre war das Personalessen so ein ewiger Streitpunkt. Köche, die einen Michelinstern hielten und Abend für Abend verwöhntes Publikum, inklusive Hollywoodstars, weltberühmter Dirigenten und Politiker der ersten Garnitur mit absoluter Lässigkeit um den gastronomischen Finger wickelten, waren bis ins Mark erschüttert, wenn einem der Kellner die Königsberger Klopse beim Abendessen nicht recht waren.

Und hier ist dauernd Personalessen ...

Die Stimmung an der Frühstücksback (»Back« heißen Esstische an Bord) sinkt auf den Nullpunkt. Schließlich gab es ja einen guten Grund für den Wegfall des Sonderfrühstücks. Der Bordbäcker, Hauptgefreiter Christian Deuber, ist wegen einer hässlichen Handverletzung ausgefallen. An einer gesprungenen Kunststoffabdeckung über einem Rotlicht hatte er sich wenige Tage vor dem Auslaufen die Handfläche so böse aufgerissen, dass sie genäht werden musste und er jetzt vorübergehend arbeitsuntauglich ist. Er darf aus hygienischen Gründen weder Kombüse noch Bäckerei überhaupt betreten. Normalerweise zieht der Bäcker in See gegen dreiundzwanzig Uhr auf Wache, der jeweilige »Koch vom Dienst« (KvD), der täglich wechselt und immer von Morgenmusterung zu Morgenmusterung zuständig ist, bereitet mit ihm zusammen den Mittelwächter zu und haut sich dann »auf den Bock«. Nach Ausgabe der Mahlzeit klart der Bäcker in der Kombüse auf, setzt eventuell noch mal frischen Kaffee auf, den man sich rund um die Uhr aus einem

Spender neben dem Kombüsenschott zapfen kann, und geht dann in die Bordbäckerei. Dort backt er tatsächlich an jedem Seetag mehrere Sorten Brötchen, Brot und, in der Nacht von Mittwoch auf Donnerstag, Kuchen oder Teilchen für den Seemannssonntag. Für die gesamte Besatzung. Allein. Dazu können dann auch noch Extras für das Abendessen kommen oder spezielles Feingebäck für die Spitzenessen im Auslandshafen. Da der Bäcker um vier Uhr ohnehin arbeitet und auch gerade Brötchen gebacken hat, gibt er für die Seewächter, also die Besatzung der Brücke, des Funkraums und der Operationszentrale, sowie der Wache im Leitstand des Maschineraums, alles in allem etwa fünfzig Seeleute, ein kleines Vorabfrühstück aus. Ebenjenes Frühstück, dessen Fehlen der Fähnrich so beklagt hat. Der KvD zieht um fünf Uhr dreißig noch mal auf Wache und macht sich dann ans allgemeine Frühstück. Nach der Morgenmusterung bleibt der nun abgelöste KvD im Tagesdienst, aber der Bäcker darf jetzt schlafen gehen.

Da Bäcker Deuber nun aber ausgefallen ist und so schnell kein Ersatz an Bord zu kriegen war, hatte der Erste Offizier mit dem Provi vereinbart, dass nichts frisch gebacken, sondern nur aufgebacken werden sollte. Heißt nichts anderes als: Convenience-Food und die Backstube bleibt kalt.

Um den Jungs ein paar Brötchen aufzubacken, hätte also ein Smut extra um Viertel nach drei morgens aufstehen müssen, um das Vier-Uhr-Frühstück zu richten. Dann bis sieben Uhr noch mal langlegen. Dem KvD ist das nicht zuzumuten, der ist ja erst nach dem Mittelwächter schlafen ge gangen und hat Frühstücksdienst. Nach Ablösung als KvD schiebt er dann noch normalen Tagesdienst bis zum Abendessen. Dann mitten in der Nacht noch mal raus, das grenzt ja schon an Schlafentzug.

Einhellige Meinung beim Frühstück: Die sollen sich mal nicht so anstellen, schließlich entfallen auf dem Kurztrip nach

Rouen gerade mal drei Vier-Uhr-Frühtücke, und das auch nur ausnahmsweise wegen Deubers Unfall. Aber Kommunikation ist so eine Sache, die Marine macht da keine Ausnahme, und nun hat man den Salat.

Der Provi hat getan, was jeder gute Vorgesetzte tun muss, aber oft nicht tut: Er hat sich erst mal breit vor seine Mannschaft gestellt und beim IO gegen die Durchsage protestiert. Das »grenzt ja an Mobbing«. Der IO will sich später dazu äußern und hat alle Smuts für dreizehn Uhr dreißig in die Kombüse zur Aussprache bestellt. Solange bittet der Provi die Jungs, den Ball flach zu halten und ihre Arbeit zu machen. Natürlich hätte er »erst mal in die Zahnbürste gebissen«, als die Durchsage kam, sagt er später, »so was darf nicht passieren. Aber dann musst du dir überlegen, ganz schnell, wie du die Jungs wieder einfängst, schön Zuckerchen geben, sonst ist der Tag gelaufen. Klar liegt der Fehler bei uns, Schlamperei halt, entweder muss ich das eindeutig absprechen und es gibt eben mal kein Vier-Uhr oder einer muss in den sauren Apfel beißen. Aber die Durchsage war trotzdem überflüssig. Das regelt man intern, find ich. Und die ackern doch echt, die Buben.«

Ja, die ackern, die Buben. Verglichen mit Restaurantküchen an Land, die im Abendservice à la carte kochen und nie wissen, wie viel Leute heute essen werden, ist der direkte Stress zwar eher gering in einer Kombüse der Marine, aber vier Mahlzeiten pro Tag für gut zweihundert Personen machen sich auch nicht von alleine, vor allem nicht, wenn Gefechtsübungen den Tag verschönern und die Kombüse ständig verwaist. Dazu kommen dann Extras wie die Empfänge und Spitzenessen.

Apropos Empfang: Heute ist Großkampftag in der Kombüse. Neben dem Alltagsgeschäft müssen zwei Kisten Baguettes in mindestens tausend Scheiben geschnitten werden. Diese mit Butter bestrichen und dann attraktiv mit Salami, Lachs, Käse, Lachsschinken und einer Lebermousse belegt werden. Passend garniert mit Salat, Crème fraîche, Gürkchen, Paprika, Honig-Senf-Dressing, Schnittlauch, Preiselbeeren. Richtige klassische Canapés. Ich bin der Baguette-Mann und werde zum Schneiden und Buttern in der Bäckerei postiert. In der Kombüse wird derweil Räucherfisch portioniert und schön geschnitten, Obst für die Obstplatten vorbereitet. Alles wäre gut zu schaffen, wenn nicht alle so ausdauernd daran erinnert würden, »dass wir ein Kriegsschiff sind«. So heißt es also auch heute wieder: Kochjacke aus, BEGA-Jacke an, Schwimmweste überziehen, Anti-Flash schnappen, Helm auf, und ab zum Gruppenstand. Ich bleibe schön in Bäckerei oder Kombüse, werde von Kleinelanghorst fleißig gemeldet und komme mir endlich nützlich vor, denn unter diesen Umständen wird ja wirklich jede Hand in der Kombüse gebraucht.

Die Personaldecke ist ausreichend, wenn auch nicht üppig. Sechs Mann kochen, ein Mann ist verantwortlich für die gesamten Lagerräume und -bestände, an Bord »Lasten« genannt, ein Mann bäckt (oder eben auch nicht ...), drei Mann, beziehungsweise zwei Mann und eine Frau, bilden die Führungstruppe der Kombüse. Neben dem Eins Provi sind das der Obermaat/Bootsmannsanwärter Alexander Siegel, gerade erst auf der »MVP« eingestiegen und neuer Zwo Provi, und Frau Obermaat Yvonne Ziechner. Ziechner hat von allen Köchen, einschließlich des Provi, die längste zivile Berufserfahrung. Sie ist spät zur Bundeswehr gegangen, weil »erst ging ja nur Sani für Frauen, da hatte ich nun gar keine Lust zu, aber als dann alle Laufbahnen offen waren, habe ich mich gleich zur Marine gemeldet«. Eigentlich hätte sie da auch gerne mal was ganz Neues gemacht, aber als ihr die Küchenlaufbahn quasi aufgedrängt wurde, nahm sie an. Jetzt versucht sie, zum Bootsmannslehrgang zu kommen, damit sie auch mal Proviantmeister werden kann. »Rein fachlich kann sie das auch jetzt schon längst«, meint Eiser, der sie unterstützt, wo er kann, aber die Bundeswehr ist ein bisschen wie die freie Wirtschaft geworden. Wer nicht jung Karriere macht, hat es schwer. Ihre relativ lange Berufserfahrung, in der täglichen Praxis ein großer Pluspunkt, wird ihr jetzt zum Klotz am Bein, weil sie ihrem Arbeitgeber eigentlich schon zu alt für ihren Dienstgrad ist.

Die drei arbeiten meistens im Büro, der Küchenschreibstube, sind mit Planung und Bestellung befasst, aber auch mit Personalfragen. Der Smut Matthias Grabow, ein zarter Riese, ist Wehrpflichtiger, freiwillig länger dienend, und will gerne Zeitsoldat werden, dazu braucht es Anträge und Beurteilungen. Wie geht es mit dem Bäcker weiter, wer bleibt zum anstehenden langen Auslandseinsatz am Horn von Afrika an Bord, wer will aussteigen? Müssen die Aufgaben innerhalb der Mannschaft mal wieder etwas umverteilt werden, und wenn ja, wie? Da ist zum Beispiel der Hauptgefreite Chris Kaestner, ein aufgedrehter Thüringer mit Power und einer Menge Humor. Er ist als Letzter der aktuellen Smuttruppe eingestiegen und wurde daher erst mal »Lastenfahrer«. Das bedeutet, er arbeitet wenig in der Kombüse, aber viel im Keller, buchstäblich. Die Lasten befinden sich ja zwei Decks unterhalb der Küche, im S-Deck. Drei Kühlräume und ein großer Frosterraum. Irgendwo ist auch noch ein Trockenlager, aber ich habe es in der kurzen Zeit an Bord nicht gefunden ...

Dort unten hält sich Kaestner während des Tages meistens auf. Neben den Lasten befindet sich der Kombüsenaufzug, den der Lastenfahrer mit allem bestückt, was die anderen Smuts bei ihm bestellt haben oder aus dem er einzulagernde Lebensmittel auslädt. Kaestner trägt selten Kochkleidung, er arbeitet im blauen BEGA, wie alle andern Seeleute, und hat seinen wetterfesten Bordparka immer neben den Schotts hängen. Kühlraum und Froster können auf Dauer ganz schön ungemütlich werden. Auch im Hochsommer oder in tropischen Gewässern hat er deshalb eine Wollmütze stets griffbereit in der Hosentasche verstaut. Kaester macht den Job jetzt seit einem Jahr – so langsam würde er doch gerne mal wieder kochen. Ist ja auch wärmer, da oben in der Kombüse.

Die anderen Mannschaftsdienstgrade waren alle schon unten, außer »Schulle«. Hauptgefreiter André Schulz ist ein sehr schweigsamer Sachsen-Anhaltiner, der mit einem fein gefrästen Hip-Hop-Bärtchen und seinem gut aufgepumpten Oberkörper etwas martialisch wirkt, aber sich als extrem verträglicher Mensch mit einer sanften Stimme und ziviler Arbeitserfahrung in Frankreich und als Klosterkoch erweist. Doch die Energie, die er in die Arbeit und den exzessiven Besuch der spärlichen Sportanlagen des Schiffes investiert, ist wohl so hoch dosiert, dass der Provi ihn als Einzigen nicht in die Lasten schickt. »Schulli dreht mir da nach zwei Tagen durch, das geht gar nicht«, sagt Eiser lachend. Also besteht für Kaestner nur Hoffnung, wenn ein Neuer kommt. »Dann darf der kleine Chaot aber sofort da unten raus«, grinst Eiser. Und Obermaat Kleinelanghorst muss mehr an Leitungsaufgaben herangeführt werden. »Der schmeißt mir jetzt schon ganz lange den Tagesbetrieb in der Kombüse. Da muss ich den auch mal wieder mit was Interessantem anfüttern, sonst verliert er die Motivation.« Seine Leute liegen dem Provi sehr am Herzen. Er weiß, dass er für die meisten auch an die Zukunft denken muss. Es kann schließlich nicht jeder hier Berufssoldat werden, und da muss man zusehen, dass sie den Übergang ins Zivilleben später mal gut schaffen. Das bedeutet unter Umständen, auch mal von der Weiterverpflichtung abzuraten, weil Eiser sieht, dass es zum Berufssoldaten nicht reichen wird, aber wenn derjenige noch mal vier Jahre bleibt, »dann kommt der draußen gar nicht mehr klar«.

Eine entscheidende Schwierigkeit bei der Sache ist die Qualitätsfrage. Da helfen kein Deuteln und kein Schönreden. Wenn es nach den Vorstellungen der Truppenverwaltung geht, dann kocht die Bundeswehr nicht besonders gut. Die Regeln für Truppenküchen sind in der Zentralen Dienstvorschrift 36/1 »Die Verpflegung der Bundeswehr im Frieden« festgelegt. Was sind die Pflichten der Truppenköche, was ihre Aufgaben? Mit welchen Produkten dürfen sie arbeiten, was muss das Essen für die bekochten Soldaten leisten? Hygienefragen sind in der ZDv 46/28 geregelt, und dann gibt es noch einschlägige Marinedienstvorschriften. Hauptbootsmann Eiser sagt trocken: »Da steht nirgends drin, dass das Essen schmecken muss. Ich muss die Kameraden nur satt kriegen und ihnen die vorgeschriebene Dosis an Nährstoffen und Vitaminen verabreichen. Alles Weitere ist fakultativ.« Ein breites Grinsen belegt deutlich seine Haltung zu dieser Verwaltungsanordnung. Natürlich will er, will die gesamte Kombüse, dass das Essen gut schmeckt. Sie sind schließlich Köche mit Handwerkerstolz und wohnen mit ihren »Gästen« auch noch auf engstem Raum zusammen. Und sie selber essen ja auch nichts anderes. Aber eine Verwaltung, die in wohlschmeckender Verpflegung offensichtlich kein wichtiges Arbeitsziel einer Küche sieht, ist wohl kaum in der Lage, für solchen »Ehrgeiz« die nötigen Voraussetzungen zu schaffen. Sie tun, was möglich ist mit den vorhandenen Mitteln. Eine große Auswahl an getrockneten Kräutern und Gewürzen wird fleißig genutzt. Was es an Handwerklichem richtig und gut zu machen gibt, machen sie richtig und gut. Die Nudeln und der Reis sind nicht verkocht, Fleisch ist ordentlich gebraten oder geschmort, Gemüse wird nicht pampig. Aber der Kostenrahmen ist eng. Pro Mann steht ein Verpflegungssatz von drei Euro sechzig zur Verfügung, dazu kommt noch mal ein Gesamtsatz, der sich von Schiff zu Schiff unterscheidet, auf der »MVP« beträgt er ein Euro sechzig. Das heißt, pro Kopf Besatzung hat der Provi fünf Euro zwanzig am Tag zur Verfügung, für Vollverpflegung (wir erinnern uns: Frühstücksbuffet, drei Gänge zu Mittag, Abendbrot mit Highlight und Mittelwächter. Und »Ah Seeeeeemannssonntag!«). Die Verwaltung schreibt ihm die Lieferanten in Deutschland vor. Im Auslandshafen übernimmt ein Schiffsagent die Organisation. Frischware hält sich höchstens vierzehn Tage, Fleisch und Fisch werden grundsätzlich nur tiefgekühlt eingelagert. Mit TK-Ware und Konserven kann die Kombüse die Besatzung sechs Wochen lang autark versorgen, das entspricht auch der Kapazität für Treibstoff und Frischwasser. Aber dann sind die Lasten zum Bersten vollgestopft, und der Hauptgefreite Kaestner ist auch in Djibouti dauerverschnupft, weil er nur noch in der Kälte stapelt, sucht und räumt.

Aus Platz-, Kosten- und Hygienegründen muss mehr und mehr auf vorgefertigte Produkte umgestellt werden, die Verwaltung verlangt inzwischen mindestens fünfundsiebzig Prozent Convenience-Anteil. Knochen, Mark oder Suppenfleisch dürfen gar nicht mehr gekauft werden, Geflügel ist ziemlich tabu, außer Tiefkühlware. Das heißt, die Kombüse kann keine frischen Brühen kochen, keine Soßen ziehen. Alles nur Pulver. Kleinelanghorst und die anderen Smuts des Tagesbetriebs machen sich Sorgen, ob das Kochen mit gekörnter Brühe den Geschmack auf Dauer schädigt. »Ist ja schön einfach, wenn man die Hemmschwelle mal überschritten hat. Muss man auch nicht mehr nachdenken, ne?« Der Hygienewahn hat dazu geführt, dass jetzt von jeder Zubereitung »Proberationen« genommen werden müssen. Von jedem Mittagessen, aber auch von jeder Wurst, jedem Käse, jedem Joghurt, von einfach allem. Sie werden registriert, verpackt, beschriftet und müssen achtundvierzig Stunden aufbewahrt werden. Falls jemand einschlägig erkrankt, kann man die Proberationen ja im Labor untersuchen. Können die das denn hier auf dem Schiff? Eiser schnaubt. »Natürlich nicht. Kein Labor, kein Laborassi. Geht dann im Hafen auf die Reise.« Aber wenn das erst nach drei Wochen ist? »Dann isses natürlich vergammelt.« Beim Mittagessen wird um elf Uhr fünfzehn und um zwölf Uhr fünfzehn die Temperatur gemessen, sie darf eine bestimmte Höhe nicht unterschreiten. Die Messungen müssen in einem Ordner eingetragen werden, jeden Tag. Das alles ist der Verwaltung sehr viel wichtiger als der Geschmack.

»Bald brauch ich gar keine gelernten Köche mehr. TK-Schnitzel, scho fertig paniert, das kann mir a jeder Trottel in den Kippbräter schmeißen«, platzt es aus Eiser jetzt ziemlich fränkisch raus, »da sitzen irgendwelche Veterinäre weit weg im Labor und basteln sich aus Daten a schöne neue Essenswelt, in der ja keiner mehr krank werden kann, Essen bloß no drei Cent kost', aber alles genau gleich scheiße schmeckt!«

Das kriegen die Smuts dann auch oft genug von ihren Kameraden um die Ohren gehauen. Ihr Frust darüber ist groß. Klar, dass ihnen unter solchen Umständen die Mehrarbeit für die Sonderveranstaltungen nicht so viel ausmacht. Denn an den Empfängen nehmen auch Besatzungsmitglieder teil, und die sehen dann, was ihre Köche draufhaben, wenn man sie nur lässt. Kleiner Haken dabei: Diese Essen sind selbstverständlich ganz anders budgetiert als die normale Verpflegung.

Das Mittagessen ist ausgeteilt, die Kombüse hat selbst auch schon gegessen, jetzt steht die Aussprache über das Vier-Uhr-Frühstück an. Punkt dreizehn Uhr dreißig ist die gesamte Truppe in der Küche versammelt, und der IO betritt verabredungsgemäß den Raum. Er ist nicht einer von vielen Vorgesetzten, er ist *der* Vorgesetzte an Bord. Der Kommandant ist eigentlich eine Art Joker. Er trägt die Verantwortung, ist nach Seerecht der Kapitän dieses Schiffs, er ist im Ernstfall natürlich der militärische Führer dieser Kampfeinheit, der letztgültige Entscheidungsgewalt hat. Er schwebt also ein wenig über den Dingen. Aber im tagtäglichen Dienst sichtbar, für die Besatzung zuständig und ansprechbar ist der Erste Offizier. Er führt alle Musterungen der gesamten Besatzung durch, hält die Reden beim Aus- und Einlaufen, ist Herr über die Personalakten, Belobigungen, Rügen, Disziplinarverfahren, Auszeichnungs- und Beförderungsempfehlungen. Dieser IO war auch schon Erster Offizier auf der »Gorch Fock« und bewegt sich mit ziemlicher Sicherheit auf ein eigenes Schiffskommando zu, und das bedeutet in der Laufbahnlogik der Marine, dass er vermutlich irgendwann Admiral sein wird. Die lange Vorrede soll deutlich machen, dass dieser Mann einfach sagen könnte, die Smuts sollten nicht so rumheulen, auf See gibt es ein Vier-Uhr-Frühstück, das war schon immer so und basta. Aber moderne Ansichten über Personalführung und harte Vorschriften gegen Mobbing sind aus der freien Wirtschaft schon längst in die Bundeswehr übergeschwappt. Und so werde ich, der ich seinerzeit vom Ersten Offizier meines Schiffes brüllend zur Minna gemacht wurde, weil ich mich am Bordtelefon mit »Funkraum, HG Weber« und nicht mit »Funkraum, Hauptgefreiter Weber« gemeldet hatte, Zeuge eines zuckersüßen Personalgesprächs, in dessen Verlauf viel von Belastungen, Verständnis und Anerkennung die Rede ist und lediglich am Ende zart auf das durchaus vorkommende Foppen anderer Berufsgruppen an Bord und die Tatsache, dass er, der IO, ja auch mal früher aufsteht, wenn er für jemanden eine Laufbahnbeurteilung schreiben soll, hingewiesen wird. Was der IO aber tatsächlich meint, und daran lässt sein Blick dann doch keinen Zweifel, ist, dass die Smuts nicht so rumheulen sollten, auf See gibt es ein Vier-Uhr-Frühstück, das war schon immer so und basta.

Danach verlässt er die Kombüse, und die Smuts gehen murrend zurück ans Werk. Eiser war klar, dass es so ausgeht. Er hat die Position der Kombüse dem IO gegenüber noch mal deutlich gemacht, und der hat ihn aus Respekt und wegen der neuen Zeiten nicht runtergeputzt. Mehr war da nicht rauszuholen. Eine halbe Stunde später ist mal wieder irgendwo an Bord Krieg ausgebrochen, und die Kombüse leert sich bis auf zwei Mann: den Obermaat Kleinelanghorst und den »zusätzlichen Soldaten, ja, der Schriftsteller, also ja, der Zivilist«. Ich werde langsam richtig wichtig hier ...

Auch der nächste Tag steht ganz im Zeichen der Vorbereitungen für den großen Empfang. Die eintausend Canapés haben der Zwo Provi, Obermaat Ziechner und ich gestern fertig gemacht und kühl gestellt, jetzt geht es an die Platten. Zwei große Lachsforellen werden im Ofen gedämpft und im Ganzen auf den Platten angerichtet, die Räucherfischstücke wie ein Hofstaat darumgelegt. Das vorbereitete Obst wird in schöne Formen geschnitzt und zur appetitlichen Frischelandschaft drapiert. Das ist klassisches Hotelküchenhandwerk, das können sie alle aus dem Effeff. Das Sauerkraut wird geschmort, das Kassler für den Ofen vorbereitet. Die Gulaschsuppe gekocht. Die Platten selber sind übrigens ein schönes Improvisationsobjekt der Kombüse. Eigentlich gibt es keine Silberplatten an Bord, die groß genug wären, da haben sie schon vor einiger Zeit einen Trick entwickelt. Aus großen Spinden werden Zwischenböden entfernt, gründlich gereinigt und in Rettungsfolie eingeschlagen, die silberne Seite nach außen. Voilà, eine große Anrichteplatte!

Währenddessen fährt das Schiff gemütlich die Seine hinauf und legt nachmittags in Rouen an. Wir kommen gar nicht dazu, uns das alles anzuschauen, denn jetzt laufen die Empfangsvorbereitungen unter Hochdruck. Die Pantrys und noch ein paar andere abgeteilte Soldaten richten derweil die beiden ungenutzten Hubschrauberhangars her. Mit Tüchern werden die von Leitungen und Rohren durchzogenen Wände

verhängt, davor bunte Signalflaggen als maritime Deko. Im
Steuerbordhangar stehen jetzt Bierbänke u-förmig angeordnet als Buffettische, mit feinem Leinen gedeckt, im Backbordhangar ist die Bar aufgebaut. Die Seemannschaftsgruppe hat
über das Flugdeck ein Zelt aufgespannt, damit auch bei Regen
alle Gäste im Trockenen stehen. Irgendwie süß das Ganze.
Es ist wirklich liebevoll gemacht, und die Leute freuen sich
sichtlich auf den Abend. Punkt neunzehn Uhr wird die Stel-
ling (Gangway) freigegeben, und die geladenen Gäste strömen an Bord. Es sind französische Offiziere und Offizielle,
deutsches Botschafts- und Konsulatspersonal, zivile französische Ehrengäste und einige Deutsche, die schon lange in
Rouen oder Paris leben. Der deutsche Marineattaché, ein
Admiral, ist zusammen mit dem Kommandanten, den Offizieren und den PUOs der »MVP« Gastgeber des Abends.

Der Start ist unromantisch für die Kombüse. Kaestner,
Deuber und ich stehen in den Kühllasten und bestücken
kleine Servierplatten unaufhörlich mit Canapés, die dann im
Kombüsenlift bis zur Offizierspantry hochfahren und dort
von Thode auf die Läufer verteilt werden, damit der Nachschub nicht abreißt. Die anderen legen letzte Hand an die
großen Platten. Als die Canapés langsam auslaufen, ziehen
sich alle frische Kochjacken an und bauen jetzt das Buffet
richtig auf, bis hin zu einem kleinen Schokoladenbrunnen.
Dann beginnt auch für die Kombüse endlich das Fest und
der direkte Kontakt zum Gast. Als Gastkoch darf ich mit vor
ans Buffet, »kannste da auch mal die Stimmung mitnehmen«, gibt der Provi betont sachlich als Grund an. Aus der
Tatsache, dass auch Kaestner, das Kellerkind, in frischer weißer Kochjacke breit grinsend neben mir steht, kann man
sehen, dass der Chef den Einsatz hier vorne durchaus als
Zückerchen vergibt. Der Zwo Provi und die beiden Ober-
maaten organisieren in Ausgehuniform den Nachschub und
für uns auch schon mal das ein oder andere erheiternde

Getränk. Die Laune steigt, die Gäste fühlen sich wohl und Kaestner übt fleißig Französisch.

Nach gut viereinhalb Stunden und einem gigantischen Feuerwerk am Ufer sind dann auch die letzten Gäste von Bord. Jetzt darf auch offiziell Alkohol getrunken werden, und der Kommandant ruft alle am Empfang beteiligten Soldaten unter dem Zeltdach zusammen. Der Attaché bedankt sich für die gute Arbeit, der Kommandant hält gar eine kleine Ansprache über »die gute Plattform, die uns die Kombüse und alle beteiligten Servicekräfte hier geboten haben«, das streichelt die etwas geprügelten Kochseelen. ›Auf die Mecklenburg-Vorpommern‹, ein dreifaches hipp, hipp...« »...hurra!!« Dreimal, ganz schön laut, ganz schön deutsch, aber die am Pier, der Fress- und Feiermeile der Stadt, entlangschlendernden Franzosen scheinen sich nicht am zackigen Gebrüll zu stören. Der IO lässt auch noch einen fröhlichen Dank an alle raus und lobt besonders das Essen. Er schließt recht laut mit der für mich absolut rätselhaften Frage: »Und wohin geht der Zwo SVO?«, was von dem Rest der Truppe brüllend mit »In die Nacktbar!!!« beantwortet wird. »Und was tanzt er da?« – »Ooooooh, Ma-ca-rena!!« Der Rest ist Sternenhimmel, kaltes Bier und bald zu Bett. Morgen ist Spitzenessen.

Das Viergangmenu ist kein großer Aufwand. Im Hafen reduziert sich durch Landgänge die Besatzungszahl und somit auch das Mittagessen. Wir fangen gleich nach dem Frühstück an, vier Mann, jeder ist für einen Gang verantwortlich. Die anderen helfen mit, wo Hilfe gebraucht wird. Der IO hat sich das Menü gewünscht. Klare Kartoffelsuppe mit Lachs und Krabben, Seeteufelmedaillons mit Steinpilzen an Pastinakenmousse, gegrillte Entenbrust an grünem Spargel mit Rosmarinkartoffeln und gebackenes Eis mit frischen Früchten. Das gab's schon mal, es ist ein Lieblingsmenü des IO. So was machen alle mit links. Nur auf die klare Kartoffelsuppe hat keiner Bock, die kriege ich an die Backe. Weil es ja nun mal keine frisch gekochte Geflügelbrühe gibt, hat man kaum Chancen, die Suppe wirklich lecker hinzukriegen. Eine gebundene mit Sahne und Butter wäre einfach besser, aber das will der IO partout nicht. »Du hast doch Sternchen gelernt, das kriegste schon hin«, feixen die Jungs. Ich greife kräftig zum Weißwein, schmeiße alle möglichen frischen Gemüse in den Ansatz und gebe richtig Salzalarm. Schön durchkochen, passieren, kleine gebratene Kartoffelwürfel als Einlage, dazu Räucherlachsstreifen, Dill und in Olivenöl und mit viel Knoblauch gebratene Garnelen. Die Meinungen sind geteilt: Ich weiß nicht so recht, Beyer mag die Suppe nicht, Kaestner findet, dass »ordentlich Wumms dahinter« ist, Obermaat Kleinelanghorst sagt »lecker« und der Provi findet sie okay. Damit steht es drei zu zwei, und meine Suppe geht raus. Ich fühle mich jetzt wie zu Hause hier, das macht echt Spaß mit denen. Der Fischgang von Galla geht auch ein bisschen daneben, wird aber in gemeinschaftlicher Anstrengung gerettet. Die Entenbrust von Schulli ist ein Kracher, leckerer gebratener Spargel, schöne Jus, auch wenn mit Pulver nachgeholfen ist, und gebackenes Eis mit Früchten zum Dessert ist zwar irre altmodisch, aber es gelingt Thode und Obermaat Ziechner super, sieht schön aus und ist eigentlich immer ein Bringer, »Was, Eis kann man backen??«. Der Provi grinst schon wieder: »Mit dem Essen steh ich nach Vorschrift mal wieder mit einem halben Bein im Knast: Die Entenbrust schön dunkelrosa, die müssten wir eigentlich durchbraten. Durchbraten! Entenbrust!! Kann ich se auch gleich wegschmeißen. Und dann das gebackene Eis. Frittiert. In echtem Öl. Auf dem Herd! Le-bens-ge-fähr-lich, da schlägt der Kontrolleur lang hin.« So was macht ihm richtig Spaß. Wenn der dürfte, wie er wollte, wär die »MVP« der reinste Fressdampfer. Und die Krisen-Reaktions-Köche die Gourmetmeister der Flotte. Das Essen ist draußen, mit Kaffee und Cognac haben wir nichts mehr zu tun. Nur noch aufklaren, und danach ist endlich Hafen für alle!

Nach drei Tagen Freizeit in Rouen laufen wir wieder aus. Es ist Montag, der vierzehnte Juli, Nationalfeiertag. Die Franzosen stehen auf der ganzen Strecke bis zum Meer an den Ufern der Seine und bewinken alle rausfahrenden Schiffe, die Tour de France kann heute keine Zuschauer mehr haben. Die Besatzung winkt bis zu Erschöpfung zurück, alle in »Erster Geige«, wie die Ausgehuniform bei der Marine heißt, die Mannschaften im »Anzug Pinguin«, dem klassischen Matrosenhemd in weiß und blau. Beschwingt von den positiven Rückmeldungen über die Sonderessen, hat die Kombüse am Sonntag noch einen Traum von Rinderbraten rausgehauen, wie bei Oma. Von Schulle zwei Tage in Rotwein und Gewürzen mariniert, von Obermaat Kleinelanghorst mit Liebe geschmort. Auch so ein »verbotenes Essen«, wegen dem Wein, aus dem natürlich dann auch die Soße gekocht wurde. Sie waren sich sicher, »dass das wieder kein Schwein merkt«, aber da haben sie sich gewaltig getäuscht. Ich bin während der Seine-Passage fast die ganze Zeit draußen unterwegs zum Fotografieren und werde häufig angesprochen auf den leckeren Sonntagsbraten. »So zart. Und die Soße!« Ich denke nur: Blafft die Smuts halt nicht immer gleich an.

Kaum im Atlantik, schmeißt der Schiffstechnische Offizier die Gasturbinen an, und wir fahren konsequent neunundzwanzig Knoten. Nur schnell nach Hause jetzt!

Das Abendessen macht heute die Seemannschaftsgruppe. Grillen auf dem Flugdeck. Die Zapfanlage ist noch mal aufgebaut. Bei der Marine heißt so etwas »Grillex«, von Exercise. Alles Mögliche kann eine Exercise sein und somit ernsthaft im Tagesbefehl auftauchen. Ohne das -ex am Schluss wäre es ja einfach Freizeit. Es gibt Nudelsalat, Kartoffelsalat, Krautsalat und Tomatensalat. Zweierlei marinierte Schweine-

nackensteaks. Die »11er«, so heißen die Soldaten des see-
männischen oder Decksdienstes, weil ihre Verwendungs-
reihe die Nummer elf hat (die Smuts sind dementsprechend
übrigens »62er«), grillen, was das Zeug hält, und es wird ein
schöner Abend. Bierbänke, Sonnenschein, Seewind, herr-
lich. Der IO bedankt sich danach herzlich bei den 11ern für
das tolle Essen, dann wird aufgeklart.

Nur die Smuts schmollen mal wieder.

Warum?

Na, was glaubt der Leser wohl, woher die vier verschiedenen, frisch zubereiteten Salate kamen und wer die etwa
dreihundert Steaks von Hand zugeschnitten und so lecker
mariniert hat? Natürlich die Köche der Samstags- und der
Sonntagshafenwache, darunter auch ich selber, neben dem
normalen Betrieb. Die 11er haben das fertige Essen dann
heute abgeholt und das Fleisch einfach auf den Grill gehauen. Das haben sie fein gemacht und außerdem ja auch
die Bänke auf- und abgebaut, und die Geste ist ja auch einfach nett, aber, na ja. Ganz ehrlich mal? Das ist doch wie bei
einem Pärchen, wo *sie* die ganze Vorbereitung gemacht hat,
und dann schmeißt *er* mit Riesengewese das Zeug, von dem
er noch nicht mal weiß, was es ist, auf seinen Manufactum-
Barbecue-Grill. Anschließend lässt *er* sich dann für seine
Küchenkünste feiern, »also Bastian, das Irish Beef ist ja
Wahnsinn, nimmst du da Akazienhonig für die Marinade?«,
während *sie* schon wieder mit Abräumen, Spülen und Des-
sertanrichten beschäftigt ist. Wir trinken noch ein bisschen
auf die unverstandene Bruderschaft der Küchenschergen
und gehen dann ins Bett.

Diese verdammten Turbinen! Ich wache alle halbe Stunde
auf, dämmere dann wieder weg, wache auf – eine furchtbare
letzte Nacht an Bord, und ich werde beim Zähneputzen plötzlich unsicher, ob ich wirklich schon aufgestanden bin.

Am letzten Seetag gibt es wieder ordentlich Alarmübungen, diesmal mit Artilleriebeteiligung und allem Drum und Dran. Beim Wummern des großen Bordgeschützes auf dem Vorschiff frage ich den Provi, wie eigentlich im Ernstfall die Kombüse arbeitet. »Das heißt dann Action-Messing«, erklärt er. »Im Gefecht ist die Besatzung in vier Törns aufgeteilt. In der Kombüse arbeiten nur die beiden Gefechtssmuts, Grabow und Thode. Die anderen sind ja dann auf ihren Gruppenständen. Die zwei patrouillieren bei der Kombüse und in den Lasten, ob da irgendwo Schäden entstehen, das müssten sie dann in die Operationszentrale melden. Zu Essen gibt es im Gefecht irgendwelche Eintopfgeschichten. Man muss es mit Löffel oder Gabel essen können, einhändig, und es muss einen Haufen Kohlehydrate enthalten. Da braucht man ja vermutlich eine Menge Energie.« Und alle, auch Grabow und Thode, tragen die ganze Zeit Rettungsweste, Anti-Flash, Helm. Die gesamte Besatzung hat im Gefecht eine Stunde Zeit fürs Essen. Pro Törn sind das nur zehn Minuten plus An- und Ablauf. Die Törns werden per Durchsage ausgerufen, dann sammeln sich alle im Gang vor der Kombüse, nehmen eine Garnitur Plastikschüssel und Besteck und kriegen dann ihren Klatsch Essen. Obermaat Ziechner hat eine Liste und streicht ab, damit keiner doppelt kommt und keiner vergessen wird. Gegessen wird in der Mannschaftsmesse. Auch die Offiziere, sogar der Kommandant. Das ist jetzt schon eine beunruhigende Vorstellung, ein in Teilen brennendes Kriegsschiff, Artilleriegewummer, Raketenstarts und Einschläge. Das Gebrüll von Verwundeten. Und dann fünfzig Leute in der Mannschaftsmesse kauernd mit Eintopf. Aber auch hier schlägt die Truppenverwaltung wieder erheiternd mit Vorschriften zu: »Das Essen beim Action-Messing muss mindestens fünfundsechzig Grad haben. Aber der Witz ist, dass man das eigentlich in zehn Minuten gar nicht essen kann, viel zu heiß. Wir haben das mal im Manöver ausprobiert. Na ja, wenn's so weit ist, dann sieht man, wie man's dann macht. Leben in der Lage, gell?« Leben in der Lage, ein gutes Motto, muss ich mir merken.

Innerhalb des ohnehin bestehenden Gefechtsalarms sind jetzt auch noch »Mann über Bord« und »Feuer im Schiff« und irgendwelche Trefferszenarien ausgelöst worden, die Durchsagen schwirren nur so durch die Räume. Und mittendrin: »An alle Stellen, hier spricht der Erste Offizier. Alle fußballinteressierten Soldaten treffen sich in fünfzehn Minuten im Backbordhangar.« Wir gucken uns an, schütteln die Köpfe. Nach einer Minute: »An alle Stellen, der Erste Offizier ist stressverletzt, der Erste Offizier ist stressverletzt. Er irrt durchs Schiff. Seinen Befehlen ist in keinem Fall Folge zu leisten!« Stressverletzt? »Na, Schock halt«, erklärt mir der kleine Thode, der Einzige, der noch mit mir in der Kombüse verblieben ist. »Wäre im Ernstfall super für 'nen Sani oder HSD. Wenn de ihn da herumirren siehst, darfste ihm eine knallen und ihn dann zum Schiffsarzt bringen.« Er grinst freudig.

Gut drei Stunden später, der IO ist längst »geheilt«, Übungsfeuer gelöscht, alle über Bord gegangenen Plastikpuppen sind wieder da und wir haben auch keine Treffer mehr, die Durchsage: »Schiff liegt mit Steuerbordseite fest in Wilhelmshaven. Liegeplatz ist Whisky-Alpha. Seeklar zurück machen. Einlaufmusterung um achtzehn Uhr auf dem Flugdeck.« Für mich ist jetzt Ausscheiden mit Dienst. Nach rührendem Abschied von der ganzen Küchentruppe habe ich, meinen Seesack auf dem Rücken, etwas sicherer als vor zehn Tagen, die Flagge gegrüßt und bin erwartungsgemäß wehmütig von Bord gegangen.

Im Nachtzug nach Hause habe ich mich als echter Kuddeldaddeldu gepflegt besoffen. Weizenbier gab's nämlich die ganze Zeit nicht.

Ein Gedanke lässt mich auf der Heimfahrt nicht los: fünf Euro zwanzig am Tag für Essen.

Echt hart, der Kampf gegen den Terror.

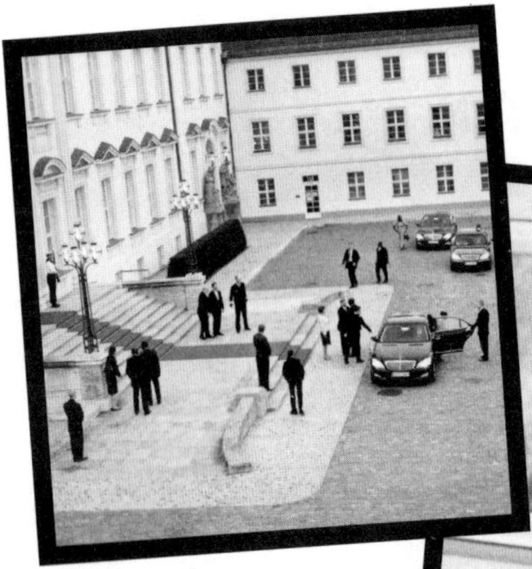

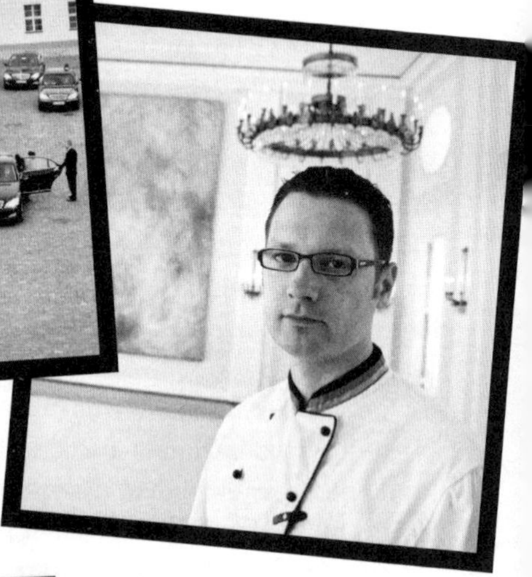

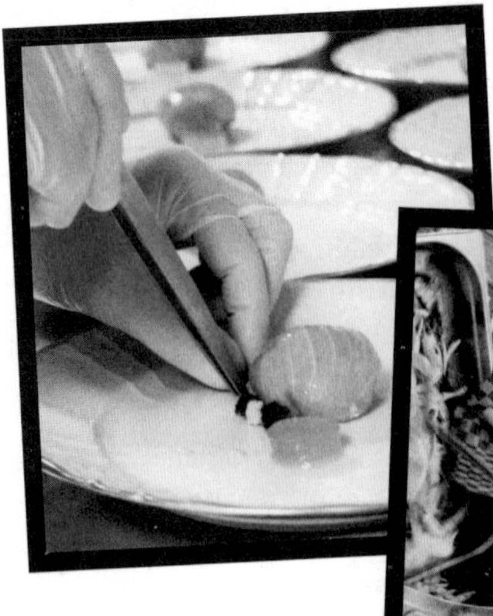

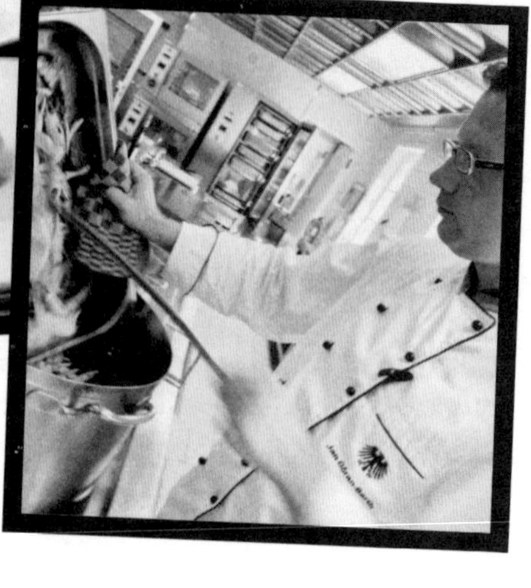

schwarz rot gold.

Deutsches für Ausländer
oder Kochen für den Staat

Cherry, cherry lady, la la la la laaa laaa ...«

Herr Barth tigert singend durch die Küche, schnuppert in Töpfe, rührt um, rüttelt Pfannenstiele. Es ist kaum anzunehmen, dass Modern Talking zu seinen Lieblingsbands gehört, dennoch reißt der Refrain nicht ab.

»Cherry, cherry laaa la ...«

Rudi, dem ich Pfifferlinge putzen helfe, schüttelt die Uhr aus dem Ärmel, zieht die Augenbrauen hoch und grinst: »Elf Uhr, jetze wird er langsam nervös, denn singt er imma.«

Ich habe Herrn Barth vor zwei Wochen zum ersten Mal getroffen, vor einer Woche haben wir uns mehrere Stunden unterhalten, und heute ist mein zweiter Arbeitstag in seiner Küche. Dass der äußerst selbstbewusste Koch Jan-Göran Barth wegen eines Drei-Gang-Menüs für gerade mal sechzehn Personen Nerven zeigen soll, ist eine groteske Vorstellung. Aber Rudi Liebig kennt Herrn Barth nicht erst seit gestern. Und diese Küche ist eine der exponiertesten im ganzen Land. Dabei wird nur eine verschwindend kleine Anzahl an Normalbürgern jemals hier essen, obwohl der Besuch dieses »Restaurants« keine Geldfrage ist, hier muss kein

Gast zahlen. Aber man kommt nicht ohne Weiteres auf die Gästeliste ...

Und man kommt auch nicht ohne Weiteres in diese Küche. Die Pressestelle von Herrn Barths Arbeitgeber musste kontaktiert und überzeugt werden, damit sie wiederum Herrn Barth kontaktiert und überzeugt. Dann wurde ein erster Termin vereinbart, und so stehe ich nun an einem Dienstag, nach Passieren eines Schlagbaums, vor einem Glaskasten, besetzt mit drei Bundespolizisten. Nach telefonischer Klärung mit Herrn Barth, »Ja, ja, der kann rein«, tausche ich meinen Personalausweis gegen einen Besucherausweis, der während des Aufenthaltes immer sichtbar zu tragen ist. Anschließend durchlaufe ich eine Prozedur wie am Flughafen: Sicherheitsschleuse, Röntgengerät, wenn's gepiept hat Leibesvisitation. Endlich stehe ich in einem Nebenhof, beobachtet von aufmerksamen Uniformierten. Herr Barth ist ein beliebter Mann in dieser Anlage, die Polizisten tragen Grüße an ihn auf und wünschen »viel Spaß in der Küche«.

Nach Überquerung des Nebenhofes klingele ich am Seitenflügel. Ein kleines Kameraauge richtet sich auf mich, und es scheppert elektronisch: »Ja, bitte?« – »Ich möchte zu Herrn Barth.« – »Kennen Sie den Weg?« – »Äh, nein.« – »Moment.«

Kurz danach öffnet ein höflicher, sehr sportlich wirkender junger Kerl mit einseitig ausgebeultem Jackett und Röntgenaugen die Tür und begleitet mich in den Aufzug. Hoch, Tür auf, links in den Gang, am Ende sieht man schon weiße Küchenfliesen blitzen, aus dem Licht schlakst mir ein Mann in Kochkleidung entgegen, nickt meinem Begleiter zu: »Ick übernehme Herrn Weber, danke. Juten Tag, Barth, mein Name, Kaffee?«

Herr Barth wirkt jünger als seine dreißig Jahre, ist etwa eins achtzig groß und noch schlank, wenngleich sich unter seiner Kochjacke schon langsam die berufstypische, leicht gerundete Genussfigur abzeichnet. Er hat dunkelblonde Haare und trägt eine schicke eckige Brille. Der ganze Eindruck ist der eines freundlichen, gemütlichen Menschen, sogar seine Berliner Schnauze klingt eher weich, so weit eine Berliner Schnauze das eben kann. Herr Barth ist seit fast neun Jahren Herr über diese Küche. Das heißt: seit er einundzwanzig ist.

Der Kragen seiner Kochjacke trägt die Bundesfarben, auf der linken Brust sitzt über seinem Namen eingestickt der Bundesadler. Sein Arbeitsplatz ist das Schloss Bellevue in Berlin. Jan-Göran Barth ist der Koch des Bundespräsidenten.

Hier stehen wir nun also, in der nüchternen Bürgerrepublik Deutschland, die sich den überzogenen Respekt vor Regierenden mühsam abgewöhnt hat, und betrachten in Gestalt eines jugendlichen, weltläufigen Großstädters ein personelles Relikt aus längst vergangenen Zeiten des höfischen Lebens: den Leibkoch.

Herr Barth würde über diese Bezeichnung entweder müde lächeln oder sie brüsk von sich weisen, je nachdem, wie er gerade in Fahrt ist. Geschwindigkeit spielt beim professionellen Kochen ja ohnehin eine große Rolle, aber im Lebenslauf von Jan-Göran Barth ist sie von nahezu alles entscheidender Bedeutung. Herr Barth ist schnell, er war schon immer einer der Schnellsten. Aber es fehlt ihm auch nicht an Beharrlichkeit, seit seiner Lehre hatte er erst zwei Arbeitsstellen. Beide Küchen arbeiteten sehr langsam, als Herr Barth dort anfing. Er hat ihnen sein Tempo aufgezwungen und die Küchen mit seinem Ehrgeiz auf Trab gebracht, das scheint seine Mission zu sein. Und mehr noch: Die ganze deutsche Küche entscheidende Meter nach vorne zu zwingen mit Verve, Elan und Ungeduld. Wie macht man das in einem Betrieb, der praktisch unter Ausschluss der Öffentlichkeit arbeitet?

Wir durchqueren die gut einhundert Quadratmeter große, rechteckig geschnittene Hauptküche, blitzblank und am hell-lichten Tag menschenleer, betreten einen Anrichteraum mit Kaffeemaschine, »Milch, Zucker?«, danach geht es zurück durch die Hauptküche zu Herrn Barths kleinem Büro.

Die Hauptküche im Schloss Bellevue entpuppt sich als eine ganz gewöhnliche moderne Großküche mit langer Mit-telinsel, in der ein Herd mit Glühplatte, Kochkessel, Kipp-bräter und Arbeitsflächen angeordnet sind. Durch eine teil-verglaste Wand davon abgetrennt an einer Längsseite die Spülküche, vor der Trennwand offene Regale mit Kochgerä-ten, ein Arbeitstisch mit Mixer und elektronischer Waage sowie ein Vakuumiergerät, mit dem man in Kunststoffbeutel gefüllte Lebensmittel, Massen und Flüssigkeiten luftdicht verpacken kann. Ein kleiner Räucherofen. An einer Schmal-seite stehen drei Konvektomaten, an der anderen befindet sich der Pass, durch einen Rollladen verschlossen, der bei großen Staatsessen geöffnet wird. Dann nehmen Kellner hier die Speisen auf, um sie durch zwei Automatiktüren in die Schlosssäle zu tragen. Die zweite Längsseite ist für eine Profiküche schon etwas ungewöhnlich: Sie hat mehrere große Fenster, die einerseits viel Tageslicht einlassen, ande-rerseits den Blick in den Schlosspark und, über den Baum-wipfeln des Tiergartens, auf die Siegessäule gestatten. Nicht selten steht Herr Barth in dieser großen, gut ausgestatteten und blinkenden Profiküche ganz alleine. Schält und schnib-belt, rührt und probiert, plant, telefoniert und prüft Ware. Denn er ist der einzige fest angestellte Koch des Bundes-präsidialamtes, und nur zu größeren Veranstaltungen füllt sich die Küche mit zusätzlichen Köchen, die dann unter Herrn Barths Kommando brutzeln und schmoren.

Geboren und aufgewachsen ist Herr Barth in Köpenick. Nach der Realschule wollte er Flugdienstberater werden. Flugdienstberater dienen den Herren der Lüfte bei der Vorbereitung des abenteuerlichen Aufstiegs und Transportes von Fluggästen, Gepäck und Ladung in fremde Länder.

Man kann sich Herrn Barth wirklich nicht winkend am Flugplatz vorstellen, zufrieden damit, dem schick uniformierten Kapitän bei der Ausübung seiner attraktiven Tätigkeit zugearbeitet zu haben. Aber das war tatsächlich sein Traumberuf, und nur mangels Abitur hat sein Leben einen anderen Weg genommen.

Eine mögliche Ausbildung zum Einzelhandelskaufmann war schlechter bezahlt als die auch mögliche Kochlehre, in der Küche hatte er auch zu Hause schon immer gerne gewerkelt, also wurde er Kochlehrling im Berliner Hilton.

Das Hilton ist eine klassische Ausbildungsstelle für diesen Beruf, man kann hier alles kennenlernen: Hotelbetrieb mit Frühstück, Mittag, Abend. Kleine Karte für den Roomservice, dazu Bankettküche und ein Gourmetrestaurant. So sind die meisten großen Hotels organisiert. Aber das Berliner Hilton hat eine Besonderheit: Thea Nothnagel. Sie ist eine legendäre Ausbilderin, hat Lehrbücher verfasst und trainiert seit Jahren auch die Jugend-Kochnationalmannschaften. Nationalmannschaften? Ja, so was gibt es. Landes-, Bundes- und Weltmeisterschaften werden abgehalten, ja, sogar eine Olympiade findet statt. Da wird auf Zeit um die Wette gekocht, in Einzel- und Mannschaftsbewerben. Um dabei erfolgreich zu sein, muss man das Handwerk aus der hohlen Hand beherrschen, alle klassischen Zubereitungen kennen und in Sekunden entscheiden, was man wie macht, um das Zeitlimit nicht zu überschreiten und trotzdem höchste Qualitätsansprüche der Jurys zu befriedigen.

Kreativität, Ehrgeiz und äußerst gute Nerven sind für solche Wettbewerbe unabdingbar. Man muss effizient arbeiten. Und vor allem schnell, sehr schnell. Thea Nothnagel hat wohl gewittert, dass all diese Fähigkeiten in dem damals noch sehr jungen Herrn Barth aus Köpenick schlummerten. Und Herr Barth freute sich.

Aber dann war ganz schnell Schluss mit lustig. Denn wenn sich ein junger Azubi auf diese spezielle Disziplin einlässt, dann kennt Thea Nothnagel kein Pardon: dann wird trainiert. Nach der Arbeit, vor der Arbeit. Herrn Barths Leben bestand drei Jahre lang aus nichts als kochen, kochen, kochen. Er hat oft geflucht, aber sein eigener Ehrgeiz ließ ihm wohl keine Wahl. Zumal er auch belohnt wurde. Jan-Göran Barth wurde Berliner und Deutscher Meister, sogar Olympiasieger, Einzel und Mannschaft. Das ist schon altmodisch, hat was von strahlend weißen Kochjacken, bretthart gestärkt, hohen Kochmützen und scharf gebügelten Schürzen. Aber es ist eine enorm stabile Basis für jeden Weg, den ein junger Koch nach seiner Ausbildung gehen will. Und auch nicht schlecht fürs Selbstbewusstsein, jedenfalls für das von Herrn Barth.

Nach der Lehre musste er zum Bund, er wurde Koch in einem Potsdamer Offizierskasino. Eigentlich hatte er sich nach der Grundausbildung sehr aufs Kochen gefreut, »dit Militärische liegt mir ja nun nich so«, aber was ihn da erwartete, ließ ihm Stiefelputzen als Kreativarbeit erscheinen. Das Essen war schlecht, Kantine in ihrer lieblosesten Form. Der junge Herr Barth haute knurrend Tiefkühlfleisch in den Kippbräter und zählte die Tage. An einem jener Tage hatte der Küchenchef die seinen zu Ende gezählt und begab sich zurück ins Zivilleben. Zu Herrn Barths Erstaunen wollte niemand neuer Küchenchef werden. Und weil Herr Barth Preuße ist und bei Thea Nothnagel gelernt hat und weil die Mischung aus Pflichtbewusstsein und Ehrgeiz der Nuklearantrieb für Karrieren ist, sagte Herr Barth: Also, wenn keiner wolle, dann würde er selber gerne Küchenchef werden.

Er sagte, er könne für dasselbe Budget wesentlich besser

kochen als sein Vorgänger. Und weil beim Bund »Freiwillige vor!« noch immer ein ernst gemeintes Angebot ist, wurde der gerade ausgelernte Herr Barth nach einem Vorkochen Chef de Cuisine. Wo nun das Offizierskasino schon einmal dabei war, frech zu werden, verriet ein Verwaltungsoffizier Herrn Barth, es gebe da noch ein Geldtöpfchen für einen Küchenumbau, also wenn er da Ideen habe ...

Hatte er natürlich. Und so wurde das Potsdamer Offizierskasino zur Lieblingskantine des damaligen Verteidigungsministers Scharping und einer ganzen Reihe hoher Stabsoffiziere und Generäle. Und Herr Barth, dem das Militärische nun wirklich nicht sehr liegt, der aber sehr gerne Küchenchef ist, weil dann so gekocht wird, wie er das will, verlängerte seine Dienstzeit immer und immer wieder.

Eines Tages wusste ein General, dass im Amtssitz des Bundespräsidenten ein neuer Koch gesucht wurde, und fand, dass Herr Barth sich da doch vorstellen solle. Von fünfzig Bewerbern wurden drei zum Vorkochen eingeladen, darunter Herr Barth. Ein Konkurrent telefonierte beim Kochen mit dem Handy, was zu finalem Punktabzug führte. Der andere kochte wohl sehr schön, äußerte dann aber ein paar eigene Gedanken zum Themenkomplex Ausländerpolitik, die nicht auf einer für den höchsten Repräsentanten der Bundesrepublik Deutschland akzeptablen Linie lagen.

Herr Barth formuliert das knapper: »Die hatten sich denn beide selbst entschärft, blieb nur noch ick übrig.«

Nun ja, sehr gut gekocht wird er schon auch haben, der Herr Barth, aber so was betont er nicht extra, wahrscheinlich, weil es für ihn selbstverständlich ist.

Jetzt hatte der damals noch amtierende Bundespräsident Johannes Rau also einen blutjungen Koch. Herr Barth war natürlich stolz und glücklich, diese außergewöhnliche Stelle bekommen zu haben, und machte sich gewohnt energisch ans Werk.

Es gibt ja verschiedene Typen von Arbeitnehmern. Die einen lieben ihren Job und ihre Firma und geben alles im Sinne der Geschäftsführung. Die anderen mögen ihren Job, finden aber die Firma blöd oder den Stil der Führung. Manche hassen alles, für Herrn Barth ganz und gar abwegig. Er liebt seinen Beruf und ist hochgradig leistungsbereit. Die Firma ist ihm eigentlich egal, für ihn zählt nur seine Küche. Das ist wohl überhaupt eine Besonderheit am Gastgewerbe. Es gibt hier eben neben den Chefs noch eine weitere wichtige Instanz, nämlich den Gast. Köche können einen grauenhaften Chef haben und trotzdem lecker kochen, wenn ihnen am Ergebnis und am Gast etwas liegt. Solange sie das Gefühl haben, dass sie in einer Küche ihren Ansprüchen gerecht werden und noch etwas lernen können, sind sie ziemlich belastbare Angestellte. Je besser ein Koch ist, desto wichtiger sind für ihn die Herausforderungen und der Qualitätsstandard in seiner Küche.

Herrn Barth kennen wir nun schon als sehr guten, belastbaren und schnellen Koch, der über Ehrgeiz und Frechheit verfügt, aber auch über preußische Disziplin und ein bodenständiges Verständnis von Dienstleistung. Er sollte also sehr gut in so eine hochstaatliche Küche passen. Für seine neue Aufgabe war Herr Barth sogar bereit, sich noch weiter und weiter bei der Bundeswehr zu verpflichten, schließlich war die Stelle beim Bundespräsidenten nun mal verwaltungstechnisch eine Bundeswehrstelle. Den Mangel an militärischem Ehrgeiz mag man übrigens auch daran ablesen, dass Herr Barth heute, nach gut elf Jahren Dienstzeit, immer noch nur Stabsgefreiter ist. Normalerweise ist ein Soldat nach dieser Zeit mindestens Oberfeldwebel, aber Herr Barth sagt: »Wat soll ick denn mit 'nem Feldwebellehrgang?« Herr Barth will kochen, sehr gut kochen und viel kochen, schwierige Essen zubereiten, für anspruchsvolle Gäste. Er will sein Publikum überraschen und begeistern. Immer schon. Nicht vergessen, der Mann hat auf Bühnen gekocht, vor und für Publikum und Jurys.

Aber auch der neue Job beginnt enttäuschend für Herrn Barth. Es ist nun beleibe nicht so, dass vor Herrn Barth schlecht gekocht wurde im Schloss Bellevue, es wurde einfach recht wenig gekocht.

Zu diesem Zeitpunkt war der Koch des Präsidenten ausschließlich für den Präsidenten zuständig. Und zwar nur, wenn dieser dienstlich mit Gästen aß. Was, zugegebenermaßen, allerdings beinahe jeden Mittag der Fall war. Auch gehörte der Koch zu dem Stab, der den Präsidenten auf Auslandsreisen begleitete, doch dazu später. Kurz: Mehrmals pro Woche Mittagessen für bis zu zehn Personen, plus die Reisen. Dazu Servicetätigkeiten. Herr Barth holte also auch mal im Stresemann Staatsgäste mit Regenschirm vom Hubschrauber ab. Das war's. Für manchen Koch wäre das ein Traumjob, für Herrn Barth ist so etwas ein Albtraum.

Die wirklich großen Anlässe, die im Schloss Bellevue stattfinden, wurden zu jener Zeit ausschließlich von Cateringunternehmen bestritten. Herr Barth fand aber, dass er als Koch des Präsidenten zu solch repräsentativen Gelegenheiten selbst kochen könnte.

Es ist nicht allgemein bekannt, dass Küchenchefs ziemlich gut rechnen können. Das müssen sie, sonst gehen ihre Restaurants sehr schnell pleite. Herrn Barth war klar, dass Zahlen immer gute Argumente sind, sie sind unmissverständlich und gut nachvollziehbar. Er rechnete der Verwaltung also vor, dass er für dieselben Budgets mindestens dasselbe leisten, eigentlich sogar kostengünstiger arbeiten könne, er müsse ja schließlich keinen Gewinn machen.

Es war eine glückliche Fügung, dass Herr Barth kurz vor diesem Vorstoß mit der Nationalmannschaft der Köche Mannschaftsolympiasieger geworden war, so etwas macht

Eindruck, gerade bei einer Verwaltung. Also kam Bewegung in die Sache. Man vereinbarte, dass er ab sofort bis zu dreißig Gäste bekochen dürfe. Als das klappte, wurde auf fünfundsiebzig erhöht. Für diese Steigerung wurde mal wieder die Küche umgebaut, natürlich nach Herrn Barths Wünschen. Fünfundsiebzig Gäste waren nun aber auch beim besten Willen, zumal auf diesem Niveau, nicht mehr alleine zu bekochen. Herr Barth durfte sich also Hilfe holen. Er hatte ein kleines Netzwerk von Exkollegen und Freunden, die engagierte er nun für die Events, seinen Normalbetrieb machte er weiter alleine. Schnell steigerte er sich mit seiner kleinen Truppe auf hundertzwanzig Gäste, auch fünfhundert schafften sie, und das größte waren schließlich zweitausend Gäste ohne Caterer. Heute werden nur noch die ausgewiesenen Staatsbankette von Externen beliefert. Das liegt allerdings nicht an Herrn Barth, sondern an der Budgetierung. Solche Veranstaltungen werden vom auswärtigen Amt bezahlt, alles andere – und das ist der Löwenanteil – wird aus dem Topf des Bundespräsidialamtes finanziert und ist somit Herrn Barths Show. Herr Barth hat also wieder einmal eine Küche seinen Vorstellungen angepasst, und dazu noch ein Amt.

Es ist jetzt wohl deutlich geworden, warum ich über meinen und Rudis Pfifferlingen bezweifele, dass Herr Barth sich von sechzehn Gästen nervös machen lässt, zumal seine ganze Mietkochtruppe versammelt ist. Allerdings sind die nicht wegen der sechzehn hier, sondern wegen der fünfundsechzig heute Abend, die vier Gänge bekommen. Nein, die Nervosität des Herrn Barth ist einfach Ausdruck des hohen Anspruchs an sich selbst. Auch nach neun Jahren hier und ungezählten Einladungen ist keine falsche Routine bei ihm eingetreten. Dirk, der ihn schon als Lehrling im Hilton erlebt hat und seit gut sechs Jahren fest zu seiner Truppe gehört, sagt, dass er hier noch keinen Gang zwei Mal gesehen hat.

Das Mittagessen für den Gouverneur der Österreichischen Nationalbank: Praline vom Kaltrauchlachs und Flusskrebsen mit Blumenkohl, Wildkräutern und Süßholzmayonnaise, danach Lammrücken mit geräucherten Tomaten und Speck, Artischocken und Maisgrießschnitte, als Dessert Himbeeren und Baiser mit gefrorenem Lavendelblütensud.

Über die Jahre hat sich eine Art Posteneinteilung in Herrn Barths kleiner Truppe eingespielt. Marc, der französische Patissier, den der Wehrdienst Anfang der Achtziger nach Berlin verschlagen hatte und der nur noch zum Erwerb der Meisterprüfung für einige Jahre in Frankreich gelebt hat, kümmert sich natürlich um die Desserts. Seit seiner Rückkehr arbeitet er freiberuflich für große Caterer und als Mietpâtissier für Veranstaltungen. Drei Jahre war er mit dem Formel-1-Zirkus auf der ganzen Welt unterwegs. Da gibt es dann über den Boxen ein Edelcatering für die Sponsoren, das Beste vom Besten wird herangeschafft und von den Köchen weiter veredelt. In Japan wurde zum Beispiel mal ein ganzer Container voller – selbstverständlich japanisch – beschrifteter Kartons angeliefert, und Marc und zwei Kollegen verbrachten einen ganzen Tag im Container und rissen jedes Päckchen auf, kontrollierten den Inhalt und beschrifteten es dann neu.

Mike ist der Saucier der Truppe. Er pariert, brät und schmort Fleisch, hackt Knochen und zieht kräftige Saucen daraus. Mit stiller Leidenschaft und offensichtlichem Genuss. Das erstaunt, wenn man weiß, dass der hagere, immer leicht lächelnde Zopfträger eigentlich Vegetarier ist. »Ist Überzeugungssache. Ich will als Konsument nicht verantwortlich sein für das Sterben von Tieren, aber ich mag den Geschmack schon und empfinde ökologisches Schlachtfleisch und gutes Wild als grundsätzlich wertvolles Lebensmittel.« Sagt er und zieht mit eleganten Schnitten die Silberhaut von einem Stück Hirschrücken.

Abgesehen von seiner Arbeit als Mietkoch betreibt er mit einem Freund einen liebevollen und hochqualitativen vegetarisch-veganen Imbisswagen, mit dem sie Musikfestivals abklappern. Für eine Besucherversorgung jenseits von Bratwurst und Burger. Sie wechseln sich ab im Wagen, damit jeder auch seine Lieblingsbands genießen kann. Herrn Barth kennt er seit dessen Lehrzeit, Mike war damals schon ausgelernt und im Hilton beschäftigt.

Genau wie Dirk, ein waschechter Berliner, mittelgroß, gut gelaunt bei gesunder Grundaggression, die sich meist in rotziger Lache und flottem Arbeitstempo sozialverträglich entlädt. Dirk ist der Joker, er kann eigentlich alles gut und kümmert sich heute hauptsächlich um Fisch, später auch um Fleisch, aber das läuft dann schon unter Vorbereitung für nächste Woche. Dirk ist seit Jahren Mietkoch in der Berliner Topgastronomie, er arbeitet, neben Herrn Barth, noch für diverse Spitzencaterer und hat sich gerade selbstständig gemacht mit einem individuellen Currywurststand in Form einer Dose. Den kann man nun komplett mieten für Betriebsfeiern und Ähnliches. Die Jungs hier, so unterschiedlich sie sein mögen, haben die Prinzipien von Markt und Nachfrage, von Flexibilität und Eigenverantwortung besser begriffen, als sie Guido Westerwelle sich selber erklären könnte.

Das wird wohl auch einer der Gründe sein, warum Herr Barth schon seit Jahren mit ihnen arbeitet, sie kommen seiner Vorstellung von selbst bestimmtem Arbeiten sehr entgegen. In dieser Küche wird, ich berichte dies staunend, nicht gebrüllt, nicht gehetzt und nicht nervös auf Arbeitsflächen getrommelt. »Ich verteile die Arbeiten, und die Jungs sind erwachsen. So einfach ist das.« Natürlich, das gibt Herr Barth zu, steht er hier seltener unter massivem Zeitdruck als ein Küchenchef in der freien Wirtschaft. Seine Gäste sind frühzeitig avisiert, »Reservierungen« werden hier selbstverständlich eingehalten, und an Geld mangelt es auch nicht. Herr Barth kalkuliert reell, aber er muss nicht das günstigste Angebot nehmen, er entscheidet ausschließlich nach Qualität.

Und hier zeigt sich eine Seite von Herrn Barth, die nichts mit Geschwindigkeit und nur sehr am Rande mit Ehrgeiz zu tun hat. Der Koch des Bundespräsidenten nutzt das großzügige Zeit- und Geldbudget zur Wirtschaftsförderung im Kleinen: Er verbringt viel Zeit im Internet und am Telefon auf der Suche nach ganz besonderen Erzeugnissen und Erzeugern. Denn es gibt, neben dem mittlerweile fast klassischen »regional-saisonal«, in der ersten Staatsküche des Landes ein Prinzip, das Herr Barth eingeführt und das ihn auf ganz neue Pfade gezwungen hat: die weitestgehende Verwendung deutscher Produkte.

Das hat nichts mit Nationalismus zu tun. Privat liebt Herr Barth Olivenöl, aber in seiner Dienstküche findet man nicht einen versteckten Tropfen davon. Schließlich möchte er doch den Gästen seines Dienstherrn die Erzeugnisse des Gastgeberlandes in wohlschmeckendster Form präsentieren. Das Essen als diplomatischer Akt. Alle sollen sich wohlfühlen, geehrt und verwöhnt. Sie sollen Deutschland in angenehmer Erinnerung behalten und auch kulinarisch etwas erfahren haben über dieses Land. »Im Elysée-Palast bekommt der Präsident ja auch kein Ossobuco serviert, wa?«

Bleiben wir kurz beim Olivenöl. Das ist ja nun ein ungeheurer Verkaufsschlager der Italiener, kaum eine Küche auf der Welt, in der man nicht damit arbeitet. Es hat physikalische und physiologische Eigenschaften, die es zur gastronomischen Allzweckwaffe machen. Und wenn es von guter Qualität ist, schmeckt es auch stark und charakteristisch. Aber in Deutschland gibt es nun mal keine Olivenbäume,

Herr Barth musste also einen geeigneten Ersatz finden. Bei seiner Suche stieß er auf einige kleine Hersteller, nahezu Manufakturen, die eine Unzahl an verschiedenen Ölen herstellen. Rapsöle, Traubenkernöle, Sonnenblumenöle, Weizengrasöle. Natur oder aromatisiert, hitzebeständig zum Braten oder feiner strukturiert für kalte Dressings oder als Aromat für Saucen oder Suppen. Eine halbe Regalwand ist gefüllt mit diesen Ölen.

Die Produktsuche, mit der Herr Barth mittlerweile einen erklecklichen Teil seiner Arbeitszeit verbringt, wirft tatsächlich ein erstaunliches Licht auf die vormalige Gastrowüste Deutschland. Da gibt es einen Baden-Württembergischen Speckhersteller, der einen umwerfenden fetten Kräuterspeck nach Art des italienischen Lardo verkauft. Mike, der vegetarische Saucier, hat darin die angebratenen Lammrücken und die geräucherten Tomaten fürs Mittagessen eingewickelt und das Ganze dann im Ofen gebacken. Oder einen Odenwälder Apfelbauer, der einen »Apfelhefe« genannten Calvados macht, und einen Whiskybrenner aus Bayern. Nicht zu vergessen den kleinen Gemüsebauern aus Brandenburg, der, unter anderem, alte Tomatensorten nachzüchtet, die optisch nichts mit normierten Supermarkterzeugnissen gemein haben, geschmacklich aber eben auch nicht. Der beliefert außer Herrn Barth ausschließlich Berliner Spitzenköche, ich kenne ihn auch schon aus meiner Lehrküche. Carlo ist ein Aussteiger aus Köln, der weiß, dass nur ein guter Koch sein Gemüse kauft, weil der nach Geschmack und Erzeugung entscheidet und nicht nach Optik.

Herr Barth hat vergessene Tierarten wie das Harzer Rotvieh für seine Küche entdeckt, ein Urrind, das bis zum Wintereinbruch ausschließlich draußen gehalten wird. Er hat versucht, Fasane im Schlossgarten anzusiedeln, aber »die waren nicht ordentlich gestutzt. Warn se weg und mir blieb bloß noch winken...«. Nun bezieht er Fasane aus Franken,

»die haben dort ein riesiges Gehege mit arttypischem Natur-
aufbau, die fühlen sich wohl, und so schmecken die dann
auch«. In seinen Regalen findet man Winzeressige und Obst-
essige von kleinen Ökohöfen, Senf aus Klöstern und verschiedene Blütensirupe. Er hat einen guten Ruf bei den Erzeugern. Natürlich macht es sich nicht schlecht, Lieferant
des Bundespräsidenten zu sein, das hat was von Hofliefe-
rant, aber entscheidend ist für die Hersteller wohl, dass sie
in ihren Bemühungen ernst genommen werden, auch für die
Entwicklung des »Standortes Deutschland«. Schön, wenn so
ein Wortungetüm mal gut schmeckt.

Und Herr Barth findet, dass er den »schönsten Job hat,
den ein Koch in Deutschland haben kann. Das ist meine
kleine kulinarische Universität, dit könnt ick in keener anderen Küche so einfach machen«. Er hat nicht nur ein Bewusstsein für das eigene Glück, das ja immerhin auch
einiges mit seinem Können und seinem Fleiß zu tun hat,
sondern auch für die aus diesen Chancen erwachsenden
Verpflichtungen. Er kann besondere Produkte einfach kaufen, also tut er es. Er kann in seiner Küche einen entspannten Kurs fahren, also tut er es.

Rudi Liebig, mein Partner an der Pfifferlingsfront, ist
auch so ein Beweis für Herrn Barths Bewusstsein. Rudi ist
kein Koch, sondern Kellner, alter Westberliner Kellneradel
muss man eigentlich sagen. Rudi hat in den Fünfzigern im
Café Kranzler angefangen, als Page. Seine damalige Chefin
vermittelte ihn irgendwann nebenher an die Kellnertruppe
im Schloss Bellevue. Damals war das ja nur der Nebenamts-
sitz des Präsidenten und entsprechend selten genutzt. Es
gab keine festen Mitarbeiter. Später kam Rudi auch in die
Servicetruppe des Regierenden Bürgermeisters. Er hat alle
Bundespräsidenten seit Theodor Heuss und ihre Gäste bedient. »Am schönsten waren die Partys von Willy Brandt als
Regierender«, schwärmt Rudi heute. Er hat Kennedy und

allen US-Präsidenten bis Vater Bush Fleisch vorgelegt und Wein nachgeschenkt. Hauptberuflich war er im Kasino eines großen Konzerns beschäftigt und auch Betriebsrat. Nach der Pensionierung arbeitete er nur noch im Schloss Bellevue, bis man dort das Servicepersonal verjüngte. Da wäre eigentlich Abschiedszeit gewesen für den kreuzunglücklichen Rudi. Aber da sich Herr Barth seine freien Mitarbeiter selbst wählen kann, machte er Rudi kurzerhand zum Beikoch. Seit sechs Jahren trägt Rudi nun weiß statt »Pinguin« und schnibbelt für die Tafel des Präsidenten. »Rudi weeß, wat er kann, und ist zuverlässig. Außerdem hat er immer jute Laune, auf so jemanden verzichte ick nicht ohne Not.« So unromantisch begründet das Herr Barth, aber er dreht sich dann schon sehr schnell weg ...

Kleine Zwischenbilanz: Herr Barth ist ein netter Mensch, in seiner Küche wird ausgezeichnetes Essen aus herausragenden Produkten gekocht, und seine »Jungs« sind entspannte Profis, die nach übereinstimmender Aussage hier eine Menge lernen und nach draußen tragen können, in Küchen, die sich so aufwendige Recherchen und Probeverkostungen nicht leisten können. Ein Paradies? Mit einem gütigen Verwalter? Auch wenn es langweilig oder gar unglaubhaft klingt – so ist es. Man darf sich diese Küche als Oase vorstellen, in der es wirklich nur um gutes Essen geht. Die ganze Truppe ist so gut eingespielt und so vertraut mit Herrn Barths Stil und Qualitätsvorstellungen, dass ich, ganz ehrlich, nur als bessere Küchenhilfe mitlaufe. Ist auch okay, ich bin mal ein neues Gesicht, scheue mich nicht vor Zuarbeiten und bin gut gelaunt. Das reicht allen, auch Herrn Barth. Und so springe ich während meiner beiden Tage von diesem zu jenem, helfe beim Putzen von Pfifferlingen und Flusskrebsen, packe Kartoffelmasse in blanchierte Mangoldblätter, schneide Wurzelgemüse für die Saucen und unterhalte mich mit den Köchen über diesen Ort, der nicht nur wegen des Schlossherrn besonders ist, den sie alle noch nie von Nahem gesehen haben, sondern vor allem wegen Herrn Barth und seinem konsequent gelebten Küchentraum.

Trotzdem soll jetzt mal auf den Amtsträger eingegangen werden, für den Herr Barth ja schließlich arbeitet, es ist auch schon der zweite Bundespräsident in seiner Dienstzeit. Und er kommt den Präsidenten sehr nahe, der Herr Barth, auch wenn sich der deutsche Bürgerpräsident grundsätzlich selber um seine Ernährung kümmern muss und, wie weiter oben schon beschrieben, nur zu dienstlichen Zwecken auf »seinen« Koch zählen darf. Besonders auf Auslandsreisen rücken Koch und Präsident recht eng zusammen. Denn zu den Hotelsuiten gehört in der Regel eine so genannte »Kitchenette«, und wenn die Versorgung aus der Hotelküche nicht infrage kommt, dann wird Herr Barth doch zum echten Leibkoch, der alle außerdienstlichen Mahlzeiten für den Präsidenten zubereitet.

Was die offiziellen Essen im Ausland angeht, hat Herr Barth eine heikle und ernste Aufgabe. Er kontrolliert die Küchen der Gastgeber auf mögliche Gesundheitsrisiken für den Präsidenten. Das fällt ihm nicht leicht, schließlich handelt es sich ja um Kollegen, denen er recht kalt auf die Finger gucken muss, aber er nimmt es sehr genau. Die Begleiter aus dem Protokoll notieren seine Diagnose und der Präsident geht schließlich mit deutlichen Anweisungen zu Tisch, dieses oder jenes heute auf gar keinen Fall zu essen. Dabei hat Herr Barth, der ausländischer Küche gegenüber sehr aufgeschlossen ist, schon einiges Haarsträubendes erlebt. Vom offen über einer brennenden Ölwanne im Ganzen gebratenen Tier bis zum in Küchenabfällen ausgebreiteten Gebetsteppich, der anschließend ordentlich ausgeschüttelt wurde, wobei man die aufgenommenen Keime großzügig über den Salat verteilte, den Seine Exzellenz, der Präsident der Bundesrepublik Deutschland, an diesem Tag höflich beiseiteschob.

Seinen größten beruflichen Erfolg sieht Herr Barth denn auch folgerichtig in der großen Indienreise mit Johannes Rau. Drei Wochen lang prüfte und empfahl Herr Barth. Er schleppte Unmengen von deutschem Mineralwasser mit, um Obst und Gemüse abzuwaschen, denn »viele meiden das Essen, das ja meist gegart und eher ungefährlich ist, werden dann aber vom Zähneputzen krank«, bestätigt Herr Barth die traurige Tatsache des mangelnden Zugangs zu sauberem Trinkwasser für weite Teile der Weltbevölkerung.

Johannes Rau, erzählt Barth, sei kein feiner Genießer gewesen. Er saß gerne beim Bier, hatte zur Nahrungsaufnahme aber eine eher nüchtern-protestantische Einstellung. Folglich hielt er sich problemlos an die Empfehlungen seines Kochs – als Einziger aus der ganzen Truppe. Nach drei Wochen waren alle, inklusive Herrn Barth, krank. Nur der Präsident erfreute sich bester Gesundheit.

Im westlichen Ausland wird auf solche Sicherheitschecks verzichtet, sodass Herr Barth bei diesen Reisen mittlerweile meist zu Hause bleibt. Aber er hat in seinen neun Dienstjahren mehr als vierzig Länder der Erde gesehen und gelernt, »dass alle nur mit Wasser kochen«. In einigen Ländern schlägt sich der allgemeine Nahrungsmangel auch auf die offizielle Küche nieder, »da sieht man, dass dort Essen kein Genussmittel ist, nicht sein kann, sage ich mal«. Manchmal, erzählt er, sei aber auch die Diskrepanz zwischen der Not der Bevölkerung und der Dekadenz der Regierenden erschreckend. »Ick habe meine Lektion über das Glück, in so einem reichen und sicheren Land zu leben, jelernt. Viele vergessen dit ja.«

Kommen auch Prüfer in seine Küche? »Eher selten, wir haben ja einen gewissen Standard hier.« Er merkt schon, dass er von zweierlei Maß spricht, aber das ist nun mal Realität, und Herr Barth ist Realist. Manchmal kommen Sicherheitsleute von Politikern, die sich nicht ganz grundlos für gefährdet halten in seine Küche, aber »was wollen die denn schon sehen? Wenn ick nun wirklich eenen vergiften wollte, wer soll mich denn da abhalten?«

Herr Barth bekommt natürlich vom Protokoll genaue Informationen über eventuelle Diätvorschriften, Unverträglichkeiten, Abneigungen, religiöse Nahrungsvorschriften, damit es nicht zu diplomatischen Pannen kommt. »Wir haben bisher alles hinbekommen, außer koscher, dit ist in einer westlichen Küche nicht zu schaffen.« Für jüdisch-orthodoxe Gäste muss das Essen dann von einem koscheren Restaurant bestellt werden, davon gibt es ja glücklicherweise in Berlin wieder einige. Und ein allgemeines No-No ist Knoblauch, »wegen der Fahne«.

Außer, wenn der Präsident mal alleine im Schloss ist, keine Gäste empfängt, auch abends nicht, und dann Hunger bekommt. Dann, und nur dann, kocht Herr Barth dem Präsidenten einen Teller Pasta, und da fehlt dann auch der Knoblauch nicht...

Über seine Nähe zum Staatsoberhaupt ist Herr Barth nur sehr bedeckt zu sprechen bereit. Er weiß natürlich, dass diese Nähe ungeheure Neugierde weckt, gerade bei Journalisten. Und er weiß ebenso, dass er genau wegen dieser Nähe sehr viel mehr Umgang mit Journalisten hat als andere Köche. Aber er ist in diesem Punkt wachsam und empfindlich.

Wachsam, weil es sich ihm selbstverständlich verbietet, mit seinem Wissen über die Privatpersönlichkeit des Staatsoberhauptes zu protzen. Empfindlich, weil er hat lernen müssen, dass beispielsweise Foodjournalisten seine Arbeit nicht immer fair beurteilen. Sein besonderer Arbeitsplatz schiebt sich vor die Ergebnisse seiner Bemühungen, und sein sehr stabiles Selbstbewusstsein scheint manchen Kritiker zu ärgern.

Denn Herr Barth unterliegt nun mal keinem finanziellen Erfolgsdruck, wie seine Kollegen »draußen«. Die sind gefangen im System der Bewertungen und oft abhängig von Publizisten und deren Meinungen. Es geht um die Existenz, da muss mancher Chef de Cuisine persönlichen Ärger runterschlucken und den Kritiker mit mehr als einfach nur seinem Können umschmeicheln. Andererseits verlässt Herrn Barth auch nie das Bewusstsein, dass er in einem geschützten Biotop arbeitet, sich eben nicht der Kritik und dem wirtschaftlichen Risiko stellen muss. Es wird spannend zu beobachten sein, was Herr Barth nach Ende seiner Dienstzeit im Schloss tut. Im nächsten Jahr ist die maximale Verpflichtungszeit von zwölf Jahren zu Ende. Und da Herr Barth kein Berufssoldat werden will, wird er wohl gehen müssen.

Das Mittagessen für den Gouverneur ist mittlerweile Geschichte, und wir steuern ruhig, aber konzentriert auf den großen Abendempfang zu. Das Ehrenessen für Ihre Exzellenzen, den Präsidenten der Republik Ghana, Herrn John Agyekum Kufour nebst Gattin Theresa Kufour. Sie bekommen Kalbstafelspitz in gelierter Tomatenkraftbrühe mit Mousse von grünen Erbsen, Wildkräutern und getrocknetem Sauerteig, danach Eintopf von Süßwasserfischen und Flusskrebsen mit Krustentiercreme im Maultaschenteig, als Hauptgang Hirschrücken mit Aprikosen-Kakaobohnenkruste, Pfifferlings-Spitzkohlsalat und Kartoffel-Mangoldpraline und zum Dessert Mandelmilchcreme im Schokoladenbiskuit mit Zwetschgen und Gewürznelken-Vanilleeis.

Ich habe Wildkräuter, Krebse, Pfifferlinge geputzt und an den Mangoldpralinen mitgebastelt. Na ja, immerhin. Ein bisschen von meinem Schweiß im diplomatischen Dienst vergossen.

Die Vorbereitungen sind deutlich vor Beginn des Essens abgeschlossen, und ich darf mir die Ankunft der Ehrengäste vom Fenster aus anschauen. Staatslimousinen, Bodyguards, Protokoll mit Admiral und Botschafter, Ehrenwache, das ganze Programm. Aufgeregte Journalisten auf dem Rasen gegenüber der Schlosstreppe, die meisten Afrikaner. Die Begrüßung wirkt familiär, Kufour sehr beeindruckend, auch aus großer Entfernung. Die Damen küssen sich vertraut auf die Wangen. Horst Köhler hat eine sympathische Körpersprache, er macht den Eindruck, sich wirklich auf den Abend zu freuen, und ich bilde mir ein, von seinen Lippen zu lesen: »So, ihr Lieben, jetzt kommt mal rein. Es gibt auch gleich eine Kleinigkeit von Herrn Barth.«

Dann läuft das Essen langsam an. Die Küche verfügt über einen leicht gekühlten Raum zum Anrichten. Hier können wir die kalten Vorspeisen und später die Desserts in aller Ruhe anrichten und eine Zeit lang stehen lassen, ihnen kann nichts passieren. Das entspannt ungemein, es sind ja schließlich fünfundsechzig Personen, plus die Nebenessen. Die gibt es für jene Begleiter aus dem Protokoll, die nicht mit an der Tafel essen. Im Ausland gehört auch Herr Barth dazu. Ihm ist das immer unangenehm, denn die Nebenessen machen oft mehr Arbeit als die Hauptessen, weil hier auch der Hauptgang einzeln auf Tellern angerichtet wird, während das beim Hauptessen auf Platten geschieht, von denen aus die Kellner dann den Gästen vorlegen.

Die Suppe und die Hauptgangplatten richten wir am großen Pass in der Hauptküche an, und eine lange Reihe von Kellnerinnen und Kellnern trägt die Speisen durch automatische Türen in die Säle. Ein großes Räderwerk, fein geschmiert und professionell, das fasziniert mich immer wieder in der Gastronomie. Nach drei Stunden gehen die Desserts raus, ein reibungsloser Abend. Noch nicht mal ein nicht angekündigter Vegetarier bringt Herrn Barth nachhaltig aus der Ruhe. Es ist der sehr bekannte Sänger einer sehr bekannten

Kölner Rockgruppe. »Der war doch schon uff X Reisen dabei, seit wann ist der denn Veggie?«, fragt Herr Barth den Hausintendanten, sozusagen der Servicechef im Schloss. Der zuckt nur mit den Schultern, seufzt Herrn Barth nach bekannter Oberkellnermanier an, Motto »du bist Koch, du kannst dich in deiner Küche aufregen wie du willst, aber ich stehe beim Gast und sage immer, sehr wohl, der Herr, also gibt es jetzt Stress, oder hilfst du mir einfach?«, und natürlich hilft Herr Barth einfach, schließlich ist hier ja alles entspannter als draußen.

Wir haben von den überzähligen Köstlichkeiten gegessen, es gab dazu noch heiße Würstchen mit hausgemachtem Kartoffelsalat, gestippt in guten Klostersenf. Wir müssen nur ein bisschen aufräumen und oberflächlich putzen. Morgen kommt eine Putzkolonne und schrubbt die ganze Küche, was für ein Luxus!

Gegen elf Uhr dreht Herr Barth das Licht aus und sagt: »Wenn's jetzt dunkel wird, lasst ihr aber die Finger aus den Kollegentaschen.« Grunzendes Lachen. Wir haben alle fleißig die deutschen Weine verkosten dürfen, die Herr Barth im Schlosskeller lagert. Wenn er Zeit hat, will er mal einen Sommelierkurs machen, Schwerpunkt heimische Weine, versteht sich. Schon jetzt machen Winzer spezielle Cuvées und Abfüllungen für das Schloss Bellevue, natürlich in Absprache mit Herrn Barth.

Zum Abschied schaue ich durch ein Küchenfenster auf die Siegessäule und die preußische Viktoria. Vor gut hundertdreißig Jahren als Symbol für die militärische Überlegenheit Preußens und die deutsche Vormachtstellung in Europa errichtet, heute ein Mahnmal gegen kriegerischen Größenwahn und Nationalismus. Sie schaut immer in dieselbe Richtung, festgewachsen auf ihrem Sockel aus erbeuteten Kanonen. Könnte sie sich drehen, nur ein bisschen, würde sie genau in die Schlossküche gucken. Die Küche des so ganz und gar unmilitärischen preußischen Soldaten Jan-Göran Barth, der mit Disziplin, Ehrgeiz und durchaus auch Stolz zur Sache geht. Und der die Welt staunen machen möchte, ganz ohne Kanonen und Tschingdarassabum, der zeigen will, dass das geht: großartiges Essen aus Deutschland.

GESCHIEHT
DIR
RECHT

come together.

Nah am Rand:
Betreutes Kochen für Kunstbeflissene

Oh, Mann, so geht das nicht, das geht einfach nicht!«

Thomas Jäger, ein schlanker, zäher Typ mit markanten
Zügen und gelockten, dunkelblonden Haaren, steht vor seinem schwarzen Brett und schüttelt den Kopf. Er zeigt auf
einen Bestellzettel. »Der Gasteig kriegt siebzehn Bleche
Quiche und Lasagne von uns. Zusätzlich! Das geht einfach
nicht.«

Jäger ist Küchenchef im Münchner Restaurant »Conviva
im Blauen Haus«, einem Partnerbetrieb der Gastronomie
im Kulturzentrum Gasteig. Die Küche dort ist zu klein, um
ernsthaft zu kochen, und auch das Personal ist nicht entsprechend ausgebildet. Also ist Thomas Jäger gefordert. Seine
Küche liefert jeden Tag etwa zwanzig Liter von vier verschiedenen Suppen an den Gasteig und Quiche oder Lasagne für
etwa zwanzig Personen. Dazu kommen immer wieder Sonderveranstaltungen wie die heute, gerne auch mit Riesen-
bestellungen. Zwei Tage haben Jäger und seine Leute nun
Zeit, das alles neben ihrem eigenen Küchenbetrieb zu produzieren. Und der ist nicht gerade entspannt.

Die Conviva-Crew im »Blauen Haus« schickt im Mittagsservice rund fünfzig Essen über den Pass ihrer Küche, abends

kommen hier an Spitzentagen bis zu zweihundertfünfzig dazu. Die Karte zeugt von einem frischen, kreativen und dabei bodenständigen Küchenkonzept. Markt- und saisongerecht mit häufigem Wechsel der Positionen.

Dazu kommt noch die Bewirtschaftung der Kantine des Theaters »Münchner Kammerspiele«, die ebenfalls aus Jägers Küche bedient wird. Die Ausgabe zur Kantine öffnet sich rechtwinklig zu der des Restaurants. Hier gehen täglich zweihundert bis zweihundertfünfzig Essen an Techniker, Künstler und Verwaltungsangestellte der renommierten Bühne raus. Für Rechenfaule: Das ergibt summa summarum bis zu fünfhundertfünfzig Essen täglich. Das »Blaue Haus« ist ein Teil des weitläufigen Gebäudekomplexes der Kammerspiele, und sein Pächter muss immer beides bedienen, Restaurant und Kantine.

In zwei Schichten arbeiten hier insgesamt fünf Köche und elf Küchenhilfen. Der Platz ist aber so beengt, dass pro Schicht lediglich zwei Köche den gesamten Service kochen, plus ein sehr gut qualifizierter Beikoch, der alleine die kalte Küche schmeißt, also Vorspeisen, Salate, kalte Beilagen und Desserts. Die Küchenhilfen schnibbeln, verpacken, räumen in Küche und Lagern auf und um, holen für die Köche Waren aus den Lager- und Kühlräumen, putzen und spülen das Geschirr und Besteck aus Restaurant und Kantine – Töpfe, Pfannen und Kochgeräte nicht zu vergessen.

Die erste Schicht kommt um acht Uhr morgens und arbeitet bis sechzehn Uhr, die zweite legt um sechzehn Uhr dreißig los und kocht bis Mitternacht, danach heißt es aufräumen und putzen. Häufig kann Jäger nicht vermeiden, dass ein Koch, der heute Spätschicht hat, morgen zur Frühschicht kommen muss. »Der läuft dann auf Autopilot, aber eine Schicht geschmissen hat noch niemand!«, darauf ist er stolz. Wie in beinahe allen Profiküchen kommt es auf jeden Einzelnen an, damit die fragile Konstruktion des Produktionsuhrwerks nicht auseinanderbricht. Aber im »Conviva« ist die Arbeitsfähigkeit der Köche von wirklich alles entscheidender Bedeutung. Denn auf die Küchenhilfen hier kann Jäger nur sehr bedingt bauen, obwohl diese ganz im Zentrum der Arbeit stehen; das »Conviva« ist ein integrativer Betrieb und die Küchen- und Servicehelferinnen und -helfer sind behindert.

Das Konzept ist mutig und ehrgeizig. Der Verein »Cooperative Beschützende Arbeitsstätten e.V.«, kurz »cba« besteht seit 1985. Zunächst eine Beratungsstelle für Arbeit suchende Menschen mit Behinderung, wurde er schnell selbst aktiv und gründete zuerst ein Umweltteam, das Serviceleistungen rund um Recycling und Kompostierung anbietet, später kam ein Putzdienst dazu, und 1995 eröffnete das erste »Conviva« in Laim seine Pforten. Es lief dort erfolgreich bis 2004, dann wollte man sich vergrößern, und der Betrieb zog an seinen heutigen Ort um. Zweiter Standort ist die Cafeteria »Conviva« im Gasteig. Und seit Kurzem gibt es auch noch eine »Cantina Conviva«, in der Schüler einer berufsvorbereitenden Einrichtung kochen lernen.

Der neue Küchenchef der »Cantina«, der einige Jahre als Souschef von Thomas Jäger im »Blauen Haus« gearbeitet hat, ist von eher kräftiger Statur und mit einer durchsetzungsfähigen Stimme ausgestattet. Sein rauer Sozialarbeiterlook, Heavy-Metal-T-Shirt und lange Matte, norddeutscher Akzent und Bierflasche, verbunden mit einem extrem freundlichen Wesen vervollständigen den Eindruck eines für die Arbeit mit schwierigen Jungendlichen quasi archetypisch qualifizierten Mannes. Man ahnt wohl, dass solche charakterlichen »Nebenqualifikationen« für diesen Job nicht ganz unwichtig sind. Denn in der »Cantina« tummeln sich naturgemäß eher schwierige Jugendliche, denen so eine letzte Chance gegeben wird, sich auf ein normales Arbeitsleben vorzubereiten.

Im »Conviva« ist das Ziel aller Bemühungen, behinderten Menschen ein selbst bestimmten Lebens mit einer sozialversicherungspflichtigen Beschäftigung zu ermöglichen. Der Weg dahin ist langwierig und kompliziert und nur in wenigen Fällen vom gewünschten Erfolg gekrönt. Denn die Handicaps sind vielfältig; da gibt es Lernbehinderungen und geistige Behinderungen, manch eine oder einer ist einfach seelisch extrem labil oder durch Schicksalsschläge derartig aus der Bahn geworfen, dass er kaum belastbar ist. Außer dem Küchenchef kennt niemand die Vorgeschichten der Hilfen, im Verlauf der ersten Arbeitswochen eines jeden muss vorsichtig herausgefunden werden, wie er oder sie »tickt«, wo die Stärken liegen, wo die Schwächen. Welche Arbeiten bewältigt werden können und welche nicht. Ist ja auch der Sinn der Sache: die Betreuten an »normale« Arbeit zu gewöhnen, eine Art Zwischenreich zu installieren, in dem es schon beinahe so wie in der Wirklichkeit zugeht.

Nach drei Jahren in Profiküchen kommt mir die Idee, labile und behinderte Menschen ausgerechnet im hektischen Küchenkosmos zu beschäftigen, etwas blauäugig vor. Denn es gibt wahrlich wenige Arbeitsplätze in der westlichen Zivilisation, an denen mehr Druck herrscht und ein mieserer Umgangston. Und das klischeehafte Angstbild von den »Irren und den Messern« ist auch nicht fern. Florian, einer der Köche des »Conviva«, der mal auf Hauptschullehrer studiert hat, bevor er Koch wurde, bestätigt, dass auch ihm als Erstes dieser Gedanke durch den Kopf schoss, als er vor der Entscheidung stand, ob er hier arbeiten will. Und heute? »Der Ton hier ist schon sehr soft, das ist ein ganz angenehmer Nebeneffekt. Aber natürlich gibt es auch immer wieder heftige Erlebnisse.« Denn wenn einem der Helfer die Nerven durchgehen, tut es das meistens völlig überraschend und für die Außenstehenden aus scheinbar nichtigem Grund. Oft sind es unterschwellige Schwingungen oder einfach Missverständnisse, die zu unmäßigen Ausrastern führen. Richtig anmeckern würde hier trotzdem niemand eine der Hilfen. Eine ständige Gratwanderung für die Köche, die ja trotzdem unter enormem Druck stehen und ihr tägliches Pensum bewältigen müssen.

Vielleicht kann man sich zum Verständnis der besonderen Schwierigkeiten der Helfer mit dem Bild einer Eisenbahn behelfen. Die Seele eines Menschen kann ruhig im Gleis fahren oder ruckeln oder gar aus dem Gleis springen. Gleichgewichtete Seelen sind weich fahrende Züge, die man mit geringer Anstrengung in der Bahn hält, die kaum mal ruckeln oder die Schiene verlassen und wenn, dann sind sie ohne größere Probleme wieder auf den Weg zu bringen. Bei behinderten oder labilen Menschen ist der Zug schwer, schlecht austariert und er fährt auf miserabel verlegten Gleisen. Außerdem ändert er dauernd die Geschwindigkeit. Manchmal ist die Ladung in eine stabile Lage gerutscht und hält sich auch eine Weile, dann fährt der Zug recht ruhig. Aber die geringste Unebenheit bringt alles durcheinander. Der Zug wackelt, fährt viel zu schnell und springt mit so ungeheurer Gewalt aus dem Gleis und rutscht kreischend so weit davon weg, dass es schwer ist, ihn wieder zurückzubringen.

Wenn das passiert ist, steht manchmal ein tief verletzter, hysterisch schreiender und weinender Helfer in der Küche des »Conviva«, umringt von der fassungslosen Belegschaft, die schwer nachvollziehen kann, was nun dieses Unglücks Ursache war. Es kann ein schlimmer Streit mit einem anderen Helfer gewesen sein, aber auch nur das Gefühl, der Koch würde das Ergebnis mehrstündiger Arbeit, einen kleinen Eimer mit geschnittenem Gemüse, nicht genug schätzen. In der Regel beruhigen sich die Betroffenen nach solchen Ausbrüchen nicht mehr so, dass sie ihre Arbeit wiederaufnehmen können. Man muss sie heimschicken, den Betreuern im Verein Bescheid geben, und nicht selten hat das dann zur Folge, dass derjenige für einige Zeit in Watte gepackt oder gar für Wochen in einer geschlossenen Einrichtung behandelt werden muss. »Manchmal führt gerade eine besonders gute Phase mit Erfolgen geradlinig auf so einen Zusammenbruch hin«, sagt Thomas Jäger, »weil sie sich dann in der Euphorie überschätzen oder ihre Medikamente selber absetzen.«

Das ist umso trauriger, als das Lernen, Vorwärtskommen im Berufsleben von Köchen eine ungeheuer große Rolle spielt.

Köche gehören überall auf der Welt zur Bruderschaft des Sisyphus. Abends, nach stundenlanger Schufterei, sind die Schubladen leer, und sie schleppen sich mit der Gewissheit heim, dass morgen alles, einfach alles wieder von vorne losgeht. Deshalb ist das Besserwerden der Gradmesser für persönlichen Ertrag aus der oft frustrierenden tagtäglichen Plackerei. Zum Glück ist jede Küche anders, und es gibt keinen Koch, bei dem man nichts lernen kann, und sei es ein neuer Trick beim Orangenschälen.

Thomas Jäger ist ein sehr guter Küchenchef, seine Köche bleiben gerne lange bei ihm, weil sie eine ganze Menge mehr lernen können als bloß Obstpellen. Er hat zwanzig Jahre Erfahrung in den unterschiedlichsten Küchen gesammelt. Der Schweinfurter verbrachte Teile seiner Kindheit auf einem Bauernhof, und dort war oft ein Koch zu Besuch, der Jägers Leidenschaft früh erkannte und viel Zeit mit ihm in der Küche verbrachte. Sein erstes Praktikum als Schüler in einer Hotelküche hat ihn dann endgültig infiziert, daran konnte auch ein zweites Praktikum in einer Krankenhauskantine nichts mehr ändern. Sein Handwerk gelernt hat er schließlich im Hotel »Königshof« in Garmisch, sein Ausbilder war

Metzgermeister, Konditormeister und Koch. Jäger schwärmt heute noch von dessen vielfältigem Können und der Ruhe, mit der er es vermittelte. »Der hat schnell mal sechs Torten in einer Stunde gemacht und danach noch einen Kuchen gebacken, den wir Lehrlinge dann in der Pause bei ihm zu Hause zum Kaffee serviert bekamen.« Nach der Ausbildung verlief die Karriere des heute 38-Jährigen in Schüben: Mit dreiundzwanzig wurde Jäger zum ersten Mal Küchenchef, ein paar Jahr später lockte das New Yorker Marriott mit einer Stelle. Doch der Versuch, in der Welt herumzukommen, wurde durch die Schwangerschaft seiner damaligen Freundin unterbunden. Jägers Tochter ist heute fünfzehn Jahre alt, und die Verantwortung für die kleine Familie ließ ihn auf die große Welt verzichten. Kurz danach kam dann die Beförderung zum Küchenchef in einem seinerzeit sehr angesagten Edelwirtshaus in der Münchner City. Stammgäste waren viele Spieler von Bayern München und der damals recht erfolgreichen Eishockeymannschaft EC Hedos München. »Das war so was zwischen Schweinsbraten und Kaviar, typisch für die Stadt in den Neunzigern,« lächelt Jäger, »aber ein toller Ort für mich. Ich durfte kochen, was ich wollte, Geld war kein Problem, und ich hatte sechs Aushilfsköche – allesamt geprüfte Küchenmeister – als Ersatzspieler.« Der Betreiber ließ ihm völlig freie Hand, solange die Zahlen stimmten, und das taten sie.

Nur die Eltern des Chefs waren nicht unproblematisch. Sie betrachteten das Lokal des Sohnemanns als Erweiterung der eigenen Speisekammer und nutzten die Kühl- und Lagerräume sozusagen als ständig geöffnete Feinkostfiliale. Infolgedessen fand Thomas Jäger nicht immer alle bestellten Waren am Platz, wenn er sie brauchte. Bei grünen Bohnen lässt sich das ja noch ausgleichen, aber wenn für ein vorbestelltes Menü perfekt abgehangenes Rinderfilet fehlt, kommt jede Hilfe zu spät. Einige Male waren sogar vorgegarte Speisen wie geschmortes Fleisch oder Gratins auf mysteriöse Weise verschwunden.

In solchen Fällen bleibt dem Koch nur noch der Canossagang zum Tisch: Zerknirscht die Schuld auf sich zu nehmen und zu versuchen, eine Alternative von der Tageskarte anzubieten, ist schmerzhaft, aber immer noch besser, als den Satz »Die Eltern vom Chef haben Ihr Hirschgulasch zum Abendbrot verputzt, ich hätte da aber noch die Beilagensalate ...« in die fassungslosen Gesichter der Gäste zu grummeln.

Doch der Spaß an der Sache überwog lange – bis ihm angeboten wurde, Küchenchef im »Blauen Haus« zu werden. Damals gab es zwar das »Conviva« noch nicht, aber schon die Herausforderung, Restaurant und Kantine gleichzeitig zu bespielen. Und das bedeutete: Die Küche hat keinen Ruhetag, ist aber während der Theaterferien im Sommer sechs Wochen geschlossen. Der mittlerweile geschiedene Jäger hatte so den ganzen Sommer Zeit für seine Tochter. Er schlug ein, und seitdem ist er Küchenchef hier.

Als das »Blaue Haus« nach wenigen Jahren in Turbulenzen geriet und der Betreiber aufgab, schien es, als müsse sich Jäger einen neuen Job suchen. Just zu diesem Zeitpunkt suchte Renata Neukirchen, Vorsitzende des Vereins »cba«, einen geeigneten neuen Ort für das erfolgreiche Restaurant »Conviva« in Laim. Dort wurden seit neun Jahren unter Anleitung eines ehemaligen Sternekochs Behinderte für Küchenarbeiten angelernt. Das alte »Conviva« war klein, nur sechsundzwanzig Plätze bot es. Mittags kamen im Schnitt zehn Gäste, abends war es donnerstags und freitags ausreserviert, an den übrigen Tagen kamen zwanzig oder weniger Gäste. Die Karte war anspruchsvoll, aber aufgrund der geringen Größe des Lokals blieb genug Zeit, sich mit den Küchenhilfen zu beschäftigen, auf ihre Nöte einzugehen und sie langsam und geduldig an komplexere Aufgaben heranzuführen. Da durfte einer auch mal eine Stunde für drei Karotten brauchen.

Als Frau Neukirchen bei einer Suche nach einem geeigneten Ort auf das im Untergang befindliche »Blaue Haus« stieß, nahm sie sofort Verhandlungen mit den Kammerspielen auf, die ja Eigentümer des Gebäudes und somit Vermieter sind. Das Theater zeigte sich den Ideen sehr aufgeschlossen und kam dem Verein mit der Pacht stark entgegen; Energie- und Wasserkosten übernimmt die Bühne sogar komplett, eine normalerweise horrende Belastung für Gastronomen. Im Zuge der Gespräche aß Frau Neukirchen einige Male im künftigen Vorgängerladen und war so angetan, dass sie Thomas Jäger fragte, ob er bleiben und die Konzeptänderung mittragen wolle.

Jäger war zunächst sehr skeptisch, auch ihn suchten Bilder von »Verrückten« mit Küchenbeilen und schnell drehenden Messern in Küchenmaschinen bis zu umgestürzten Suppentöpfen und vier Pfund Chili im Apfelkompott heim. Aber weil er wusste, dass das alte »Conviva« gut lief und die Küche wirklich ausgezeichnet war und weil Frau Neukirchen sehr energisch und überzeugend sein kann und weil Thomas Jäger neugierig ist und sich was traut, sagte er zu.

Und so gesellte sich zur täglichen Sisyphusarbeit am Gast auch noch der tägliche Kampf um kleine Fortschritte und vor allem die Vermeidung von Rückschritten bei den Küchenhilfen. Wer im »Conviva« kocht, hat plötzlich Teamsitzungen mit Betreuern und Gespräche mit Psychologen und kann nicht mehr seine ganze Kraft in das Abarbeiten der Vorbereitungsliste (»die Schubladen vollknallen«) stecken, sondern wird viel Zeit und Nervenkraft dafür aufwenden müssen, Küchenhilfen neue Arbeiten sehr langsam beizubringen, eigentlich Bekanntes gebetsmühlenartig immer wieder zu zeigen oder zu erklären und Arbeitsabläufe zu kontrollieren, um rechtzeitig eingreifen zu können. Er wird unablässig loben und ermutigen, und niemals und in keiner Situation wird er einem Helfer auch nur das Gefühl geben dürfen, dass sie oder er einen großen Fehler gemacht hat, denn schon das reicht bei den meisten aus, um eine tiefe Krise auszulösen, die böse Folgen haben kann. Küchenwelt verkehrt.

Denn, um mal wieder daran zu erinnern: Eine Küche ist ein lauter, aggressiver, druckvoller Arbeitsplatz, vor allem in einem À-la-carte-Restaurant. Wer hier nicht flott kapiert, was er zu tun hat, der ist schneller draußen als ein sturzbetrunkener Gast. Man versucht normalerweise, jedem so schnell wie möglich so viel wie möglich beizubringen, denn alles, was der andere kann, muss ich nicht selber machen. Nur so schaffe ich mir Luft für die zweihundert übrig gebliebenen Jobs, die ich in den nächsten drei Stunden auch erledigen muss.

Küchenhilfen oder Spüler – und um diese Arbeiten geht es ja hauptsächlich im »Conviva« stehen in der Hierarchie ganz unten, sie haben einen der anstrengendsten und stressigsten Jobs in der an anstrengenden und stressigen Jobs nicht armen Gastronomie. In meiner Lehrküche spülten sie alle Teller, Tassen und das Besteck, das gesamte Küchengeschirr und die meisten Maschinenteile. Sie putzten, sie halfen beim Einlagern, sie hackten Knochen klein für Saucen und passierten diese nach dem Kochen. Sie schälten Zwiebeln, Schalotten, Knoblauch, rohe und gekochte Kartoffeln und schuppten Fische und nahmen sie aus. Sie waren gut zwei Stunden vor dem ersten Koch da und gingen meist eine Stunde nach dem letzten nach Hause. Mancher ging dann noch nicht mal nach Hause – sondern direkt zu einem zweiten Job, bis um sechs in der Früh. Sie arbeiteten im Schichtsystem, aber selten weniger als zehn Stunden. Geschirrspülen darf man sich hier übrigens nicht als die pseudokontemplative Beschäftigung nach dem Essen vorstellen, die man so von zu Hause kennt. In der Gastronomie werden riesige Mengen an Geschirr auf Zeit gespült, von Hand vorgereinigt und dann in eine Maschine geschoben, die vier Minuten läuft und dann kochend heißes Geschirr ausspuckt, das schnell getrocknet und wieder eingeräumt werden muss. In meiner Lehrküche hatten wir zwei Spülen, eine für das Restaurantgeschirr und Besteck, die andere für die Kochgerätschaften. Nur in der Geschirrspüle gab es eine Maschine, der Küchenspüler, der alle Pfannen, Sauteusen und Töpfe reinigte, hatte nur seine Hände und ein Spülbecken. Und der Spüldurchlauf an Gerätschaften in Profiküchen ist enorm. Wenn der Küchenspüler sich mal eine halbe Stunde mit einer anderen Arbeit beschäftigen musste, war seine Spüle gut einen Meter fünfzig hoch mit Töpfen und Pfannen vollgestellt und er brauchte mindestens eine Dreiviertelstunde, bis er wieder einigermaßen Land sah. Im Abendservice ging das dann vier bis fünf Stunden durch, ohne Pause.

Unsere Spüler waren, bis auf einen, alle Afrikaner, aus Ghana und Uganda. Der einzige Nichtschwarze war Tahir, ein irakischer Klimaanlagentechniker, der nebenbei noch als Pizzabäcker arbeitete. Er hörte mit dem Spülen erst auf, als er in der Pizzabäckerei Schichtführer wurde. Die Spüler hatten alle zu Hause Handwerksberufe gelernt, aber ihre Ausbildungen waren (und sind) in Deutschland nichts wert. Sie verfügten über Aufenthalts- und Arbeitserlaubnis, aber es blieben ihnen eigentlich nur Jobs, die kein Deutscher haben wollte (und will). Gordon und Thomas aus Ghana oder Drake und Eric aus Uganda standen also tagein, tagaus mehr oder weniger stoisch in grünen Latzhosen da, putzten Fisch, Gemüse und Böden und spülten, spülten, spülten – die gute Tilly hätte nach einem Blick auf die Hände der Jungs sicher eine ganze Flasche Palmolive auf ex getrunken.

Im Abendservice war vor allem der jeweils zuständige Küchenspüler im Trommelfeuer. »Gordon, pots!!«, »Drake, pans, verdammte Scheiße!!«, brüllten wir die ganze Zeit von vorne, manchmal stapfte einer wutschnaubend nach hinten und schrie vor Ort nach Sauteusen oder Töpfen, peinlich, aber einer gibt den Druck zum anderen weiter. Wenn vorne Gerätschaften fehlen, gerät die Produktion in Stau.

Gordon war nicht umsonst Chefspüler und Herr über Neueinstellungen. Klein, aber körperlich äußerst massiv, Vater von mindestens acht Kindern, war er nie wirklich gut gelaunt – »Hi, Gordon, wie geht's?«, »Ähh, soso« – aber auch kaum aus der Ruhe zu bringen: »Hey, look at me! One man, two hands, you see?« Aber wenn man in der Patisserie arbeitete, die direkt neben der Küchenspüle war, bekam man dann hautnah mit, wie fertig und verzweifelt die Jungs manchmal waren, weil es einfach nicht aufhörte, das Spülen und das Anschreien.

In ruhigen Phasen, tagsüber, ging Gordon dann gerne mit einem Stapel Pfannen an uns vorbei und nölte grinsend: »A'beit, A'beit, A'beit! Niie Pouse, kaiin slafen, ohne smoken und fe'nsehn, hahahaaa!!« Gordon war übrigens Nichtraucher.

Diesen Höllenjob machen im »Conviva« eher zartbesaitete Küchenhilfen – und sie machen das acht Stunden lang. Diese Arbeit hat für sie zumindest den kleinen Vorteil, dass die Anforderungen über die ganze Zeit gleich bleiben, die Arbeit an sich ändert sich nicht, nur die Intensität ist zyklisch. Wenn mehr los ist, werden auch mehr Leute in die Spüle geschickt, aber mehr als drei passen gar nicht rein, und effektiv arbeiten können eigentlich nur zwei.

Eine gewisse Monotonie im Arbeitsablauf scheint für die meisten Helfer eher beruhigend zu sein. Die größten Alltagsschwierigkeiten bereiten ihnen Entscheidungen und Veränderungen. Wenn die Köche ihnen Aufgaben zur selbstständigen Ausführung übertragen, ist das Problem dabei, dass manche der Helfer zum Abschweifen neigen, oder sie vergessen die ursprüngliche Anweisung, und schon die Vorstellung, nachfragen zu müssen, dabei den Koch vielleicht in einer ungünstigen Situation zu erwischen, verursacht ihnen Stress. Dabei kommt es zu unfreiwillig komischen Situationen. Zum Kartoffelnholen in den Keller geschickt, verirrte sich einer der Helfer und musste in den weitverzweigten Gängen unter dem Theater gesucht werden. Ein früherer Helfer schaffte es nicht, Waren sinnvoll einander zuzuordnen und so in den entsprechenden Kühlräumen zu verstauen. Sicherheitshalber legte er deswegen ausnahmslos alles in den Tiefkühlraum.

Eine Zeit lang tauchten blaue Kunststoffkrümel im Essen auf, deren Herkunft sich niemand erklären konnte. Irgendwann stellte sich heraus, dass den Helfern auf einer Teamsitzung ohne Köche gesagt wurde, sie sollten nur Schwammtücher zum Abtrocknen benutzen, daher die Krümel. Jäger brauchte aber nun unendlich viel Geduld, um die Hilfen wieder zu Handtüchern zurückzubringen, weil sie das ja »in der Teamsitzung so besprochen« hatten. Die erschütterndste Episode, die Jäger mir erzählte, handelt von einem seiner Helfer, den er mit dem Reiben von Kartoffeln für »Reiberdatschi« beauftragte. Als der Küchenchef mal nach dem Arbeitsfortschritt schaute, war alles rot in der Schüssel und der Praktikant gerade dabei, seine Fingerkuppen in die Masse zu raffeln. Er hatte das gar nicht bemerkt.

Das Festhalten an einmal vereinbarten Regeln, die Angst vor Veränderung, sich mit neuen Situationen nicht zurechtfinden, haben die Helfer gemeinsam. Doch gibt es erhebliche Unterschiede zwischen ihnen, was die Möglichkeiten angeht. Und die Fülle oder Beschränktheit der Möglichkeiten schafft dann gar eine eigene Hierarchie unter den Küchenhilfen, was manchmal auch Probleme verursacht, weil die Fitteren die weniger Fitten ein bisschen kujonieren.

Was mich in dieser Küche aber am meisten deprimiert hat, ist die Erfahrung, dass sich die Behinderung ganz stark vor die Persönlichkeit schiebt. Es gelingt mir kaum, die Küchenhelfer als Individuen ein wenig kennenzulernen. Sie begegnen mir als Fremdem auch verhalten, können mich schlecht einordnen, und so bleiben unsere Welten getrennt. Aber es ist natürlich im Wesentlichen mein Versagen. Scheu, Unsicherheit, all das hindert mich an einer echten Kontaktaufnahme. Ich bewundere die Köche und beneide sie um die gewonnene, erarbeitete Selbstverständlichkeit im Umgang. Zumindest bei denen, die schon länger da sind.

Thomas Jäger hat gerade ein ziemliches Personalproblem. Ein Koch ist, wie schon erzählt, Küchenchef in der neu gegründeten Kantine der »cba« geworden, seine Souschefin Martina verlässt das »Conviva« und ein Koch ist krank. »Martina muss jetzt gehen, die hat allemal das Zeug zur Küchenchefin, und das kann sie hier nicht werden. Aber sie ist ein ganz herber Verlust für mich«, sagt Jäger. Er hat einen Koch neu eingestellt und für den Kranken einen Mietkoch von einer Zeitarbeitsfirma bekommen. Dimitri hat in einer Kantine gelernt, danach in einer anderen Kantine gearbeitet. À-la-carte kennt er gar nicht, hat er noch nie gekocht. Er ist jetzt seit zwei Wochen hier und kämpft sich böse ab im Abendservice. Jäger kümmert sich um Fleisch, Fisch und Suppen, Dimitri kocht die Beilagen und Pastagerichte. Es ist das alte Spiel, Saucier gegen Entremetier, alter Hase gegen Rookie. Die Karte ist schon so konzipiert, dass zwei Leute sie auch bei voller Auslastung schaffen können, aber Thomas Jäger macht keine Kompromisse bei der Qualität. Wenn er die Rinderlende perfekt brät, soll Dimitri natürlich duftige Pfifferlinge und kross gebratene Thymianplätzchen dazu liefern. Der Oktopus und der Schwertfisch haben ein wirklich schmatziges und lockeres Rosmarinrisotto als Bett verdient.

Dazu muss der junge Koch seine Auberginenravioli in Parmesanbutter im Auge behalten und sich innerlich schon mal auf den nächsten Bon vorbereiten, den sein Chef schon längst abgehakt hat, die Handgriffe wird er gleich absolut sicher und selbstverständlich machen, der ist schon so gut wie gekocht.

Ich kann das Duell an zwei Abenden von einem Logenplatz aus verfolgen. In einer Ecke habe ich mit einem Gitterrost ein Waschbecken so abgedeckt, dass sich ein Brett darauf platzieren lässt, und das ist für die ersten beiden Tage hier im Wesentlichen mein Arbeitsplatz. Die Hilfskonstruktion ist natürlich nicht meine grandiose Idee, sondern traditioneller Ausdruck für den extremen Platzmangel in der Küche des »Conviva«. Mehr als drei Leute können im Hauptraum der Küche während der Servicezeiten nicht arbeiten. Die Spüle ist in einem Extraraum untergebracht, und eine Ecke ist so abgeteilt, dass sie eher als zweiter Raum durchgeht. Dort ist die kalte Küche mit ein paar Kühlschubladen, Kühlschrank und Froster, einer Glühplatte zum Kochen und Arbeitsflächen, von denen mehr als die Hälfte für große Geräte draufgeht. Jäger hatte hier früher alles in kleiner Ausführung stehen, aus Platzgründen, ist aber nach einiger Zeit draufgekommen, dass große Maschinen wirtschaftlicher sind, »die gehen einfach viel seltener kaputt.« So bleiben also knapp eineinhalb Quadratmeter für die Mise-en-place und das Anrichten der Salate, kalten Beilagen und Desserts.

Dieser kleine Platz ist das Reich von Merweis und Yosuf Sawary, zwei Brüdern aus Afghanistan. Merweis, der Ältere der beiden, arbeitet schon seit zwölf Jahren in der Gastronomie, als Ungelernter. Jäger sagt, dass er problemlos auch à la carte kochen könnte, aber der Küchenchef kann in der kalten Küche nicht auf ihn verzichten. »Merweis arbeitet mit meinem Rezeptordner und fügt monatlich zwei bis drei neue Rezepte dazu. Er ist schnell und zuverlässig, seine Mise-en-place steht immer rechtzeitig, und alles schmeckt super und sieht auch genauso aus.« Deswegen ist er auch fast ausschließlich tagsüber im Dienst und übergibt dann nachmittags den Posten an seinen Bruder. Yosuf, ein Sunnyboy, der viel lacht und gerne erzählt, ist noch nicht so lange in der Küche. Jäger findet ihn beim Anrichten und Schicken klasse, aber »bei der Mise-en-place ist er mir noch zu gschlampert, und es dauert auch zu lange«. Aber so ergänzen sich die Brüder perfekt. Wenn Merweis krank wird oder sich im Heimaturlaub befindet, bei dem sich die Brüder jährlich abwechseln, hat Jäger oft ernsthafte Probleme, weil sich niemand sonst »dahinten so gut auskennt«.

Also muss Dimitri weiterkämpfen, an Ablösung ist nicht zu denken. Mich erinnert das alles so sehr an meine Lehre, dass ich kaum noch auf meine Arbeit schauen kann. Es ist jetzt halb sieben am Abend, der erste große Schwung sitzt im Restaurant, Leute, die um halb acht ins Theater gehen und nicht aufs Essen warten wollen. Jäger arbeitet konzentriert und scheinbar lässig, er holt die Bons aus dem Drucker, annonciert die Bestellungen, klemmt sie dann ans Brett und kocht weiter. Es gibt zwei Sorten Bons, Restaurant und Kantine. In der Kantine sitzen auch eine Menge Leute, die gleich ins Theater gehen, und die wollen erst recht nicht warten, denn ohne sie findet heute kein Theater statt. Dimitri kann nur noch auf seine Hände gucken, die Pfannen und Sauteusen auf dem Herd, sein Arbeitsbrett hinter sich und die Plastikschalen mit seiner Mise-en-place. Immer nach unten guckt er und mit einem Auge in sich hinein, als suche er dort einen Ausweg aus der Misere, auf die er unaufhaltsam zusteuert.

Die Maschine spuckt gnadenlos einen neuen Bon aus,

Jäger reißt ab und annonciert: »Eine Rote-Bete-Suppe, ein kleiner gemischter, danach einmal Linguine, ein Hüftsteak.« Yosuf quittiert fröhlich den gemischten Salat, Dimitri schweigt und kocht. Ich möchte ›Achtung‹, rufen, ›sag was, schnell, irgendwas. Grunz einfach ja oder jawoll.‹ Das ist ein Klassiker, der hier gespielt wird. Alle kennen genau ihre Rollen, können dem ihnen vom Autor zugedachten Schicksal nicht entfliehen, auch der junge Cowboy Dimitri nicht, der heute vielleicht erschossen wird.

Thomas Jäger starrt ihn an, der flinke und schmale Mann wird vor meinen Augen zum Neunzig-Kilo-Bären, geht plötzlich leicht o-beinig, die Arme etwas abgespreizt vom Körper. Wie ein Boxer, der, während der Ringarzt den verletzten Gegner untersucht, in der neutralen Ecke herumtigert und inständig hofft, dass der andere weiterboxen kann, denn er will ihn am Boden sehen.

»Hast du gehört?« Ein verbaler Jab, nur um zu sehen, ob der andere noch mitmacht.

Dimitri löst den Blick widerwillig von seinen Händen, die Faust ist angekommen. »Ja. Hüftsteak. Und Linguine. Ja.«

»Gut.« Pause. »Und mein Schwertfisch? Wie lange noch?«

Dimitri atmet heftig aus. Fehler. Ich denke kurz, Jäger schmeißt gleich was, aber dafür ist er definitiv nicht der Typ, kein Küchendiktator.

Dimitri schwenkt Nudeln in einer Pfanne, rüttelt sinnlos an einer Sauteuse, sein Chef guckt einfach nur. »Paar Minuten, weiß nicht...«, presst er heraus, die Stimme zittert schon.

Oh meine Güte, Dimitri. Du hast einen todsicheren Instinkt für die falschestmögliche Antwort auf jede Frage.

»Was jetzt genau? Zwei, drei, zwanzig Minuten? In drei Minuten kann ich den Fisch wegschmeißen, also?«

»Zwei Minuten, zwei, okay?«, kommt es kläglich. »Klar,

zwei sind okay.« Jäger entspannt sich, schüttelt den Kopf und macht weiter.

Das Spiel wiederholt sich immer und immer wieder, Dimitri kommt einfach nicht mehr aus der Scheiße raus, solange die Bonmaschine rattert. Thomas Jäger bohrt, fragt, baut weiter Druck auf, was soll er auch machen. Er braucht das Zeug von Dimitri, das kann er nicht auch noch kochen. Dimitris Brett sieht nach einer Stunde aus, als hätte er seine Mise-en-place einfach darüber ausgekippt, von allem etwas. Er sucht Steinpilze unter blanchiertem Gemüse raus, zerdrückt dabei zwei vorgeschnittene Kartoffelplätzchen, und jetzt ist alles voller Teigkrümel. Beim hastigen Greifen schmeißt er dauernd die Schalen um, in denen sich seine Zutaten befinden, er versucht zu putzen, aufzuräumen, zu kochen, alles gleichzeitig und tritt dabei fast auf der Stelle. Sein Chef schaut sich das angespannt an, reißt sich zusammen, gibt Hinweise. »Jetzt räum auf.« – »Jetzt lass liegen, du hast keine Zeit, mach erst den Bon fertig.« – »Vergiss nicht die Pasta.« – »Hast du noch genug Kartoffelplätzchen oben? Soll Manuel dir neue holen?« Und dabei arbeitet er selber Bon um Bon lässig und perfekt ab. Aber erst mit Vorstellungsbeginn im Theater kommt Dimitri wieder an die Oberfläche.

Er weiß genau, dass das eine schwache Leistung war, und ist froh, dass es erst mal vorbei ist. Während er seinen Posten in Ordnung bringt, versucht Jäger, ihm gut zuzureden. »Du musst dich organisieren. Dein Brett! Wenn das so aussieht wie in der letzten Stunde, geht gar nichts, da könnt ich auch nicht kochen, verstehst du das?« Dimitri nickt heftig. »Ich weiß ja, war scheiße, ich bin das einfach nicht gewohnt. À la carte is' voll hart, ich gewöhn mich ja erst, weißte?« Thomas Jäger guckt ihn zweifelnd an, er versucht einzuschätzen, zu wie viel Selbstkritik der junge Koch wirklich fähig ist. »Du bist jetzt aber schon zwei Wochen hier, Dimitri.« Das lässt er wirken. Ich schätze Dimitri so ein, dass er jetzt gleich wieder mit Ausflüchten anfängt, versucht, alles schnell wegzuwischen, aber ich täusche mich.

Dimitri schaut Jäger direkt in die Augen, schnauft aus und sagt dann niedergeschlagen: »Hast recht. Tut mir leid. Ich will's packen, ja?«

Jäger streicht ihm flüchtig über den Arm, lächelt und sagt: »Bist ja auch schon besser geworden.«

Coole Sau.

Jäger ist dieser Umgang in seiner Küche wichtig. Er glaubt nicht an das Prinzip Angst beim Kochen. Auch die Souschefin Martina, die ich einmal tagsüber erlebe, übt keinerlei Druck auf ihre Leute aus. Der integrative Ansatz lässt den Köchen auch eigentlich gar keine Wahl, als so zu arbeiten, denn die Küchenhilfen wären einem küchenüblich aggressiven Tonfall nicht gewachsen.

Josef beispielsweise hat schon eine so zarte und verletzliche Physiognomie, dass man kaum wagt, ihn anzusprechen. Er ist schätzungsweise an die sechzig und klein. Das ganze Gesicht scheint sich in den Kopf zurückziehen zu wollen, damit man es nicht fassen kann. Josef schlurft wie in Filzpantoffeln. Er trägt gerne ein weißes Schiffchen auf dem Kopf, wie eigentlich bei Bäckern üblich, und fast gnomenhaft taucht er mal hier, mal da in der kleinen Küche auf und arbeitet seine Aufträge ab. Um ihn herum ist immer ein kleiner Raum, mit etwas Angst und viel Traurigkeit gefüllt, das ist die Blase, die ihn schützt und die man sich nicht zu berühren traut. Josef hat den Verlust von Frau und Kind nicht gesund überstanden. Was genau passiert ist und wann, weiß hier niemand. Er ist aus dem Gleis gesprungen und fährt nun durch eine Landschaft, die nur er selbst sieht. Aber er ist hier und findet seinen Weg.

Yosuf scherzt gerne mit ihm, Josef steht dann in seiner

kleinen kalten Küche und lacht in sich hinein. Er spricht ein heftiges Bayerisch, und man glaubt es kaum, aber es ist so, dass sie sich verstehen, der junge Mann aus Afghanistan und der furchtbar traurige Bayer. Unvorstellbar, diesen Menschen aus der Zwischenwelt anzubrüllen, er würde sich in gläsernen Rauch auflösen wie ein Zwerg im Märchen. Es gibt eine Kulturtheorie, derzufolge Behinderte, Zurückgebliebene, Kleinwüchsige in früheren Gemeinschaften nicht als gehandicapte Menschen betrachtet wurden, sondern als besondere Wesen, von den Göttern mit ganz anderen Gaben ausgestattet als die »Normalen« und dass sie ihren Weg in die Erzählungen fanden als Fabelwesen, Trolle und Zwerge. Auch hier im »Conviva« leben sie in einer eigenen Welt. Die Aufgabe der Köche ist, die beiden Welten in Kontakt zu halten. Was für ein Vorhaben, nicht nur erhebliche Mengen an gutem Essen zu kochen, sondern auch all diese Träumer im Blick zu behalten, ihnen die Hand zu halten und ihnen einen Zugang zur Normalwelt zu schaffen, den sie hoffentlich irgendwann ganz selbstständig nutzen können, hineinschlüpfen und eine Weile dableiben und selber wieder hinausschlüpfen.

Auf Dauer gelingt das nur sehr wenigen von ihnen. Viele scheitern immer wieder, müssen eine Auszeit nehmen; manche schaffen es gut, aber eben nur hier, in der Zwischenwelt, in der so viele Anstrengungen ihnen gelten. Vier der derzeitigen Helfer waren schon im alten »Conviva«, und Thomas Jäger weiß, dass sie nirgends anders sein könnten. »Sie fühlen sich hier wohl, und sie schaffen ihre Aufgaben. Das ist dann eben so und auch okay.« Hierbleiben zu können ist ja ein Erfolg; die es schaffen, haben sich einen Platz erobert und halten ihn auch. Sie sind ja nicht aus Mitleid hier, sie arbeiten, und nicht zu knapp.

Bei Schichtbeginn am Morgen wird alles Nötige für die Arbeit der ersten Stunden zusammengesucht und per Lastenaufzug aus der Kühlung nach oben transportiert. Dann werden die Arbeiten verteilt, und die Köche legen mit der Mise-en-place los. Die ersten eineinhalb bis zwei Stunden laufen eigentlich immer problemlos. Das sind Routineaufgaben, wie das Schmieren der Frühstückssemmeln für die Kantine, da wissen alle Eingeteilten, was sie zu tun haben. Danach zieht das Tempo langsam an, und ab jetzt ist auch jeder Tag anders, da bleiben Überraschungen nicht aus. Hat ein Helfer eine bestimmte Arbeit letzte Woche gut bewerkstelligt, kann er diese Woche daran möglicherweise komplett scheitern. Dann ist vorsichtige Diplomatie gefragt. Ein genervtes »Jetzt geh zu und beeil dich bissel« oder ein unbedachtes »Nein, du solltest das viel kleiner schneiden« können zu haltlosem Weinen führen und zu sofortigem Arbeitsende des Gerügten. Manchmal erfolgt die Reaktion auch um Tage verzögert. Dann steht plötzlich ein leicht zitternder Helfer vor einem der Köche und sagt: »Du sollst nicht mit mir so schimpfen«, und erst durch Nachfragen des verblüfften Kochs stellt sich heraus, dass die Kritik sich auf einen längst vergessenen Vorfall bezieht. Auch Entschuldigungen kommen oft so verspätet, dass sich kaum noch jemand an den Anlass erinnern kann, und wenn, dann ist es meist ein ganz nichtiger gewesen, der aber für den Helfer immense Bedeutung hat. Weil sie alle ein Gefühl haben für den Wert dieser Arbeitsstelle und weil sie es gut machen wollen.

Anerkennung. Lob. Fortschritt. Hier kann man menschliche Grundbedürfnisse jenseits von Essen und Trinken kennenlernen und ihre Bedeutung für das seelische Gleichgewicht. Ich wage zu behaupten, dass diese Erkenntnis entscheidend dazu beigetragen hat, dass in Jägers Küche auch unter den Köchen so ein softer Tonfall herrscht und Dimitri bei aller Härte so weich fallen kann.

An vielen Abenden kommen noch zwei weitere Rushhours. Während der Vorstellung ist das Restaurant auch gut besucht, da buchen oft Gruppen, die Kantine ist dann praktisch leer. Nur ein paar Schauspieler und Statisten, die auf den nächsten Auftritt warten und so gut wie nie etwas essen. Nach der Vorstellung dann oft noch ein richtiger Run. Gelöste Gesellschaften nach dem Theatererlebnis, hungrig, durstig und auf intensive Gespräche aus. Und in der Kantine die Techniker und Künstler nach der Arbeit, mancher euphorisch, wenn die Vorstellung besonders gut lief, oder niedergeschlagen, wenn nicht. Beide Räume sind normalerweise durch eine metallene Wand voneinander getrennt, aber abends wird sie weggeschoben, und so können Zuschauer und Theaterleute zusammenrücken und sich vermischen. Schöne Idee, finde ich. Wirkt sicher manchmal auch als Katalysator für den Konsum aus Küche und Tresen. Jäger und seine Truppe kochen hier bis Mitternacht, wenn noch Leute da sind. Dimitri ist also noch einige Male mit mindestens einem Knie am Boden und muss angezählt weiterkochen, aber Jäger sieht Fortschritte. »Der macht das ganz ok. Musste ja auch ins kalte Wasser springen. Aber ich habe hier einfach keine Chance, einen Koch lange einzuarbeiten.« Deswegen hat er auch abgelehnt, richtige Lehrlinge auszubilden. »Das geht nicht, wenn man das verantwortungsvoll machen will.«

Alles ist hier knapp und auf Kante genäht. Personal, Zeit und auch Geld. Obwohl das Arrangement mit den Kammerspielen sehr großzügig ist, muss Jäger immer gut rechnen, denn er kocht auf hohem Niveau. An Suppen und Pastagerichten verdient die Küche gut, dafür leistet er sich dann oft Biofleisch, wobei ihm da Bauern auch entgegenkommen, die ihn schon lange kennen. Es gibt in jedem Restaurant eine ideelle preisliche Obergrenze, eine schwierig zu ermittelnde Größe. Sie errechnet sich aus der Kaufkraft der Kundschaft, der Lage und den Kosten für die Grundprodukte. »Mehr als sechzehn, siebzehn Euro kann ich hier nicht nehmen für ein einzelnes Essen. Also fallen bestimmte Produkte im Einkauf aus, oder ich muss mir durch Mischkalkulation einen Spielraum erwirtschaften, damit ich zum Beispiel Bio-Ochsenlende praktisch ohne Gewinn anbieten kann. Das bindet dann Gäste, weil sie hier für einen sehr günstigen Preis ein außergewöhnlich gutes Essen bekommen.« Er kauft hin und wieder ganze Tierhälften, damit er den Köchen das Zerlegen, Portionieren und Verarbeiten zeigen kann, aber das ist dann natürlich vor allem eine Frage des Platzes. »Ich kann ja hier nirgends einfach so ein halbes Kalb hinlegen. Da bauen wir uns dann was und schichten den ganzen Tag um.« Solche Anstrengungen lohnen sich aber, findet Jäger, denn das bringt seinen Leuten wirklich was für die Zukunft, und die Abnahme einer Hälfte rechnet sich natürlich auch für den Lieferanten besser.

Viel Rechnerei ist das, zu Jägers Leidwesen. Den Kantinenbetrieb muss er dann wieder ganz anders kalkulieren. Hier darf das teuerste Essen nicht mehr als sechs Euro kosten, und Jäger muss alles mit dem Kantinenausschuss der Theaterbelegschaft absprechen. »Das ist oft anstrengend«, gibt er zu. Schon allein die unterschiedlichen Forderungen: Da sind die Bühnentechniker und Handwerker, die eher deftige Kost wollen und auch brauchen, dann die Leute aus der Verwaltung, die nicht so schwer, aber gerne konservativ essen, und dann die Künstler, die es natürlich leicht und gesund und gerne ein bisschen exotisch haben wollen, vor allem die Schauspielerinnen. Darüber hinaus beherbergen die Kammerspiele seit einigen Jahren auch noch die Otto-Falckenberg-Schule für Schauspiel – das »Conviva« ist also auch noch eine Mensa. Über die Jahre hat er den Kantinenplan so ausgeklügelt, dass eigentlich immer für jeden was dabei sein müsste.

Beispiel: Als Tagessuppe Grießsuppe für 1,30 €, Menü I ist Suppe und Pasta mit Pesto rosso für 3,10 €, Menü II Suppe und Rahmgeschnetzeltes mit Champignons und Paprikapolenta für 4,10 €, Menü III ist Karpfenfilet in Weißwein-Wurzel-Sud mit Petersilienkartoffeln für 6 €, täglicher Klassiker ist Schnitzel Wiener Art mit Kartoffel-Gurkensalat für ebenfalls 6 €, als Dessert Walnussparfait mit roter Grütze für 1,80 €. Alles hausgemacht, ohne Convenience und frisch auf Abruf zubereitet. Gemischter Salat ist auch täglich im Angebot, vormittags liegen die von den Küchenhilfen frisch belegten Semmeln bereit, regelmäßig gib es auch Weißwürscht oder Leberkas. Irgendwelche Klagen?

»Ständig«, lacht Jäger, »irgendeiner hat immer was auszusetzen. Es gibt Streit um die Portionsgrößen, den Nachschlag und überhaupt das ganze Angebot.« Ich denke an die Kantine des Stadttheaters, an dem ich nach der Schauspielschule engagiert war, Mitte der Neunziger. Ein Albtraum von miesen Frikadellen, stundenlang warm gehaltenem, furztrockenem Rührei und Fleischsoßen aus der Tüte. Und ich spüre den heiligen Zorn aller Köche in mir aufwallen. Die haben doch alle keine Ahnung, was das heißt, den ganzen Tag am Herd zu stehen und vor allem, dazusitzen und auszurechnen, wie man es hinkriegt, das bestmögliche Essen zu kochen, ohne pleitezugehen. Es gibt wirklich wenige Köche, denen ihre Gäste egal sind, wir lieben euch nicht unbedingt immer, aber wir wollen, dass ihr satt und zufrieden vom Tisch aufsteht. Wir wollen sogar, dass ihr wiederkommt. Und ab und zu ein freundliches Wort wäre da wirklich nicht schlecht.

Die Ausgabe in die Kantine zieht mich immer wieder magisch an. Ich schaue mir die Theaterleute an, mittags, nachmittags und abends. Man erkennt irgendwie sofort, wer Schauspieler ist, wer Schauspielschüler und wer Regisseur.

Das Heer von hoffnungsvollen Assistentinnen aus den Theaterwissenschaftsseminaren. Die gucken alle gar nicht in die Küche, und wenn doch, dann so leer durch mich durch, ach ein Koch. Kocht halt Essen. Das esse ich, und dann vergesse ich's, ha, ha. Ab und an ein gönnerhaftes Lächeln, so aufmunternd, gell, toll, dass du für Künstler kochst, oder?

Nein, möchte ich am liebsten rüberrufen, ehrlich gesagt ist es toll, in so einer ehrgeizigen Küche zu arbeiten, mit so ehrlich bemühten Leuten und einem so wichtigen sozialen Anliegen. Es ist toll, so gutes Essen zu machen, so viel davon und so schnell. Außer der Pasta nur frische, hausgemachte Produkte. Und die Pasta machen Jäger und seine Leute nur deswegen nicht selbst, weil dafür wirklich der Platz fehlt. Hier ist nicht eine einzige Arbeitsfläche groß genug, um Nudelteig auszurollen. Und es ist sogar toll, für Menschen zu kochen, die sich extra ihren Tisch reservieren vor oder nach dem Theaterbesuch und das Essen als Teil eines kulturellen Erlebnisses betrachten.

Aber, und das ist meine ganz eigene Erfahrung dieser paar Tage, es ist nicht so toll, für Leute zu kochen, die das Essen als selbstverständliche Versorgungsleistung betrachten und bestenfalls nicht darüber meckern. Es ist so ein Hotel-Mama-Feeling, das einen da beschleicht. Der Frust von Millionen von Müttern und ein paar wenigen Vätern, die, selten bedankt, tagaus und tagein ihre Familie bekochen. Ich würde gerne, untermalt von anschwellender Musik, in die Kantine springen und eine flammende Rede über das Können und den ungeheuren Fleiß der Köche des »Conviva« halten, über die täglichen heldenhaften Bemühungen der Helfer, ihre engen persönlichen Grenzen etwas weiter zu fassen oder sie zumindest auf dem Stand von gestern zu halten. Das ist ja, ich kenne das so gut, das ständige Gesprächsthema von Künstlern in Theaterkantinen, die eigene, von Intendant und Publikum nie ausreichend geschätzte Hingabe und Kreativität, die Verzweiflung, die aus all den unbelohnten Bemühungen entspringt. Dass die Bedeutung der Kunst für den Fortbestand der Gesellschaft nie gewürdigt wird und die Opfer, die jeder Künstler für seine Berufung bringt. Gerade Schauspieler reden ja so gerne darüber, wie hart ihr Beruf ist. Okay, er hat seine Härten, was Einkommen und Arbeitszeiten angeht, aber was soll denn bitte schön ein Koch dazu sagen? Von den Helfern gar nicht zu reden.

Leider setzt keine Musik ein, und ich bleibe, wo ich bin.

Gegen halb eins ist die Küche geputzt und alles verräumt. Ich schaue Thomas Jäger an und bin kurz irritiert. Ich war sicher, der hat Augenringe, wär ja kein Wunder. Hat er aber gar nicht. Jäger liebt seinen Job und lebt sehr gesund, bis auf den Schlafmangel. Eine junge Frau vom Theater, die seit zwei Stunden am Tresen mit Blick in die Küche saß und also auch beim Aufräumen zugeguckt hat, fasst plötzlich einen Entschluss, beugt sich rüber und fragt mit Augenaufschlag: »Ach, hmm, jetzt gibt es wohl kein Essen mehr?«

Jäger steht in der endlich sauberen Küche, schaut mich an, dann die Frau: »Nein, jetzt nicht mehr.« Ganz freundlich kommt das raus, ohne Unterton.

Meine letzte Schicht im »Conviva« ist eine Tagesschicht. Sie verläuft ruhig, die Großlieferung für den Gasteig haben sie gestern fertig gemacht, heute ist ein ganz normaler Tag, ohne Überraschungen. Ich bin Florian, dem Entremetier, beigestellt und koche Paprikapolenta und Pesto rosso, schneide Fleisch für Gulasch und Ähnliches. Um die Mittagszeit fragt Merweis, ob ich im Keller mithelfen kann. Dort arbeiten Steffi und Anna an fünfhundert Canapés für ein Extra. Die Zeit drängt ein bisschen. Steffi ist schon lange im »Blauen Haus«, eine hübsche junge Frau, bei deren Anblick man nicht auf die Idee käme, sie könne behindert oder labil sein.

Anna ist neu im Team. Sie wirkt extrem verletzlich und schüchtern, kein Wunder, ein nicht genanntes traumatisches Erlebnis hat sie tief erschüttert. Anna ist gelernte Köchin, hat aber aufgrund des Traumas länger nicht in dem Beruf gearbeitet. Ihre Probezeit hier ging gerade zu Ende, und Renata Neukirchen kam am Vormittag mit der Nachricht, dass Anna erst mal für ein Jahr bleibt. Dafür gab es einen kleinen Applaus in der Küche, und Anna hat gelächelt bevor sie schnell rausging, nur für ein paar Minuten. Danach fing sie an, Canelloni vorzubereiten, doch nach einer halben Stunde wurde ihr schlecht, und der Kreislauf sackte ab. Martina, die Souschefin, ließ sie pausieren, bevor Anna dann später mit Steffi in den Keller geschickt wurde. Diese Einbrüche sind immer wiederkehrender Ausdruck ihres Problems. Anna ist nicht sehr belastbar, sie gerät leicht in Stress, und dann kommt die Panik, und der Kreislauf sackt ab.

Als ich in den Keller komme, sind die beiden schon mittendrin. Anna bestreicht eine Baguettescheibe nach der anderen, während Steffi Kapernäpfel für die Garnierung in Scheibchen schneidet. Glatte Petersilie steht in Wasser bereit, Paprika ist auch schon klein geschnitten, feine Schnittlauchröllchen hat Merweis vorbereitet. Die fünf verschiedenen Aufstriche sind eine Standardvorspeise im »Conviva« und werden ständig frisch hergestellt.

Ich merke schnell, dass mein Auftauchen für Irritation bei Steffi sorgt. Ein neues Gesicht, nicht einzuordnen. Ich war ja bisher nur in der Spätschicht, deswegen kennt sie mich nicht. »Merweis hat mich runtergeschickt, ich soll euch helfen. Ich bin Gregor.« Okay, Hand geben, »Ah, gut. Dann bestreichst du auch Brot, so wie Anna! Nimmst dir einen Aufstrich, das sind immer fünfzig in einer Reihe, machste zwei Reihen mit jedem Aufstrich, ja?« – »Klar.« Ich fange an, bin befangen. Hier unten ist ja keine Ablenkung. Oben ist immer was los, gerade läuft auch der Mittagsservice an, da sind

Lärm und Bewegung. Im Keller Ruhe. Konzentration. Steffi schaut mir genau auf die Finger, aus dem Augenwinkel. Ich gebe Gas, weil ich mich verpflichtet fühle, Tempo zu machen, und weil ich nicht zu lange im Keller bleiben möchte. Anna wird jetzt auch schneller, ich hoffe, das stresst sie jetzt nicht, o Gott.

Den Behälter mit Thunfischcreme habe ich auf einen Kistenstapel vor den Tisch gestellt. Jetzt muss Steffi an den Stapel, sie braucht eine von den Kisten. Sie nimmt den Behälter genervt herunter, drückt ihn mir in die Hand, nimmt die Kiste, trägt sie an ihren Arbeitsplatz, kommt zurück, nimmt mir den Behälter aus der Hand und stellt ihn zurück auf den jetzt etwas niedrigeren Stapel. Sie schaut noch einen Moment nach unten, denkt nach. Fasst sich ein Herz, sieht mich direkt an und sagt: »Geht das so auch für dich?«

»Ja klar. Danke.«

Wir arbeiten still vor uns hin. Nach der Thunfischcreme nehme ich die Olivenpaste. Anna ist mit Ziegenkäse durch und hat jetzt Liptauerschnittchen in der Mache. Während ich die Behälter tausche, huscht Steffi schnell an meine gerade fertig geschmierte Reihe und kontrolliert. Sie greift ein Canapé heraus, dreht sich zu mir um und zeigt auf den Rand. »Nicht kleckern. Da. Sonst beschwert sich der, wo den Auftrag gegeben hat, und dann ham wer Ärger.« Sie hat recht, ich habe gehudelt, und die Creme läuft an der Seite herunter, das sind so die Sachen, über die man sich dann bei der Vernissage ärgert. Wenn Thunfischcreme auf die Manschetten tropft. Dann schüttelt man den Kopf über die Schlamperei und sieht natürlich nicht so einen dicken Gregor oder so eine hübsche Steffi oder so eine ein bisschen ängstliche Anna vor sich, in einem Keller, vor Bierbänken, auf denen fünfhundert Scheiben Brot liegen, die es in möglichst kurzer Zeit sauber zu bestreichen, schön zu garnieren und vorsichtig einzupacken gilt.

Steffi hat eindeutig das Kommando hier unten, das macht sie auch gut, nur jetzt stockt die Arbeit. Wir sind mit dem Bestreichen fertig, und eigentlich würde es jetzt mit der Garnierung weitergehen, aber Steffi kann sich nicht genau erinnern, wie Merweis das jeweils haben wollte. Die Ziegenkäsecanapés mit Paprika und Schnittlauch, okay, das machen Anna und ich, während Steffi weiter überlegt. Ich traue mich, Kapern für die Thunfischcreme vorzuschlagen, auf Steffis Nachfrage hatte ich ihr erzählt, dass ich gelernter Koch sei. Das hat ein wenig Eis gebrochen und Vertrauen geschaffen. »Ja, Kapern und Thunfisch, is ja klar. Gut. Aber wie drauftun?« Ich mache einen Garnierungsvorschlag, der eindeutig nicht Steffis Geschmack trifft oder ihre Vorstellung von Merweis' Geschmack. Sie schüttelt entschieden den Kopf und beschließt, Merweis zu holen. Der kommt runter, macht uns jedes noch ausstehende Canapé vor und geht dann wieder. Erleichtert macht sich Steffi wieder ans Werk, und unter ihrem Kommando sind wir dann auch nach einer Dreiviertelstunde mit allem durch. Wir drapieren die Schnittchen auf Silberplatten, die Steffi dann mit Anna vorsichtig in Folie einschlägt und anschließend in die Kisten packt zum Transport. Ich bin entlassen und gehe wieder nach oben.

Als ich Thomas Jäger bei einem späteren Gespräch von der Episode erzähle, lacht er warm. »Steffi ist ganz fit. Die kann unheimlich anpacken. Wenn Stress in der Spüle ist, schicken wir immer Steffi rein, die organisiert das ganz schnell und spült und spült.« Die zarte Steffi ... Die Kehrseite ist allerdings, dass sie dann in so eine Euphorie gerät, tagelang ackert wie besessen und irgendwann anfängt, die anderen, nicht so schnellen Helfer herumzukommandieren. »Das ist überhaupt nicht böse gemeint von ihr«, sagt Jäger, »sie hat dann einfach einen Lauf, unendliche Energie. Aber wir sehen in diesen Phasen immer schon den Kollaps kommen.« Dann geht er zu ihr und versucht, sie vorsichtig einzubremsen. Vorsichtig, weil er ihr irgendwann einmal so locker nebenbei sagte, sie solle ein bisschen Pause machen, worauf Steffi einfach in nackte Panik verfiel. Sie glaubte, sie habe etwas falsch gemacht.

Gegen Ende meiner letzten Schicht bringe ich Töpfe in die Spüle, wo heute Ursula arbeitet. Ursula ist auch eine von den Fitten, die manchmal eben auch zur Selbstüberforderung neigt. Als ich mich schon umdrehen will, fixiert sie mich und sagt: »Du schreibst ein Buch über uns?« – »Ja, ein Buch über Köche und Küchen.« Sie gluckst. »Was kann man denn darüber schreiben?« – »Na, zum Beispiel wissen nicht viele Leute, wie anstrengend die Arbeit in Küchen ist.« Tolle Antwort. »Ist doch nicht anstrengend, das macht doch Spaß. Grad hier!«, lacht Ursula. Dann legt sie den Kopf ein bisschen schief und blinkt, ja, kokett. »Ich schreib auch. Gedichte.«

Ich muss schlucken. »Worüber denn?«

»Über alles, was ich nicht sagen kann. In mir. Aber schreiben kann ich das.«

Oh lieber Gott, hilf mir, jetzt nicht in Tränen auszubrechen, bitte.

Thomas Jäger hat ein paar von Ursulas Gedichten gelesen. »Da sind sehr schöne Sachen dabei. Ganz zart.« Sie hat viel Phantasie, erzählt er, was auch problematisch sein kann. Sie kann gut Geschichten erfinden, und die Küchencrew hat schon manche Problemgespräche mit ihr an den Verein weitergegeben mit der Bitte, sich doch mal um dies oder jenes zu kümmern, und dann stellte sich heraus, dass Ursula das alles erfunden hatte. Jäger nimmt so was nicht übel, er mag die Arbeit mit seinen Schützlingen sehr und findet, dass sie ein ganz wichtiger und ihn persönlich bereichernder Aspekt seines Jobs ist. Natürlich macht es ihn auch oft traurig, zu sehen, wie mühsam das Leben der Helfer ist, wie klein die Schritte und wie selten dauerhafte Verbesserung. Aber die Durchbrüche, und seien sie noch so geringfügig, sind beglückend.

»Man lernt, wie zerbrechlich das alles ist und wie dankbar man sein muss für die Möglichkeiten, die einem geschenkt sind«, findet er.

Und die will er einfach nutzen, die Möglichkeiten.

wellems way.

Wie man einen Tag am Meer
auf den Teller bringt

Entspannen Sie sich.

Lehnen Sie sich zurück.

Wir machen jetzt Urlaub.

Urlaub von Speedkochen und Kalkulationen, von Gefechtsdiensten und Massenherstellung. Hier geht es nicht um die letzte Sekunde oder den nächsten Stern, kein Küchenchef brüllt uns an, und kein Gast muss gleich weg und will sein Essen j-e-t-z-t sofort.

Wir gehen an den Strand. Weißer Sandstrand, kilometerlang und fußballfeldbreit. Sitzen Sie?

Wind.

Sonne.

Regen (Wir sind an der Nordsee ...).

Sonne.

Wind.

Das Meer rauscht ans Ufer, die gischtige Brise weht Salz und Fisch und Weite in die Nase. Möwen tun, was sie immer tun: kreischen, segeln und keckernd landen. Wir haben den Strandkorb an derselben Stelle wie in jedem Sommer stehen. Dreißig Meter weiter rechts sitzen die netten Leute aus Hamburg vom letzten Jahr, und bestimmt kommt das alte

Ehepaar aus Bern auch wieder, das seine Tochter hier besucht, eine Schweizerin, die der Liebe wegen auf der Insel geblieben ist.

Urlaub. Ein selbst gewählter Alltag, eine unveränderliche Routine, keine Überraschungen. Niemand stört die eigenen Kreise, weil alle mit den ihren beschäftigt sind. Beschäftigt? Eher so: Eingewickelt in eine flauschige Frotteedecke wälzen wir uns schmatzend durch den Tag, ausschlafen, Brötchen holen, langes Frühstück, Stullen schmieren für den Strand, Tee in die Thermoskanne füllen.

Aufbruch, der Hund wetzt aufgeregt neben den Fahrrädern her, nur noch der Weg durch die Kiefern, und dann: Ausblick, so weit das Auge reicht und –

Wind. Sonne. Regen. Sonne. Wind ...

Zugegeben, so ein Urlaub ist nicht jedermanns Sache; Aktivurlaub, Abenteuerurlaub, das geht anders. Aber die, die hierherkommen, kommen fast alle jedes Jahr, deswegen trifft man sich auch wieder, am Strand, beim Einkauf und bei den Diavorträgen über Nordsee–Mordsee und die Geheimnisse des Watts. Bei den jungen Familien ist meistens ein Elternteil schon als Kind in den Ferien auf der Insel gewesen, die Großeltern kommen später nach oder sind schon vorher da, manchmal gleich mit den Enkeln, dann reist Mama an, und eine Woche später hat endlich auch Papa Urlaub und fläzt sich in den Sand. Es gibt Leute, die bauen hier jedes Jahr am Strand eine Bude aus Brettern, mit Dach, Veranda und allem Drum und Dran; am Ende des Urlaubs wird sie zerlegt, alles ordentlich im Sand vergraben, und im nächsten Jahr schaut man nach, was noch da ist, sammelt sich, was fehlt, am Strand zusammen und baut aufs Neue los. Der Entwurf einer Existenz ohne Nöte, ohne Druck. Frische Luft, Meer, Schlafen, Essen, Trinken, Lesen. Nur das Wesentliche, aber völlig ohne Anstrengung verschafft, einfach gepflückt; die Illusion vom Paradies, einmal im Jahr.

Hier gibt es sogar fliegende Fische, sie fliegen einem, leicht mit Mehl bestäubt oder ordentlich paniert, goldgelb gebraten einfach in den Mund, begleitet von knusprigen Bratkartoffeln und einem kleinen Salat, je nach Fischart zwischen neun und zwölf Euro, Bierchen dazu und Pommes für die Kleinen? Fast alle Lokale der Insel, die auf sich halten, haben auch ihren speziellen Labskaus auf der Karte, ihr hausgemachtes Holsteiner Sauerfleisch, ihr Salzwiesenlamm, gebraten oder geschmort, und, ganz wichtig: Krabben, mit Rührei oder auf einer Scholle, das Rumpsteak für Papa, Schnitzel oder Fischstäbchen für die Zwerge und natürlich Fisch, Fisch, Fisch. Nie extravagant zubereitet oder angerichtet, sondern ganz bodenständig, so wie immer eben. Wer hier als Zwölfjähriger Kutterscholle gegessen hat, der kriegt sie auch mit sechsunddreißig noch genauso wie damals serviert, und jemand, der da nicht an jedem ersten Urlaubstag aufs Neue über seinem Teller in hemmungsloses Weinen ausbricht, sollte dringend einen guten Psychologen aufsuchen.

Essen ist Heimat. Gerade im Urlaub. Ich gebe zu, dass ich, kulinarischen Experimenten gegenüber grundsätzlich sehr aufgeschlossen, in manchen stereotypen Ausnahmesituationen zum Fressspießer mutiere. Auf Autobahnreisen beispielsweise suche ich grundsätzlich immer sogenannte Systemgastronomien auf. Ist irgendwie eklig, aber ich weiß, was mich erwartet: Es ist immer *genau gleich* eklig, zu fett, zu salzig, zu süß und auch zu sauer, aber alles zusammen ist von gerissenen Geschmacksdesignern so perfekt auf den kleinsten gemeinsamen Nenner aller Mitteleuropäer getrimmt, dass es, na ja, es schmeckt und ist in seiner Unveränderlichkeit auf perverse Art tröstlich.

Auch längere berufliche Abwesenheiten von zu Hause treiben mich dem Erwartbaren in die Arme, Italiener um die

Ecke, Thainudeln, Asiasuppen und dergleichen. Durch die Geborgenheit der Familie ermutigt, schrecke ich zu Hause nicht vor der Bestellung von Seltsamkeiten zurück. Ich weiß, wenn es nicht schmeckt, kriege ich entweder die Reste vom Kinderessen oder etwas vom Teller meiner Frau. Unterwegs fehlt diese Absicherung, und so muss ich sehr, sehr vorsichtig sein, was ich esse.

Im Urlaub nun treibt mich zwar nicht die Einsamkeit in furchtsame Routine (die Familie ist schließlich dabei), aber es darf einfach aus Erholungsgründen nichts schiefgehen. Es muss bekannt sein, was die aufgesuchte Lokalität auf der Kinderkarte bereithält und was ihre jeweilige Spezialität ist, respektive, welches Essen immer schmeckt und mir ermöglicht, durch seine Verspeisung das Wohlbefinden zu erfahren, welches wiederum überhaupt die Voraussetzung dafür ist, dass meine Familie bereit ist, mich mit in den Urlaub zu nehmen. Ich gebe das ungern zu, aber ein essensmäßig unbefriedigter Gregor Weber ist ein so liebenswürdiger Reisegenosse wie ein stark juckendes Ekzem.

Als Sommergast auf jener kleinen Nordseeinsel, von der ich hier erzähle, bin ich damit aber glücklicherweise Teil einer absoluten Mehrheit von Veränderungsphobikern, deren Urlaubswohl vollständig von der professionellen Vernunft der Insulaner in Tourismusfragen abhängt. Diese, seit gut hundert Jahren im Gastgewerbe tätig, nutzen die Schönheit ihrer Heimat sowie den Trostcharakter von Bratfisch radikal, aber durchaus gewissen Prinzipien der Nachhaltigkeit folgend – schließlich wachsen ja in der örtlichen Grundschule, beziehungsweise »Skuul«, die Hoteliers, Vermieter und Gastronomen von morgen heran. Die Inselfriesen haben ihre diesbezüglichen Fähigkeiten in aller Regel von Kindesbeinen an trainiert. Ich kann sie mir auch nicht recht beim Besuch von Seminaren und Tourismusbörsen vorstellen oder bei der Erstellung von Evaluationen über die Gäste-struktur oder Bedürfnisse der Klientel; sie schauen sich das Treiben Jahr für Jahr an und stellen fest, dass der Laden läuft. Es wird immer genug Zwangscharaktere wie mich ge-ben, und solange der »Blanke Hans« die Insel nicht aufgrund des Klimawandels verschlingt, wird sie unabänderlich von überwältigender Schönheit sein.

Zu dieser Erkenntnis müssen die Insulaner wohl schon vor Hunderten von Jahren gekommen sein, ansonsten wäre es unerklärlich, dass sie sich dem seinerzeit noch weit raue-ren Klima aussetzten und blieben, obwohl hier kaum Ver-wertbares wächst. Die Schönheit der Insel war im Mittelalter und den daran anschließenden Epochen bis ins späte neun-zehnte Jahrhundert aufgrund kaum messbarer Reiseaktivität der deutschen Mehrheit nicht wirtschaftlich verwertbar. Zum Lebensunterhalt sahen sich die Insulaner gezwungen, sich entweder mit ihren in der Fischerei erworbenen Grund-kenntnissen als Seeleute auswärts, meist bei dänischen oder hamburgischen Walfängern, zu verdingen oder der recht einträglichen, aber auch juristisch riskanten Tätigkeit des Strandräuberns nachzugehen.

Das Einsammeln von Strandgut war obrigkeitsseitig er-laubt, das Ausräumen gestrandeter Schiffe ebenfalls – nur strandeten auch in guten, also unwetterreichen, Saisons nicht zuverlässig Schiffe in genügender Anzahl, um den Le-bensstandard aller auf ein angenehmes Maß zu heben. Da-gegen musste man etwas tun. Also erklärten sich die Insu-laner bereit, Leuchtfeuer für die Schifffahrt zu errichten, den im Nebel Irrenden den Weg zu weisen. Zunächst lief alles glatt für die christliche Seefahrt, man umschiffte dank der weithin sichtbaren Feuer sicher die Sandbänke des Watts. Einmal an die Zuverlässigkeit der Zeichen gewöhnt, tappten die braven Seeleute nun aber ahnungslos in die ausgeklügelte Falle: Mit temporär und an zweckmäßiger Stelle errichteten

Feuern wiesen die alten Friesen nun den geraden Kurs auf die trocken gefallenen Sandbänke, und – rumms – hatten sie legales Strandgut und eine vor lauter Schreck einfach nur darüber, dass nichts weiter Schlimmes passiert ist, erleichterte Schiffsbesatzung, die sich freute, von den einen Insulanern mit heißem Grog versorgt zu werden, während die anderen, zur Deckung der entstehenden Unkosten, diverse Güter Richtung Ortsmitte schleiften.

Als die Zeiten allgemein freundlicher wurden, kehrte auch der Friese sein grundsätzlich friedfertiges Temperament wieder hervor und folgerichtig auch zu zivilisiertem Broterwerb zurück. Er errichtete dauerhaft helfende Seefahrtssignale und rüstete Boote nun zum Zwecke der Seenotrettung. Walfang in dänischen Diensten erledigte sich mit Bismarcks kriegerischer Reichsgründungspolitik und nach deren erfolgreichem Abschluss, und mit rapide steigendem Wohlstand setzte der See- und Bädertourismus an den deutschen Küsten ein. Hierin erkannte der Friese schnell die Zukunft und seine darin liegenden Chancen.

Mit diesem kleinen Exkurs in die Historie des friesischen Broterwerbs wollte ich Sie, meinen Leser, darauf vorbereiten, dass in diesem Kapitel ein paar zunächst unangenehm erscheinende Wahrheiten über die tourismuszentrierte Gastronomie auf Sie warten. Diese werden Sie aber vor dem Hintergrund der Überlebensschwierigkeiten inmitten einer attraktiven, aber feindlichen Natur und angesichts der durchaus freundlichen Zugewandtheit der Gastgeber sowie der Schilderung einer subjektiv erfahrbaren Erholung einzuordnen lernen. Dem nächsten Kontakt mit Urlaubswirten können Sie also wieder ebenso gelassen entgegensehen wie in allen Ihren Urlauben vor der Lektüre dieses Buches.

Wichtigste und vielleicht härteste Wahrheit: Urlaubsgastgeber wollen Ihr Geld. Punktum. Also schauen sie sich alles an, was ihre Umgebung zu bieten hat, finden heraus, welche Art Mensch das im Urlaub haben will, und dann checken sie, wie viel er dafür zu zahlen bereit ist. Letzteres ist die einzige Variable in der Gleichung des Gästebetriebes.

Wir haben hier also eine kleine Insel in der Nordsee, das heißt, als Vermarkter steht uns eine grandiose Natur zur Verfügung; ein großartiger Strand, nette Spazierwege durch Heidestrecken und Kiefernwälder, einige idyllische Dörfer mit Friesenhäusern und natürlich das Meer. Wir haben aber auch einen launischen Wettergott, der mit hundert sonnigen Tagen am Strand schon sehr gnädig war. Und: Der Platz auf der Insel ist begrenzt; sicher, wir können Kapazitäten erhöhen, indem wir mehr Häuser bauen; Häuser fressen aber die grandiose Natur, muss man sich also gut überlegen. Wir können die vorhandenen Häuser einfach höher bauen, davon werden die Häuser aber meist nicht schöner und statt grandioser Natur fressen sie die Sicht darauf. Da also auf unserer Insel das Ziel Massentourismus ausfällt und angesichts des Wetters der Anteil der potenziellen Nordseeurlauber an der Gesamtmenge der deutschen Urlauber ohnehin immer annähernd gleich bleiben wird, verspricht ein Bemühen um die alljährliche Wiederkehr der einmal gewonnenen Gäste am ehesten das Erreichen des traumhaften Zustandes: ausgebucht!

Aus ihrer Geschichte wissen wir, dass die Friesen schon einmal großen Erfolg mit der Systematisierung eines an sich riskanten Broterwerbs hatten, der durch ebendiese Systematisierung plötzlich gar nicht mehr riskant war, sondern eine redliche und stabil einträgliche Einnahmequelle für aufstrebende Familien wurde.

Nach Abschluss der Angebotsanalyse wandte man sich also konzentriert der Analyse des Gastes zu, um herauszufinden, welcher Gästetyp am besten lebenslang an die eigene Insel zu binden war. Wie ich weiter oben schon am Beispiel meiner Wenigkeit ausgeführt habe, ist das der Aktivurlaub scheuende Veränderungsphobiker. Diesem musste nun also ein in sich geschlossenes Bild der Insel geboten werden, das an jeder Stelle und zu jeder Stunde zuverlässig signalisiert: Das bin ich, das ist Dein Urlaub, und so wird es hier jedes Jahr sein.

Die dahin gehenden Bemühungen von Hoteliers und Zimmervermietern oder der Inselverwaltung sind staunenswert, aber für ein Buch über Küchen klar nachrangig. Ich leite also direkt auf das Thema über und berichte, dass überall dort, wo Inselwirte sich bedingungslos diesem erkannten Prinzip unterordnen, nicht ohne Weiteres ein Platz zu bekommen ist und der Besitzer der Lokalität in aller Regel nur durch Tod oder innerfamiliäre Übergabe wechselt. Wo immer ein Wirt oder Küchenchef glaubte, ohne scharfe Marktanalyse »mal was anderes« machen zu können, endete der Versuch nach der ersten Saison tragisch.

Der friesische Koch muss also bei der Konzeption seiner ersten Karte all die Positionen aufnehmen, die erfahrungsgemäß von den Gästen gemocht werden: Sie müssen das Besondere der norddeutschen Esskultur ausdrücken, wobei die Ausführung der Gerichte einerseits nicht zu sehr vom Erwarteten abweichen, andererseits aber eine dezente eigene Note haben sollte, die es ermöglicht, die Scholle Finkenwerder des Hauses von der aller anderen Restaurants zu unterscheiden. Nur so wird eine gewisse Anzahl Gäste bei dem Gedanken an Scholle Finkenwerder klar *diese eine* Lokalität visualisieren, weil es hier, ihrer Meinung nach, »die beste Scholle Finkenwerder der Insel« gibt. Aber: Die Scholle Finkenwerder muss weitestgehend dem allgemeinen Bild dieses Gerichtes entsprechen, nicht nur, um nach der deutschen Gaststättenverordnung überhaupt »Scholle Finkenwerder« heißen zu dürfen, sondern auch, um für den Fall, dass die hauseigene Scholle Finkenwerder es nicht schafft, für wenigstens einen Teil der Urlauber die beste der Insel zu werden, sie zumindest nicht schlechter als alle anderen ist.

Nach diesem Prinzip existieren unzählige Restaurants auf dieser Insel, man kann in den meisten ganz okay essen, einige sind echt gut mit ihrer gutbürgerlichen Nordseeurlauberküche, aber, und darüber sind sich eigentlich alle erfahrenen Gastronomen hier einig, es gibt einen ungekrönten König der Inselköche – und dem ist es gelungen, ausschließlich nach eigenen Regeln zu verfahren und trotzdem höchst erfolgreich zu sein. Wellem Peters aus Nebel auf Amrum hat mit seiner »Seekiste« eines der besten Restaurants der Insel geschaffen, und das ist das Ergebnis lebenslangen Lernens und fortwährender Analyse.

Hierbei geht es nicht einfach nur ums Essen, sondern um die Schaffung einer ausgestalteten Restaurantwelt, die eine ganz bestimmte Idee von Urlaub vermittelt. Allerdings nicht ohne ein gewisses Maß an trotziger Individualität. Die »Seekiste« ist eine moderne Version der Strandfeuer aus räuberischen Zeiten. Nur, dass Wellem den Teil mit dem Schiffbruch weglässt und die Gäste ganz ohne Schaden auf seine kleine Sandbank lotst.

Schon der Name ist perfekt. Eine Seekiste war über Jahrhunderte hinweg das Behältnis für die kleinen Schätze, Besitztümer und die Kleidung eines Seemanns. Die Kiste musste gut gezimmert sein, denn sie sollte möglichst ein Leben lang halten, musste schweren Stößen und Nässe trotzen und mit ihrem Besitzer von Schiff zu Schiff wandern. Sie war sein einziges Möbelstück, sie schuf Kontinuität in wechselnden Quartieren, bot ein Stück Heimat. Der Name impliziert also Seefahrerromantik, Geborgenheit in stürmischen Zeiten und gibt das Versprechen, mit zunehmendem Alter und nach einigen nötig gewordenen Reparaturen attraktive Patina anzulegen und dadurch noch vertrauter und heimeliger zu werden.

Und genauso sieht Wellems »Seekiste« auch aus. Ein hübsches altes Friesenhaus in einer kleinen, ungepflasterten Seitenstraße mitten im Dorf Nebel, geduckt in einen wilden Garten mit einer von Feldsteinmauern eingefassten Sommerterrasse. Die linke Haushälfte bewohnt der Wirt selbst, das Restaurant wächst sozusagen nach rechts aus seinem Wohnzimmer heraus. Buchstäblich. Im letzten Winter hat Wellem Peters mit seinen Leuten die Küche mal wieder zu Umbauzwecken komplett ausgeräumt und dabei den staunenden Youngstern an den nun sichtbaren Küchenfliesen gezeigt, wo die Nähte diverser Erweiterungen aus den letzten zwanzig Jahren verlaufen.

Von der Terrasse kommend, betritt man den angebauten Wintergarten; sehr pflanzenlastig, gemütliche Tische. Durch die nächste Tür gelangt der Hungrige dann in den Gastraum, und hier eröffnet sich der erste Blick auf das gastronomische Universum des Wellem Peters aus Nebel. Ein kleiner Raum, dunkles Holz, im Zentrum eine hölzerne Treppe, die auf eine kleine Empore mit einigen Tischen führt. Unten, um die Treppe herum gruppiert, die restlichen Tische. An der Stirnseite die Bar, dahinter hat man freie Sicht auf die Küche. Von der Decke hängen Schiffslampen, die schummriges Licht verbreiten, das auf eine unübersehbare Fülle von Seefahrer- und Fischerkrimskrams fällt. Galionsfiguren, Netzkugeln, Harpunenspitzen, antike Schiffsmodelle, alte Seekarten, Tampen, ein Harpunengewehr, schöne niederländische oder friesische Kacheln an einer Wand, die klassisch weißen mit den feinen blauen Zeichnungen darauf. Na ja, wird jetzt mancher Leser sagen, das ist ja nichts Besonderes, so eine Ausstattung erwartet man doch hier oben. Stimmt natürlich. Die »Seekiste« ist auch nicht das einzige Lokal auf der Insel, das sich mit Seefahrtskram schmückt, aber eine ganz besondere Art von überfüllter Unordnung und scheinbarer Willkür der Zusammenstellung bewirkt, dass man in diesem Raum sofort Salzwasser riecht, Sand zwischen den Zehen spürt und selbst als strikter Nichtraucher den Qualm von Tabakspfeifen herbeiphantasiert. Auf wenigen Quadratmetern findet man hier eine düstere Hafenkneipe, einen maritimen Festsaal, ein hanseatisches Speiselokal mit s-pitzem S-tein und die Messe eines Ozeanseglers. Etwas breitbeiniger als sonst stapft man zum reservierten Tisch, bietet der Gattin Halt gegen Wind und Wellen, lässt sich bootsmannsschwer auf den lederbezogenen Sitz fallen und mustert fachmännisch die als Tischset aufgelegte nautische Karte von Amrum und umgebendem Seegebiet. Wellem hat uns am Haken.

Als Familie Peters das Haus seinerzeit kaufte und bezog, war es nicht mehr als ein Wohngebäude, in dem Wellems Frau Sillo einen kleinen Antiquitätenladen eröffnete. Wellem hatte damals eine Strandgastronomie gepachtet, die gut lief, aber natürlich sehr wetterabhängig war. Ohne Sonne keine Strandgäste, ohne Gäste kein Geschäft. Wellem Peters ist Friese, und wir haben über die Friesen gelernt, dass sie unsichere Geschäfte nicht so sehr mögen.

Nun könnte man sagen, was soll denn bitte, abgesehen vom Wetter, unsicher sein an einem Restaurant, das konkurrenzlos in den Dünen liegt, von allen Gästen beim Betreten und Verlassen des Strandes zwangsläufig passiert wird und die einzige Gelegenheit weit und breit darstellt, an warmes Essen und kühle Getränke zu kommen. Tja, wer so denkt, kann natürlich ein Restaurant eröffnen – und es dann bald auch wieder schließen.

Wellem Peters ist seit fast fünfzig Jahren Gastronom, früher als Angestellter, später als Selbstständiger. Seine Ausbildung zum Koch hatte er Anfang der Sechziger in einem

Flensburger Hotel auf recht hohem Niveau absolviert. Mit der Kochjugendmannschaft von Schleswig-Holstein wurde er sogar deutscher Meister, danach arbeitete Peters in St. Moritz, wo ihm zunächst die französischen Annoncen des Küchenchefs Probleme machten. Dass sein bayerischer Postenchef dann die Bestellung »Encore des légumes pour la soixante-neuf!« mit »No Gmias fia di neinasechzg, du Hammel« übersetzte, war für den jungen Friesen auch nicht sehr hilfreich. Doch es gab unendlich viel hier zu lernen, und das Betriebsklima war bei aller Härte gut genug, um mehrere Saisons in der Schweiz zu bleiben. Nach einiger Zeit zog es Peters aber wieder in den Norden, wenngleich auch noch nicht nach Hause, und so bewarb er sich erfolgreich im »Opera Kaelleraren« in Stockholm, wo er in den nächsten Jahren unter anderem für den schwedischen König und Chruschtschow kochte. Irgendwann dachte er, mit dem Kochen in einer Sackgasse zu stecken, und meldete sich für ein Studium zum Hotelbetriebswirt in Berlin an. Pünktlich zum Achtundsechzigeraufstand landete er in der West-Enklave. Für den Lebensunterhalt kochte er zeitweise in den »Drei Bären« am Ku'damm, bis die Begegnung mit einem Gast dem Leben von Wellem Peters eine nicht unwichtige Wendung gab. Jener Gast, dem er während eines Kurzbesuchs auf seiner Heimatinsel begegnete, schickte sich nämlich gerade an, eine völlig neue Form der Gastronomie von Südafrika nach Europa, respektive Deutschland zu exportieren: die Hamburger-Kette. »Wimpy's« hieß der Konzern, für den Wellem nun anfing, neben dem Studium zu arbeiten. Die Geschichte ist schnell erzählt. Ein Konkurrent aus Amerika hatte den längeren Atem und pumpte mehr Geld in den neuen Markt, und deswegen essen wir heute Burger bei »McDonald's« statt bei »Wimpy's«. Doch ein paar Läden hatte Wellem in Deutschland miteröffnet, danach war er an der Gründung des ersten Irish Pub in Köln beteiligt.

Wir sehen: Wellem, der Friese, hat zum in Deutschland frühestmöglichen Zeitpunkt gelernt, dass man gastronomische Konzepte analysieren, zerlegen und systematisch so zurechtbauen kann, dass beim Gast ein bestimmtes Gefühl entsteht. Ein Gefühl, das Menschen wie mir in der Fremde signalisiert, dass ich hier ohne Risiko einkehren kann, dass es genau das ist, wonach es aussieht.

Doch eines schönen Tages trieb das Heimweh Wellem mit Macht zurück in heimatliche Gefilde. Er legte noch eine Saison auf Sylt ein, wo der Tourismus damals noch ungleich mehr boomte als auf Amrum, und dort sah er, wie man zweihundert Rindsrouladen macht, ohne sie anzubraten. Einfach in den Ofen schieben oder auf dem Ofen stundenlang gar ziehen lassen. Und die Röststoffe? Die lecker karamellisierten dunklen Anbratflecken? »Zuckerkulör«, platzt Wellem lachend heraus, »muss man sich mal vorstellen!« Aber schmeckt das? »Na klar schmeckt das«, juchzt er, »wenn man's nicht weiß.« Sein Gesichtsausdruck ist der eines amüsierten Zauberers, dem klar ist, dass bei Illusionskünsten die Grenze zwischen Unterhaltung und Täuschung ziemlich unscharf sein kann.

Wohl gerüstet mit gut fünfzehn Jahren Erfahrung in den unterschiedlichsten Formen der Gastronomie im Gepäck, betrat Wellem also Anfang der Siebziger wieder heimatlichen Inselboden und pachtete als ersten eigenen Betrieb die »Strandhalle« in Nebel. Ein Backsteinhäuschen mit einem großen, hellen Gastraum und einer Terrasse, wie aus den Dünen herausgewachsen, direkt am Übergang vom Wald zum Nebeler Strand. Voller Elan ging Familie Peters ans Werk. Geprägt von der hedonistischen Atmosphäre der Dekade nach Achtundsechzig, einer Zeit, die, trotz Ölkrise und Kaltem Krieg, so kalifornisch wie nur irgend in Deutschland möglich war, wollte Wellem hier einen Edelimbiss mit Luxusprodukten wie Filetsteaks und Hummer aufziehen. Im Grunde genommen das, was später als »Sansibar« auf Sylt eine der grandiosesten Erfolgsgeschichten in der deutschen Gastroszene wurde. Zwei Jahre hielt der Traum, aber Amrum ist eben nicht Sylt, und so wäre das Unternehmen auch gründlich schiefgegangen, wenn Wellem Peters zur Sorte jener gastronomischen Dickköpfe gehören würde, die glauben, ungeachtet der sie umgebenden Realitäten, einfach mit ihrem Können und ihrer Vision überzeugend genug zu sein für durchschlagenden Erfolg.

Der junge Familienvater führte eine schonungslose Fehleranalyse durch und zog die Bremse; er fuhr die Kosten zurück, indem er mit einfachen, aber guten Grundprodukten eine neue Karte konzipierte, optimierte die Produktionsabläufe und den Personaleinsatz und startete danach in die erste von vielen erfolgreichen Saisons auf seiner Heimatinsel. Regionaltypisch einfache Fischgerichte, Currywurst, nette Salate, Schnitzel. Also nichts Besonderes. Aber erstens genau das, was die Gäste in der Mehrzahl ansprach, die Wellem für seine »Strandhalle« nun mal zur Verfügung standen. Und zweitens im Stil der Zeit präsentiert. Wellem hatte lange rote Haare, trug immer ein gestreiftes Seemannsshirt, und er kochte und brutzelte direkt vor den Augen der Gäste, mehrheitlich junge Familien mit nicht allzu dickem Portemonnaie, aber dafür hedonistisch und eher auf lockeren Umgangston gepolt. Selbstbedienung und offensives Duzen gehörten zum guten Ton, hey, wir sind alle cool drauf, Gastronomie heißt hier weder buckelnd bedienen noch arrogant abfertigen, hier ist eure Strandbude, wo die Kinder in die Pommes reinhauen dürfen und das Bier nicht dieses fade Sieben-Minuten-Papa-Pils-Image, sondern friesisch-lockere Lebensart transportiert. Entspannt euch, genießt, so ein ganz kleiner Hau auf den Kopf ist im Urlaub schon am Nachmittag okay, Remoulade oder Senfsauce zum Fisch?

Mit Akribie und Liebe hatte er nun in seiner »Strandhalle« eine Atmosphäre geschaffen, die, streng nach Friesenrezept, den Besuch des Lokals für Nebeler Strandgäste obligatorisch machte. Atmosphäre, nicht einfach nur Essen. Peters ist begeisterter Koch, aber das Essen in seinen diversen Lokalen war immer *ein* Baustein unter mehreren. Er denkt in komplexen Zusammenhängen und hat gelernt, vielerlei Unwägbarkeiten des Gästegeschäfts mit Breitbandbehandlung in Schach zu halten. Ein Lokal muss sich charakterlich den örtlichen Voraussetzungen und der mehrheitlich vorhandenen Klientel anpassen – und seine Küche sollte genau diesen eigenen Charakter stützen. Klingt wie eine Binsenweisheit, wird aber von erstaunlich vielen Gaststättenbetreibern immer wieder zumindest in Teilen missachtet. Sie versuchen, dem Publikum ihre »Vision« aufzuzwingen, und wenn es dann nicht läuft, sind die unverständigen Gäste schuld. Dabei ist die genaue Kenntnis aller wichtigen Grundregeln überhaupt die Voraussetzung, so etwas wie eine Vision zu entwickeln, die sich dann an die vernünftig konstruierte Basisidee schmiegt wie eine Sauce, die ja aus einem guten Essen ein sensationelles machen kann.

So machte es im konkreten Fall, auf der Insel, kaum Sinn, ein Lokal zu eröffnen, dessen Küche eindeutig nach höheren Weihen der Gastrokritik strebt. Sterne, Hauben und mehr als zwölf Gault-Millau-Punkte erfordern, neben Schweiß und einer Menge Fachwissen, auch die Investition von ziemlich viel Geld und demzufolge recht gepfefferte Preise. Eine ausreichende Zahl von betuchten Gästen hat niemand so einfach in der Nachbarschaft, und also sind Köche, die auf diesem Niveau arbeiten wollen, entweder auf das finanzielle Backup eines Hotels angewiesen oder auf einen weit reichenden Ruf, der begeisterte und zahlungskräftige Gäste von überall her anlockt. Die Lage Amrums im äußersten Norden der Republik, dazu auch noch mitten im Meer, macht Gourmettourismus eher unwahrscheinlich, und die normale Gästestruktur in der Saison entspricht nicht der Sylts. Kurz gesagt, hier urlaubt weniger Geld als auf der bekannten Schickimicki-Insel.

Vom Erfolg mit der Strandhalle ermutigt, übernahm Wellem zeitweise auch noch das kleinere »Strandhäuschen« am Süddorfer Badestrand. Und zur weiteren Stützung des Familieneinkommens richteten Wellem und Sillo im Antiquitätenladen eine »Pharisäerstube« ein. Irgendwann stellte Wellem dann, was soll's, dort eine zweiflammige Kochplatte auf und fing an, Bratkartoffeln in Krebsbutter zu brutzeln, Crème fraîche und Lauchzwiebeln drüber, eine Handvoll Krabben drauf, fertig war der fette Snack. Und da von den Bratkartoffeln auf Amrum der Weg zum Fisch nicht weit ist, überlegte Wellem, wie er diesem vielfach geäußerten Wunsch der Kunden nachkommen konnte, ohne den schönen Laden seiner Frau mit Fischbratdunst zu verqualmen. Just zu dieser Zeit hatte sich der Amrumer Bäcker Okke Brarens zur Ruhe gesetzt und unmittelbar angefangen, sich zu langweilen. Wellem schlug ihm vor, im Hinterhof des Ladens einen einzelnen Herd aus der alten Bäckerei aufzustellen und dort Fisch zu braten. Mit einem Schutzdach gegen Regen und zu viel Sonne ausgestattet, mutierte der alte Bäckerherd zur Fischbratstation, und Okke reichte Wellem seine knusprigen Erzeugnisse fortan durchs Fenster, wonach sie sich dann zu den Krebsbutter-Crème-fraîche-verdammte-Sauerei-Bratkartoffeln gesellten.

Wellem hatte nun zwar mehrere gute, davon aber zwei wetterbedingt unsichere Geschäfte. Die Rechnung war schnell gemacht, Wellem trennte sich vom Strandgeschäft und baute an den Laden seiner Frau eine richtige Küche. Frau Sillo Peters verwandelte ihr Geschäft unter Verwendung der hübschesten maritimen Stücke in den schon beschriebenen idealtypischen Gastraum, und die »Seekiste« war geboren. Der Laden schlug sofort ein, was, wellemtypisch, an vielen Faktoren lag. Am Essen, am Ambiente, an der verwunschenen Lage des Hauses, aber vor allem an Wellem und Sillo. So viele Gäste hatten sich jahrelang durch die Strandläden gegessen und getrunken, in Sillos Laden schöne Erinnerungsstücke gekauft und Okkes Hoffisch mit Wellem'scher Kartoffelsauerei gegessen und mit den beiden gequatscht, gequatscht und gequatscht. Sie fühlten sich als Freunde und Weggefährten, und so wurden sie auch behandelt. Wirte nennen solche Menschen unsentimental Stammgäste. Gastronomie ist ein hartes Gewerbe, und deshalb ist eine Konstante wie der Stammgast Gold wert. Aber nur, wenn ein Wirt es schafft, seinen Stammgästen niemals, nicht in einer einzigen unachtsamen Sekunde, das Gefühl zu vermitteln, schlachtreife Sparschweine zu sein, behält er sie auch. Natürlich muss jeder Wirt, auch Wellem Peters, seine Stammgäste mit einer gewissen Distanz betrachten, immer auf dem Kiewief sein. Ändern sich ihr Geschmack, ihre Vorlieben? Oder sind sie, im Gegenteil, ängstlich darauf bedacht, in jedem Jahr »ihre« Leibspeisen zu bekommen, und strafen Experimente mit Untreue? Heute, nach beinahe fünf Jahrzehnten im Gastgewerbe, schmeißt Wellem seinen Laden im Schlaf, und er muss die vielen Stammgäste, die seinen gesamten Amrumer Berufsweg essend, trinkend und quatschend begleitet haben, nicht mehr beobachten, man kennt sich. Trotzdem diente die offene Küche vor allem dazu, Kontakt und Kommunikation mit den Gästen nicht abreißen zu lassen, und seit Wellem nicht mehr selbst in der Küche steht, hat er seinen Stammsitz vorm Tresen. Hier sehen ihn die Eintreffenden sofort, und ein Abend mit Wellem wird alle fünf Minuten von lauten und herzlichen Umarmungen einlaufender oder abdampfender Gäste unterbrochen.

Auch die Kellnerinnen und Kellner müssen diesen Seekistengroove drauf haben. Wer's kann, hat eine Lebensstellung, den lässt Wellem nicht mehr so ohne Weiteres gehen. Wie Maren, die Strandräuberbraut, die schon ewig da ist.

Ein entscheidender Markstein Wellem'scher Wirtsphilosophie ist dabei seit Anbeginn die handgeschriebene Karte. Große und mit selbstbewusstem Schwung hingeworfene Buchstaben verkünden nicht nur die angebotenen Speisen, sondern geben auch deutliche Hinweise auf die kulinarische Einstellung des Hauses. Hier findet sich kein klassisches Urlaubsgericht wie etwa die schon bemühte »Scholle Finkenwerder« auf der Karte, was aber nicht heißt, dass Wellem Peters wüst herumexperimentiert. Er bietet alles an, was das Nordseefahrerherz begehrt: Fisch, Meeresfrüchte, Lammfleisch, Steaks und Bratkartoffeln, Salate und, und, und. Aber er weigert sich, sattsam bekannte Namen dafür in seine Karte zu schreiben. Das hat mehrere Gründe. Erstens ist Wellem Peters ein renitenter Charakter. Regeln kennen, heißt für ihn nicht gleichzeitig, Regeln befolgen, sondern höchstens die als sinnvoll erkannten Regeln in ihrem Kern bewahren und so weit transformieren, dass sie als seine eigenen Regeln durchgehen und flexibel bleiben. Wenn er also eine Scholle mit Speck auf die Karte setzt und sie »Scholle Finkenwerder« nennt, muss er sie genauso servieren, ohne Sauce, nur Scholle, Speck, Zitrone, Salzkartoffeln. Dagegen ist nichts einzuwenden, wenn es gut gemacht ist. Aber Peters möchte gerne selber entscheiden, was zu einer Scholle mit Speck noch so dazugehört. Also nennt er eine Scholle mit Speck, wenn er sie auf die Karte setzt, eine Scholle mit Speck und was auch immer er dazu lecker findet. Oder er schreibt einfach nur »Scholle«. Und irgendwo unten steht dann »Unsere Schollen sind echte Kaventsmänner, wir servieren sie mit Speck und Bratkartoffeln, Salat gibt's vorneweg«. Mit der friesischen Vergangenheit spielt Wellems beliebtes Kinderessen »Strandräubermenü«: »Ihr kriegt Teller und Besteck und esst den Großen was weg – 0,00 €«. Der Eintrag für ein Lammgericht, an das ich mich nicht mehr genau erinnere, nur dass es, wie immer, saulecker war, zählte vor ein paar Jahren auf, was auf dem Teller lag, und dazu, dass es das »Lieblingsessen des Inselpfarrers« sei. Ich kenne den Inselpfarrer nicht, vermutlich gibt es auch gar nicht *den* Inselpfarrer, aber in meinem Kopf entsteht ein Bild: ein gütiger Mann in Schwarz, dem seelischen Wohl der anderen verpflichtet, den weltlichen Genüssen maßvoll zugewandt. Verschmitzt und mit Küstensound sagt er »Mens sana in corpore sano«, wenn er Wellems Lamm mit gutem Roten herunterspült, stimmt's?

Erwischt!

Lamm wird übrigens überhaupt gerne gegessen auf der Insel, auch bei Wellem steht immer ein Lammgericht auf der Karte, und samstags gibt es traditionell geschmortes Lamm aus dem Ofen. Beim Spaziergang über die Insel sieht man die Tiere, sie grasen auf den Amrumer Salzwiesen, die regelmäßig vom Meer überflutet werden und deshalb ganz bestimmte Pflanzen und Kräuter hervorbringen, deren Aromen das Fleisch der Lämmer so besonders machen. Eine Spezialität der Nordseeküste, aber auf Wellems Karte wird man trotzdem kein »Salzwiesenlamm« finden. Küchenchef Johann grinst. »Auf der Insel gibt es doch gar nicht genug Lämmer für den täglichen Ausstoß an Lamm, den alle Restaurants in der Saison haben.« Wellem kauft Lammfleisch, bereitet es lecker zu und verkauft es zu einem gerechtfertigten Preis in seiner kleinen Wunderkiste als genau das, was es ist: leckeres Lamm, nicht mehr und nicht weniger. Aber umringt von zauberhaftem Seefahrtskitsch, in einem Restaurant, das quintessenziell ausdrückt, weswegen Tausende von Menschen jährlich in diese gar nicht so gemütliche Ecke Deutschlands reisen, kann Wellems Lamm in den Augen der Gäste unmöglich etwas anderes sein als – Salzwiesenlamm.

Das ist Wellems Magie – und die Gäste schwärmen, dass es nirgends so gut schmeckt wie hier ...

Mein Seewetterbericht verzeichnet bisher keine Meldungen aus der Küche, und ehrlich gesagt, habe ich aus Wellems Küche gar nichts Aufregendes zu berichten. Sie läuft wie geschmiert, was sicher keinen wundert. Sie ist architektonisch interessant, wie schon erzählt, hat sie mehrere Erweiterungen erfahren, und vieles darin ist schönste Bastelei, immer zweckorientiert. Eine aus vielen kleinen Brettern und Blechen maßgeschneiderte Piratenkombüse. Eine Küche wie die eingangs beschriebenen saisonalen Strandbehausungen der Gäste. Hinter dem Tresen liegt der Hauptposten mit zwei starken Glühplatten, auf denen die weithin berühmten Bratkartoffeln stets in großer Menge vor sich hin knuspern und Fleisch gebraten wird, daneben stehen zwei kleine Induktionsherde für Pfannen und Sauteusen. Ganz links finden sich Warmhaltebecken für die Saucenbehälter, im rechten Winkel schließt sich eine kleine Arbeitsfläche mit weiteren offenen Behältern für Beilagen an. Das war früher Wellems Arbeitsplatz, heute steht hier Johann. Er ist vor fünfzehn Jahren, als Siebzehnjähriger, aus Russland hierhergekommen. Nur die Hand in der Tasche und ohne ein Wort Deutsch. In einem Amrumer Restaurant fing er als Spüler an, arbeitete sich zäh bis an den Herd vor und wechselte dann vor neun Jahren zu Wellem. Johann bekniete den Friesenkönig, eine Lehre bei ihm machen zu dürfen, wovon Wellem nicht begeistert war, weil er fand, dass in seiner sehr speziell ausgerichteten Küche einem Lehrling nicht genug Handwerk vermittelt wird. Aber Johann wollte unbedingt. Wellem gab nach, und so ist Johann bis heute der einzige offizielle Lehrling, den Wellem je hatte. Nun ist er der perfekte Stellvertreter, denn Johann hat sein ganzes Streben darauf ausgerichtet, das Prinzip »Seekiste« in der Küche aufrechtzuerhalten.

Von Johanns Arbeitsfläche geht wiederum rechtwinklig eine große Arbeitsfläche in die Tiefe, sie teilt gleichzeitig den Arbeitsweg der Kellner, auf dem sie benutztes Geschirr in die Spüle am Kopf der Küche tragen, vom Arbeitsraum der beiden anderen Köche. Nahe beim Chef, an der gegenüberliegenden Wand, befindet sich der zweite Hauptposten. Hier wird hauptsächlich Fisch zubereitet, auf einer großen Bratplatte, deren Rand es erlaubt, heißes Fett etwa einen halben Zentimeter hoch stehen zu lassen. Schätzungsweise neun Schollen oder bis zu zwölf Seezungen kann man hier gleichzeitig braten. Bei hohem Durchlauf wechselt der Fischmann sogar während einer Schicht einmal komplett das Bratfett, ansonsten täglich einmal. Deswegen riecht es hier auch in der Hochsaison nie nach Frittenbude, obwohl der Ausstoß an ausgebackenem Fisch locker ausreichen würde, um halb Hamburg mit fiesem Fettgeruch zu verpesten. Und, ganz wichtig, auf dieser Platte wird ausschließlich Fisch zubereitet. Direkt vor der Platte liegt ein ebenfalls häufig gewechseltes Tuch zum Abtropfen bereit. Der Fischmann hat neben der Platte aber noch einen Herd, auf dem er seine Saucen und die Fischsuppe warm hält und Beilagen zubereitet, außerdem die Lammfrikadellen mit Spiegelei, seit ein paar Jahren ein Klassiker der »Seekiste«.

Jan ist in der Küche für Salate, kalte Vorspeisen, die Desserts und die Spüle zuständig. Er steht meist neben dem Fischmann an seiner Saladette, einem gekühlten Behältnis für Salate, und richtet in Windeseile selbige sowie kalte Fischgerichte an wie die »friesischen Tapas« oder den »Heringsteller«. Die Salate erfordern eine gewisse Konzentration, weil am häufigsten Beilagensalate laufen, die nicht extra auf dem Bon stehen und hier immer *vor* dem Gang geschickt werden, zu dem sie gehören. Das bedeutet, der Salatmann muss genau wissen, zu welchen Gerichten ein Beilagensalat gehört, und er muss im Blick haben, wie weit der

Tisch ist, damit er den Salat auch zur richtigen Zeit fertig hat. Zwischendurch arbeitet er dann immer den Geschirrhaufen ab. Diesen Job, ohne das Spülen, übernehme ich für drei Tage; obwohl die Saison schon fast zu Ende ist und kaum was los, brauche ich fast die halbe Schicht, um einigermaßen selbstständig zu arbeiten. Die Hauptzeit will ich mir hier gar nicht vorstellen...

Außer Johann und Jan gibt es noch Kiese – auch mit Migrationshintergrund, er stammt von Sylt –, der den Fischposten abwechselnd mit Phil schmeißt, der, genau wie Jan, nur für die Saison hier zu Hause ist. Kiese ist schon acht Jahre bei Wellem, Phil schon fünf und Jan ist auch schon zum zweiten oder dritten Mal da. Daraus lässt sich schließen, dass Wellem ein ziemlich angenehmer und fairer Arbeitgeber ist, denn Köche sind Wandervögel, besonders im Saisongeschäft. Sie kennen die Karte im Schlaf, Hektik kommt hier nicht auf. Der unter anderem als Umkleide dienende Vorraum der Küche, in Wellem-Style eher ein mit Wellblech überdachter und beheizter Unterstand, beherbergt sogar eine Sitzgruppe mit Fernseher, vor dem sich die drei in flachen Phasen immer wieder versammeln. Außerdem sind hier Lagerräume und Kühlungen untergebracht, alles Marke Eigenbau und irgendwie zusammengestoppelt, aber äußerst zweckmäßig maßgeschneidert. Hauptzier des Raumes ist die große HSV-Fahne, Kiese und Johann sind der harte Kern des Amrumer Fanclubs, und nur St. Pauli darf sich mit ein paar kleinen Aufklebern zeigen, was für Hamburger vermutlich unter soziale Verantwortung und Traditionsliebe läuft. Im Fernsehen verfolgen sie auch während der Schicht die Spiele, notfalls meldet Jan, der von der Spüle aus freie Sicht auf die Glotze hat, Spielstandsänderungen, Auswechslungen und Schiedsrichtereingriffe. Nordisch by Nature. Johann spricht mittlerweile fließendes und sehr bildreiches Deutsch mit starkem Küstenakzent, an seine Herkunft erinnert nur noch ein ganz leicht gerolltes R, er hat eine Familie hier gegründet und empfindet sich als Amrumer. Wellem ist, das verhehlt er nicht, ein bisschen wie ein Vater für ihn, der Pate einer äußerst geglückten Immigration. Wellems Söhne sind auf eigenen Wegen unterwegs, einer wurde Künstler, der andere ist Koch und Hotelfachmann geworden. Zurzeit ist er Restaurantleiter in Stockholm. Also schon auf Wellems Spuren; doch er wird die »Seekiste« nicht übernehmen. Fußstapfen sind nichts für den Sohn. Ganz der Vater.

Wellem wird die »Seekiste« an Johann übergeben. Von eingeborenem Strandräuber zu eingewandertem Strandräuber. In der Küche hat der junge Mann Wellems Platz schon vollständig eingenommen, den ganzen Rest lernt er Stück für Stück, er hört und sieht genau zu, denn ihm ist klar, dass das hier ein wunderbar fein konstruiertes Werk ist, das man nicht aus seinem Gleichgewicht bringen darf. Er ist zuversichtlich, »nur die Speisekartendichtung macht mir Sorgen, das kann keiner so wie Wellem«. Der sitzt derweil am Tresen und trinkt vergnügt seinen Gutedel zur Nacht. Seine gesamte Philosophie fand ich im Gespräch auf einen einzigen Satz reduziert: »Weißt du, die Leute sagen immer zu mir, Wellem, erzähl uns eine Geschichte. Muss nicht stimmen, muss nur gut sein.« Und dann lacht er juchzend, wieder mal.

Wenn ich jemals ein Restaurant eröffnen will, werde ich viele Fotos vom ausgesuchten Ort machen, eine genaue Beschreibung der potenziellen Gästestruktur verfassen, schonungslos meine eigenen Stärken und vor allem Schwächen notieren und mit all diesem Material nach Amrum reisen. Ich werde König Wellem um Audienz bitten, den eingeschenkten Gutedel mit gebotener Ruhe trinken und ihn nicht beim Lesen des Kompendiums stören. Vielleicht gibt er mir eine Empfehlung. Und ich werde nicht in einem einzigen Punkt davon abweichen.

Ich müsste ja verrückt sein.

Am Schulberg

◄ Restaurant
"Alte Schule" P

◄ DORF
RUNDGANG

draußen.

Von Wildschweinen und Wildkräutern

Jetzt nimm halt das Geld!«

»Nee, Nadine hat mir das bestimmt schon gegeben ...«

»Wenn wir dir das gegeben hätten, hätten wir ja auch die Quittung.«

»Aach, das war bestimmt wieder so zwischendurch, und ich hatte die Quittung halt nicht dabei.« Florian Löffler schnaubt freundschaftlich-entnervt. Diese Art Dialog läuft todsicher nicht zum ersten Mal zwischen dem Koch Löffler und dem Wildhändler Carsten Suhr. »Du weißt, dass Nadine mit so was ganz genau ist, Carsten. Also nimm das Geld!« Er schiebt die fünfzig Euro über den alten, leicht wackligen runden Tisch, auf dem zum Frühstück für drei gedeckt ist, auf zwei Tellern liegen Schokoweihnachtsmänner. Die Stube ist vollgestellt mit altem Krimskrams, Bullerofen in der Ecke, ein Gasherd mitten im Raum, an der Wand kitschige Jagdbilder, bewusst ausgesucht als Gegensatz zur hippie-esken Grundaura des Dorfbauernhofes, auf dem die Szene spielt.

Carsten Suhr windet sich, »N... nee«, er sucht einen Aus-weg aus dieser Beckett'schen Dialoggefangenschaft. Dass es sich bei Löffler um einen Franken und bei Suhr um einen

Sauerländer handelt, zwei nicht gerade für Nachgiebigkeit bekannte Stämme, macht die Sache hier nicht einfacher. Auch wenn beide schon lange ihre Heimat verlassen und sich durch großstädtische Lebensentwürfe und ein bisschen wildes Leben gehangelt haben. Um jetzt hier bewusst eine reduzierte, konzentrierte Existenz auf dem Land zu führen. Hier, das ist ein Ort im Grenzgebiet zwischen Uckermark und Mecklenburg. Und hier etwas auch nur vielleicht nicht zu bezahlen, das geht gar nicht.

Löffler, der gerade noch einmal den Druck erhöhen wollte, wird durch einen zufälligen Blick aus dem Fenster des flachen Wohngebäudes aus dem Konzept gebracht. »Was hat denn der da auf der Schubkarre? Guckt da ein Schwanz aus der Plane?« Carsten Suhr springt auf, natürlich ohne das Geld zu nehmen, und ergreift die Gelegenheit, uns hinauszukomplimentieren. Gemeinsam marschieren wir über den Hof hinüber zu einem Nebengebäude.

Das Innere des leicht verwitterten Anbaus erweist sich als blitzsauberer, weiß gekachelter Raum. Hier arbeiten zwei Metzger für Carsten Suhr. Sie zerlegen und verarbeiten Wild. Die kleinen Frühstücksteller mit Adventsschokoladen auf dem Tisch, an dem sich eingangs geschilderter Dialog abspielte, waren offenbar für die beiden Rotbäckchen hier gedacht.

Am anderen Ende des Raumes, vor einer geöffneten Tür, stellt ein Uckermärker, etwa sechzig, gekleidet in Jeans, Stiefel, Pullover und NVA-Tarnjacke, gerade besagte Schubkarre ab und lüpft die blaue Plane. Eine Wildsau liegt darunter, alle viere von sich gestreckt, die Augen geschlossen. Friedliches Bild, wäre da nicht ein sauberes Loch hinter der rechten Schulter und überhaupt ihr Brustkorb von oben nach unten aufgebrochen und die arme Sau völlig ausgeräumt. Außen die bis auf den Einschuss völlig unversehrte Hülle und innen nur blutige Luft.

Während Suhrs Metzger die Sau an zwei Haken heben, sie dann wiegen, begutachten und langsam an einer Deckenschiene ins Kühlhaus hinüberfahren, erzählt der Jäger bedächtig: »Na, war ick schon uffen Heimwege, nüscht jeschossen, da seh ick plötzlich fümwe, sechse aussem Busch kommen. Ick runter uff de Knie, anjelegt, eene blieb stehen, und wumms, im Knall lag se da.« Der eindrucksvolle Bericht wird begleitet von einer präzisen pantomimischen Darstellung der Vorgänge. Am Ende steht der Mann aus den Wäldern auf, klopft sich die Knie ab und lacht zufrieden, die Metzger auch. Carsten Suhr nickt, er ist eigentlich nicht sonderlich am Jagen interessiert, aber gut, Wild ist sein Geschäft. Die vor wenigen Stunden noch fröhliche Sau fährt jedenfalls gerade kopfunter ins Kühlhaus ein. Dort ist sie in guter Gesellschaft. Weitere fünf Artgenossen und ein riesiger Dammhirsch hängen hier, im gleichen bedauernswerten Zustand. Ein sauberes Einschussloch mit blutgetränktem Fellrand, der Rumpf aufgebrochen. Damit der Hirsch überhaupt ins Kühlhaus passt, wurden seine Beine gebrochen und die Gelenksehnen durchgeschnitten, traurig geknickt hängen die Füße runter.

Der Meisterschütze bückt sich, greift in die Schubkarre und hebt ein Mordstrumm von Leber raus. »Na, hat eener Interesse?«

»Ist gekauft«, sagt Löffler, »ich mach heut frische Wildterrine.« Dafür nimmt er noch drei Kilo gemischtes Wildfleisch von Suhr mit, und dann schnell ins Auto. Schnell erstens, weil die morgendliche Einkaufstour von Mecklenburg-Vorpommern in die Uckermark und wieder zurück führt, dann noch zum Gemüsehandel in Feldberg und zuletzt zur Schäferei »Hullerbusch«. Und schnell zweitens, weil der Fuffi noch auf dem Tisch liegt und die Rechnung dafür in Florian Löfflers Jackentasche steckt und Suhr all das noch nicht weiß.

»Der Carsten ist viel zu gut für die Welt. Adventsteller-chen für die Metzger und auf Geld verzichten, so wird das doch nix«, lacht Löffler, »das war ja noch nicht mal Geld für seine Ware, sondern Geld für Gläser, die er uns aus Berlin mitgebracht hat, ein Gefallen, den er uns getan hat. Oh Mann. Aber ein Supertyp, der Carsten!« Ich gucke den immer noch lachenden Löffler an und nenne ihn ab hier einfach Florian, weil er genau der Florian ist, den man schon als einen meiner Küchenchefs aus der Lehre im »VAU« kennt. Ohne ihn hätte ich diesen Schritt damals nie gemacht, ohne ihn wäre ich nie in eine der hundert besten Küchen der Gault-Millau-Welt geraten, ohne ihn hätte ich nicht diesen Schein zu Hause an der Wand hängen, auf dem mir die IHK Berlin bescheinigt, dass ich ordentlich geprüfter Facharbeiter im Ausbildungsberuf Koch bin.

Als ich die Prüfung ablegte, war er schon seit Monaten weitergezogen, Küchenchef im »Goya«, einem Eventschuppen erster Kajüte, der mit einem Paukenschlag das Berliner Nachtleben erobern wollte. Mitten im Stress dieser neuen Arbeit hatte er selbstverständlich mich und meine beiden Prüfungsgenossen aus dem »VAU« am Tag vor der Prüfung angerufen, alles Gute gewünscht und auf sofortiger Benach-richtigung über Erfolg oder Scheitern bestanden. Wir waren ja schließlich seine Jungs ...

Florian hat alle, die das »VAU« in der Folgezeit verließen, auch mich, irgendwann mal als Aushilfen ins »Goya« geholt, für ein schickes Extrageld, er verfolgt den Lebensweg von jedem, den er irgendwann mal neben sich am Herd stehen hatte, in seinem Handy sind die Nummern von wahrscheinlich hundert Köchen gespeichert, und er hält zu jedem die Verbindung. Wenn einer einen neuen Job sucht, kann er sicher sein, dass Florian ihm binnen drei Tagen fünf Adressen gibt, bei denen er schon empfohlen ist. Einen begabten Jungkoch aus dem »Goya« vermittelte er nach der grandiosen Pleite des Schuppens an Wolfgang Müller, der im »Horvath« in Kreuzberg höchstklassige Alpenküche servierte, damit der Junge »irgendwann mal ein kompletter Koch ist«, nach eineinhalb Jahren dort engagierte Florian ihn dann selber wieder.

Wir brettern über einsame Landstraßen, durch vorm Nieselregen geduckte Dörfer Richtung Mecklenburg. Links und rechts genau die Landschaft, die konservativ gerne als »märkischer Sand« bezeichnet wird und die man in sämtlichen Werken Fontanes ausführlich beschrieben findet. Mir präsentiert sie sich im Vorbeiflug in Florians hochmotorisiertem Kombi als winterlich nass-grau, weit und sehr sanft gehügelt. Die Straßen sind gesäumt von den bekannten »Wickelbäumen«, Sie wissen schon: Wochenende, Biermixgetränke, tiefer gelegter Golf II und am Samstag drauf stecken verzweifelt weinende Eltern ein Holzkreuz in die Erde. Am Vormittag ist es hier buchstäblich menschenleer. Der Uckermärker ackert jetzt oder harzviert trübe in der Stube, Besucher kommen ja nur am Wochenende und im Winter eigentlich gar nicht.

Da frage ich mich schon, was einen Mann wie Florian hierher treibt. Seine Laufbahn führte ihn aus dem heimatlichen Würzburg über Saas Fee nach Hamburg in Josef Viehhausers »Le Canard«, wo er nach eigener Auskunft zum ersten Mal diese Sorte manischer Highspeed-Jungkoch kennenlernte, die für die moderne Spitzengastronomie so archetypisch ist. Anfang bis Mitte zwanzig, musik- und drogenaffin, bereit, vierzehn Stunden am Stück hart zu arbeiten, um anschließend genauso hart zu feiern. »Da hab ich mit den Ohren geschlackert. Im Vergleich dazu war ich echt gepampert worden in den Jahren davor.« Florian Löffler war, so erzählt er, bei aller Härte im Job, immer sanft an größere Aufgaben herangeführt worden. Sicher, er bekam früh Verantwortung übertragen, aber immer nur so viel, wie er zum jeweiligen Zeitpunkt auch gut schaffte. Dass er irgendwann mal ein guter Küchenchef sein würde, war ihm und allen seinen Lehrmeistern klar. Große Begabung, gepaart mit Intelligenz und Fleiß, der Weg führte stetig nach oben. »Trotzdem haben die Jungs im ›Le Canard‹ nie auf Karriere geschielt oder die Stunden gezählt, die wollten nur kochen, nur den Wahnsinn.« Wie viel Druck hältst du aus, wie viel schaffst du weg in der Mise-en-place, wie schnell schickst du, mit wie wenig Schlaf und mit wie viel Stoff im Hirn kannst du immer noch kochen wie ein Gott?

Bei Viehhauser lernte Florian auch zum ersten Mal einen konzentrierten, scheinbar simplen Kochstil kennen. Da gab es keine seit langer Zeit entwickelten klassischen Kreationen, kompliziert zuzubereiten und schön anzusehen, in die dann die Ware eingepasst wird. Bei Köchen wie Viehhauser steht am Anfang die Warenkunde. Hier lernt man, gute Produkte von schlechten und herausragende von guten zu unterscheiden. Aus guten Produkten macht man gutes Essen, aus herausragenden eben herausragendes. Ist das herausragende Produkt gefunden, entwickelt man mithilfe von Handwerk, Erfahrung und Kreativität daraus genau das Gericht, das seinen Geschmack und Charakter nach Auffassung des Kochs am besten zur Geltung bringt.

So wie Bildhauer beschrieben haben, dass ihre Skulpturen schon im Stein stecken. Es kommt nur noch darauf an, sie zu erkennen und sie dann herauszuholen. Eine Küche, frei von Spielerei und Dekoration. Auf den Tellern liegt nichts, was nicht zum Essen gedacht ist. In diesem selbst gewählten Rahmen ist trotzdem erstaunlich viel Platz für Gestaltung, jeder Koch dieser Schule macht etwas anderes mit bestem Heilbutt, aber allen ist gemeinsam, dass man beim ersten Blick auf den Teller sieht, ah, Heilbutt. Und der nächste Schritt der Kreation ist dann, den Heilbutt in überraschender Gesellschaft zu präsentieren, aber einer, die ihn stützt, ihn, vielleicht auch durch Widerspruch, so begleitet, dass er strahlt und immer noch dem Gast ein Gefühl von Atlantik, See, Salz und Gischt vermittelt. Knapp zehn Minuten Ozean auf dem Tisch, danach der nächste Gang. Ein Heilbutt, der so präsentiert ist, ist nicht ganz umsonst gestorben.

Nach dieser entscheidenden Erfahrung führte Florian Löfflers Weg in Viehhausers Berliner Dependance »VAU«, zum damals noch angestellten Küchenchef Kolja Kleeberg. Dort blieb er, unterbrochen von einem Intermezzo bei Wolfgang Müller und Mario Kotaska im »Adermann«, insgesamt fünfeinhalb Jahre. Er fing als Saucier an und war am Ende Küchenchef, zusammen mit Marc Belusa. Kleeberg und sein erster Souschef Heiko Nieder hatten mit der modernen Küchenphilosophie im ersten Jahr 1997 sofort einen Michelinstern für das »VAU« erkämpft, und Kolja Kleeberg, ab 2002 Inhaber des Restaurants, hält diesen seitdem unangefochten.

Florian hat in diesen Jahren unendlich viel gelernt, Kleeberg ist ein Chef, der auf Fortbildung seiner Leute großen Wert legt. Er sorgt dafür, dass sie auch andere Küchenstile kennenlernen, indem er sie auf kleine »Tourneen« mitnimmt oder gelegentlich andere Küchenchefs einlädt, eine Woche in seinem Restaurant das Kommando zu übernehmen und nach ihren Vorstellungen mit der »VAU«-Brigade zu arbeiten.

Auch das Handling anspruchsvoller oder zumindest nicht ganz einfacher Gäste kann man hier lernen. Die Berliner Society geht bei Kleeberg ein und aus. Politprominenz, Fernsehsternchen, prollige Neureiche und feiner alter Geldadel zeigen sich und essen hier, aber auch für Weltstars wie Daniel Barenboim, Dustin Hoffman oder Jodie Foster hat Florian Löffler im »VAU« gekocht. Letztere gab sogar in einem amerikanischen Interview zu Protokoll, sie habe im »VAU« das beste Essen ihres Lebens genossen. Was einen enormen Zustrom amerikanischer Gästen zur Folge hatte.

Ein Leben inmitten des schlagenden Herzens einer Stadt, die mit allen Mitteln versucht, die aufregendste der Welt zu sein. Als Florian dann weiterziehen wollte, schien das »Goya« der logische Schritt. Eine ganz neue Art von Hot Spot zwischen Nachtclub und Eventrestaurant. Doch das Projekt war vor allem sinnfälliger Ausdruck des speziellen Berliner Lifestyle-Größenwahns, oversexed und möchtegernelitär, getrieben von Partyzwang und der Sehnsucht nach straffreier Dekadenz. Im »VAU« hatte, bei allem Auftrieb, das Essen im Vordergrund gestanden, die gastronomische Spitzenstellung, im »Goya« ging es um schieren Glamour.

Nach der »Goya«-Pleite stellte sich die Grundsatzfrage: nächste Anstellung als Küchenchef oder der Sprung in die Selbstständigkeit? Florians Lebensgefährtin Nadine ist die Tochter von Salvatore Gala aus dem Unnaer »Meister'ause«, hat im »VAU« Köchin gelernt und danach Hotelbetriebswirtschaft studiert. Sie setzte einfach eine Anzeige in die Fachzeitschrift des Hotel- und Gaststättenverbandes: »Florian Löffler sucht…«, obwohl Florian Löffler noch gar nicht wusste, dass er sucht.

Das Angebot kam schnell. Die »Alte Schule« in Fürstenhagen, ein hübsch renoviertes Landhotel an den Feldberger Seen wurde frei. Der aktuelle Pächter wollte aus familiären Gründen lieber heute als morgen nach Süddeutschland ziehen. Alles war in bestem Zustand, die gehobene Küche schon eingeführt – der künftige Vorgänger hatte selbst schon mal einen Stern in Berlin erkocht – und der Verpächter sagte, wenn die beiden jetzt sofort zuschlügen, könnten sie noch die halbe Sommersaison mitnehmen, der Winter sei zu mau zum Anfangen. Mit schweißnassen Händen unterschrieben sie den Vertrag und kündigten die schöne Berliner Wohnung.

Und nun zahlte sich Florians Kollegentreue richtig aus. Denn der überstürzte Wechsel ließ sich nur mit fachkundigen Freunden bewerkstelligen. Einige Exkollegen aus dem »VAU«, die gerade auf dem freien Markt waren, rückten mitsamt Freundinnen an und planten, kauften ein, jäteten und schrubbten, kochten und servierten. Die Vorgängerfamilie half auch beim Übergang. Gäste, die montags bei ihr eingecheckt hatten, saßen mittwochs schon am Frühstückstisch von Florian und Nadine. »Ein Wahnsinn war das«, lacht er, »eigentlich genau so, wie man's nicht haben will, Chaos pur. Aber es lief super.« Und es war genau das Richtige nach dem Goya-Knall. Keine Glitzerhülle, sondern wieder die Konzentration auf den Inhalt, auf das einzelne Produkt.

Und wenn man das ernst nimmt, muss man dem Prinzip der Marktküche folgen, also bevorzugt jahreszeitlich passende Produkte verwenden. Das bedeutet, dass deutschlandweit hochgezüchtete Herdrennpferde wie Florian Löffler im Winter immer mal wieder grübelnd vor Wurzeln und diversem Kohlgemüse stehen. Hier sind Kreativität und Selbstdisziplin gefragt, die dem Handwerk nützen und langfristig auch das Verbraucherverhalten beeinflussen. Einfach dadurch, dass ein Bewusstsein geschaffen wird für die Tatsache, dass es so etwas wie eine Saison überhaupt gibt – und dass gewisse Produkte wie Biowirsing und Biospitzkohl im November eben bestimmt ohne Piloteneinsatz in die Läden und auf den Tisch gelangt sind.

Natürlich kommt im sehr exklusiven Segment der Michelinsterne kein Koch um die Verwendung bestimmter Luxusartikel herum, Hummer, Kaviar, Trüffel. Regionalaspekte können da also nicht in jeder Hinsicht berücksichtigt werden. Allerdings braucht man dafür Kundschaft, die sich das alles auch leisten kann. Wenn nun ein solcher Koch nach Mecklenburg geht und die bestmögliche, aber dort betriebswirtschaftlich auch vertretbare Küche anbieten will, so bleibt ihm eigentlich nur die konsequente Umsetzung des Prinzips »regional-saisonal«. Und genau daran machte sich Florian Löffler von Anfang an.

Gemüse und Obst in gesuchter Qualität zu finden, ist in dieser Ecke kein Problem, Wild ist mehr als genug da, vor allem das in Deutschland sonst nicht sehr verbreitete Dammwild. Fisch gibt es von den »Müritz-Fischern«, einem nachhaltig arbeitenden Zusammenschluss von regionalen Fischwirten. Dem prinzipientreu arbeitenden Koch stehen neben den vorkommenden Süßwasserfischen auch die Ostseearten zur Verfügung. »Warum soll mir der Lieferant auf dem Weg nach Hamburg St. Pierre aus dem Atlantik vom Laster werfen, wenn ich wunderbaren Flussbarsch direkt um die Ecke kriegen kann? St. Pierre ist ein super Fisch – am Atlantik oder im Sternerestaurant. Aber hier macht das überhaupt keinen Sinn.« Grundzutaten wie Mehl, Milch, Sahne, Crème fraîche, Gewürze und Ähnliches bezieht Florian Löffler weiterhin von einem großen Berliner Gastronomielieferanten, der den weiten Weg auf sich nimmt, weil Florian als angestellter Küchenchef immer ein treuer Kunde war. Als einzige Ausnahme vom Prinzip erlaubt sich der Koch gelegentlich den Kniff, Produkte zu »importieren«, die es in der Gegend zwar gibt, aber nicht in ausreichender Menge oder Qualität. Wie zum Beispiel Esskastanien, die in Mecklenburg an höchstens drei Bäumen wachsen, auf die Florian aber nicht verzichten will. Ansonsten herrscht reine Lehre.

Er würde über den Begriff wahrscheinlich lächeln, aber es ist ein ganzheitlicher Ansatz. Denn die Gründung einer eigenen Existenz weit draußen auf dem Land bedeutet nicht nur, die Schönheit der Landschaft und die professio-

nellen Fähigkeiten zweier junger Gastronomen gewinn-
bringend zu Markte zu tragen. Es bedeutet auch, diesen
Ort und seine Bewohner ernsthaft wahrzunehmen, die vorhandenen Möglichkeiten als Chance zu sehen und für die
Entnahme von Ressourcen auch etwas zurückzugeben. Die
Qualitätsfixiertheit der Spitzenküche generiert bei intelligen-
ten Köchen ein feines Empfinden für Kreisläufe der Natur,
für die Begrenztheit von Quellen, aber auch für den Wert
von Arbeit. Herausragendes Essen beruht vom Erzeuger an
auf einer ununterbrochenen Kette von Weiterverarbeitern,
die keine Mühe scheuen, um die dem Produkt angemessene
Pflege zukommen zu lassen. Ein Landwirt oder Fischer kann
sich diese Mühe aber nur erlauben, wenn der Nächste in der
Kette bereit ist, dafür den entsprechenden Preis zu zahlen;
mit der Entrichtung dieses Preises ist der Koch dann geradezu betriebswirtschaftlich gezwungen, ein Essen von so
hoher Qualität zuzubereiten, dass er einen gerechtfertigten
Preis dafür verlangen kann. Auf diese Weise kann ein Koch
zum Förderer von nachhaltiger Bewirtschaftung werden;
und auf diese Weise könnten wir alle dazu beitragen, und die
Preise für ökologisch Erzeugtes sänken dann auch, by the
way.

Ein solches ganzheitliches Arbeiten kann sogar noch weitere Effekte zeitigen. Sicher, die »Müritz-Fischer« gab es
auch ohne Florian und Nadine, doch die regelmäßige Abnahme ihres Fangs und der beständig wachsende Ruf des
Hotels »Alte Schule« führen zu etwas, das Marketingstrate-
gen gerne »Synergieeffekt« nennen: Ein sehr guter Koch
kauft sehr gute Produkte und macht daraus sehr gutes Essen, das entsprechend kulinarisch interessierte Menschen
mit Geld anlockt. Sie entdecken, sozusagen nebenbei, die
Schönheit der Landschaft, lernen die liebenswerten Eigen-
heiten der Bewohner kennen und konnotieren Mecklenburg
nicht mehr ganz so selbstverständlich mit Strukturproble-

men und fehlenden Perspektiven, sondern eben auch mit einem traumhaft gelegenen Zufluchtsort, der, neben langen Spaziergängen, hübsche Zimmer und moderne Spitzenküche bietet. Sie sehen, dass nicht alle Bewohner dieses Landstrichs weltabgewandte Sonderlinge sind, sondern, siehe »Müritz-Fischer«, auch als modern orientierte, selbstbewusste Menschen in Verbundenheit mit ihrer schützenswerten Natur eine Menge zu bieten haben, was dem ach so aufgeklärten Großstädter dringend fehlt.

Solche Gäste also will, nein braucht die »Alte Schule« in Fürstenhagen. »Die wachsen natürlich nicht in der Nachbarschaft, kannste dir ja denken«, lacht Florian am Steuer. Er muss runterbremsen, weil vor uns, mitten auf der ausgestorbenen Landstraße, ein Radfahrer herumeiert, etwa sechzig, in Landkluft, einen vollen Kasten Bier auf dem Gepäckträger, den er mit nach hinten verrenktem Arm stabilisiert. Klar, dass der so nicht mehr formvollendet geradeausfahren kann. Im nächsten Dorf biegt er ab, und Florian nimmt am Ortsausgang wieder zügig Fahrt auf.

Aber woher kommen sie denn dann, die Gäste? »Viele aus Berlin oder Hamburg. Kolja hat uns von Anfang an aus dem ›VAU‹ Gäste geschickt, die mal Sommerfrische machen wollten.« Dann kamen auch die ersten Gastrokritiker aus Berlin, die nachschauten, was der ehemalige Kleebergmitarbeiter denn nun da draußen macht, und so erschienen einige wohlwollende Artikel mit dem Tenor »Gastronomiewunder in der Pampa«. Dazu die Berliner Freunde, viele aus Künstler- und Architektenkreisen, deren Freunde, Bekannte und Kunden. Schließlich tauchten die ersten Bewerter auf. Vom Gault Millau gab es auf Anhieb vierzehn von maximal möglichen zwanzig Punkten, im Jahr darauf fünfzehn. Zum Vergleich: Das »VAU« hat siebzehn Punkte, und mehr als neunzehneinhalb hat niemand auf der Welt. Die Sache entwickelte sich zum Geheimtipp für Gastrotouristen und gestresste Kulturgrößen.

Im Herbst und Winter sorgt dann sogar der Verpächter selbst für Gäste. Er ist nämlich Inhaber der Jagdrechte in diesem äußerst wildreichen Gebiet, und das schwemmt jede Menge Geländewagenpiloten mit ihren Terriern ins Hotel. Also Wild frei Haus? »Von wegen, die können alle kein Wild mehr sehen! Kalbsrücken, Lamm oder Fisch sind da der Kracher«, grinst Florian. Trotzdem ist der Winter eine schwierige Zeit hier draußen. Aber vor Sylvester zu schließen, wie es manche Gastronomen der Region machen, kommt für Nadine und Florian nicht infrage. »Mit unseren Gästen, das ist ein gegenseitiges Geben und Nehmen. Wir verschaffen ihnen Ruhe und Genuss, und dafür teilen sie auch Zeit mit uns. Die Gespräche abends am Tisch, das ist unser Kontakt zur Welt. Und da wollen wir nicht nur den gut gebuchten Sommer abgreifen und dann den selteneren Gästen im Winter die Tür vor der Nase zuschlagen.«

Endlich in Feldberg angekommen, gehen wir zuerst in den Supermarkt – Biokirschtomaten –, danach schnell zur Post. Kurzer und lautstarker Dialog mit dem ortsansässigen Physiotherapeuten, einer von Florians und Nadines wenigen regelmäßigen Gästen aus der Gegend. »Er weiß, dass er bei uns immer besonders gut aufgenommen wird, dafür haben wir nie Schwierigkeiten mit Massageterminen oder bei plötzlichem Rückenkneifen.« Für Gastronomen ein nicht zu unterschätzender Punkt. Man hilft sich gegenseitig, ein Prinzip, das durchaus als Argument für einen Wechsel von der Großstadt aufs Land dienen kann. Aber dafür sprechen natürlich noch viele andere Dinge. Etwa die beinahe schon Detlev-Buck-artige Anekdote vom »Wildschaden«. Ein Zugezogener war bei nasser Fahrbahn nach einem Ausweichmanöver von der Straße abgekommen, an einen Alleebaum geknallt und dann in den Graben gerutscht. Kein Personenschaden, kein allzu schlimmer Blechschaden, aber ärgerlich, weil selbst schuld. Der Wagen musste per Traktor aus dem Graben gezogen werden, und der dazu herbeigerufene Nachbar guckte nach getaner Arbeit die Wagenfront lange an und sagt dann: »Tscha, klassischer Wildschaden, nä?« Der Wageninhaber verstand nicht. Nachdem der Nachbar einen weiteren Mecklenburger hinzugerufen hatte, diagnostizierte auch dieser »Klar, Wildschaden.«

Am nächsten Tag kam ein dritter Mecklenburger zu dem Wagenhalter und richtete schöne Grüße vom zweiten aus. In der Hand hielt er ein blutiges Hirschfell. Wo denn der Unfallwagen sei. Daraufhin trat er vor den Wagen und schlug das Fell mehrmals kräftig gegen das eingedrückte Blech. Kurz und gut, der Versicherungsgutachter machte viele Fotos und war ganz glücklich, denn »man sieht ja selten einen so schönen Wildschaden.«

In diese Welt sind Florian und Nadine mittlerweile völlig eingetaucht. Auch wenn die ohnehin zeitaufwendigen Einkaufsfahrten nun noch mehr Zeit brauchen durch die sozial wichtigen Nachbarschaftsgespräche mit Carsten, dem Wildhändler oder einem Jäger, mit dem Physiotherapeuten oder den Leuten vom »Hullerbusch«, der letzten Station unserer heutigen Vormittagstour. Der »Hullerbusch« ist eine Schäferei. Eigentlich eine Truppe von Öko-Aussteigern, im Kern eine Familie mit vielen Kindern, dazu die Sophie. Sie halten Schafe und Ziegen, hüten, melken zweimal täglich, außer jetzt im Herbst, dann gehört die Milch den neuen Zicklein. Die Tiere werden gepflegt, geschoren und auch geschlachtet. Die »Hullerbuschs« machen Käse und Kleidung aus Schafwolle oder Filz, die sie im Hofladen verkaufen. Wenn man das idyllisch grün am Waldrand gelegene, zugewachsene Grundstück betritt, wird man von einem großen Rudel Hütehunde begrüßt. Das Haus ist ein Holzbau, roh und schön, drinnen hängt ein bäuerlicher Geruch nach Vieh und deftigem Essen in der Luft, Kindergummistiefel kugeln im Flur herum.

Doch denke jetzt keiner an weltfremde Sektierer, die ihre spinnerten Ideen auf dem platten Land ausleben. Das ist ein gut durchorganisierter ökologischer Betrieb, in dem hart gearbeitet wird. Sophie ist vor ein paar Jahren mit einer Freundin zu Pferd hier aufgekreuzt. Die beiden wollten durch ganz Europa reisen, aber Pferde dürfen nicht so ohne Weiteres Grenzen überqueren. Die bürokratischen Hürden waren so hoch, dass das Unternehmen scheiterte, die Freundin zog nach Hause, aber Sophie blieb. Sie arbeitet und lebt mit der Familie, wollte aber nie Geld für die Arbeit, »weil ich dann ja Angestellte bin, und ich möchte lieber Familienmitglied sein«. Sie kann mit den Tieren mittlerweile so gut umgehen und hat so viel Erfahrung im Käsen gesammelt, dass sie mal auf eine Schweizer Alm will, eine Saison, das ist ihr nächstes Ziel.

Florian kauft Käse, Milch gibt es wegen der Zicklein zurzeit nicht. »Das ist was ganz Besonderes. Gute, frische Ziegenmilch kriegt man echt selten. Und der Käse kann sich mit manchem französischen durchaus messen.« Die Milch verwendet er oft für salzigen Milchschaum bei Hauptgerichten, oder er macht sich die spezielle geschmackliche Spannung zwischen dem starken, eher dunklen Aroma der Ziegenmilch und Süße oder Fruchtigkeit bei Desserts zunutze.

»Klappt's denn mit der Alm, Sophie?«, fragt Florian. »Ach, das ist nicht so einfach. Die Älpler machen sich am meisten Sorgen, ob man denn mit der Einsamkeit zurechtkommt. Die sollten mal hier den Winter sehen!«, lacht sie. »Na ja, auf zweitausend Meter ist Einsamkeit noch mal was anderes. Aber du schaffst das schon. Wo ist der Heino?« Heino ist der Vater der Hullerbuschfamilie. »Der schlachtet.

Wollt ihr rüber?«Florian guckt mich an, ich versuche zu senden, dass ich das nicht unbedingt mitanschauen muss. Ich glaube, in seinen Augen zu sehen, dass er das sehr wohl registriert, aber aus pädagogischen Gründen eine andere Entscheidung trifft. »Ja klar, gerne.«

Sophie begleitet uns nach draußen und über das weitläufige Gelände. Auf dem Weg eröffnet sich der Blick auf eine große Wiese, die selbst jetzt, im Herbst, erahnen lässt, wie fett sie von Frühling bis Spätsommer ist. In der entsprechenden Jahreszeit sammeln die »Hullerbuschs« auf Bestellung Wildkräuter und Blüten; richtige Wiesen sind ja voll von diesen Schätzen und das Hüten lässt fürs Sammeln auch die Zeit. Für Florian ist das der absolute Gipfel. »Besser geht's nicht. Unter den Bedingungen ist Wildkräuterküche auch kein Chichi, sondern ein echter Genuss.« Er hat sich so in das Thema vertieft, dass eines der besonderen Angebote des Hotels mittlerweile auch ein »Wildkräuterkurs« ist. Florian geht mit den Teilnehmern über Wiesen, erklärt die Merkmale für die Bestimmung einzelner Pflanzen und Kräuter, und hinterher zeigt er in seiner Küche, was man mit den gesammelten Köstlichkeiten alles anstellen kann. Wenn die Zunge erst mal für die oft sehr zurückhaltenden Aromen von Vogelmiere und Giersch, von Breitwegerich und Sauerampfer sensibilisiert ist, und wenn man sich dann noch bewusst wird, dass Kräuter, die vor zwei Generationen schon vom Tisch verschwunden sind, wieder greifbar werden, dann versteht man auch die oft ekstatischen Reaktionen mancher Kursteilnehmer. Für Köche sind diese sehr feinen Geschmäcker eine große Herausforderung. »Wir haben mal zwei Tage lang experimentiert, bis wir ein wirklich super Löwenzahngelee hatten. Nicht zu süß, den Löwenzahn hat man deutlich herausgeschmeckt, aber im Ganzen ist das natürlich ein sehr zartes Ding.«

Wir sind mittlerweile an einem abseits gelegenen Gebäude angekommen. Eine Tür an der Rückseite ist von einem kleinen Pferch umschlossen. Im Pferch etwa sieben Lämmer, dicht beieinander, ganz ruhig. Florian nickt mit dem Kinn in ihre Richtung. »Die alle?« – »Ja, die müssen noch«, sagt Sophie. Wir umrunden das Haus und betreten es durch den Vordereingang. Ein kurzer, verwinkelter Gang, dann stehen wir vor einer weißen Kunststofftür, im oberen Drittel ein völlig beschlagenes Fenster. Sophie klopft und ruft: »Heino! Besuch!« Die Tür geht auf, und es erscheint ein sehr freundlich aussehender, mittelgroßer Mann mit blonden Wuschelhaaren, Nickelbrille und Bart. Er freut sich sichtlich, Florian zu sehen, ich werde kurz vorgestellt – »ein Kollege aus Berlin« –, kein Händeschütteln, obwohl Heino ganz sicher ein Mensch von herzlicher Höflichkeit ist, was andererseits auch genau der Grund für das ausbleibende Handreichen ist. Denn Heino ist bis zu den Oberarmen blutverschmiert, seine weiße Plastikschürze ebenso, auch das T-Shirt ist blutig und verschwitzt. Wir schieben uns langsam in den weiß gekachelten Raum, ich spüre einen deutlichen Anstieg der Herzfrequenz. Die Luft ist sehr feucht und warm; schweißig, dampfig und, ja, blutig. An einer Eisenstange hängen nebeneinander fünf tote Lämmer, enthäutet, aufgebrochen, Köpfe abgetrennt, die liegen auf dem Boden, daneben aufgestapelt die noch blutigen Felle. Am Boden, in der Mitte des Raumes, befindet sich eine flache Stahlwanne. In dieser Wanne beginnt das letzte Stündlein der Tiere zu schlagen. Hier werden sie hineingestellt, beruhigt und gestreichelt – und dann kriegen sie den Bolzen in den Kopf, von dem Mann, der sie ihr kurzes Leben lang umsorgt hat. »Die Lämmer sind meistens ganz ruhig, sie ahnen gar nichts, noch nicht mal, wenn ich sie reinhole«, sagt Heino. »Bei Ziegen ist das anders. Die sind sehr klug, oder, Florian?« Der seufzt: »Ich wollte ja auch mal beim Schlachten dabei sein. Aber, na ja ...«

Während Florian gedankenverloren in die Ferne starrt, erinnere ich mich an einen Tag im »VAU«, als ich zum ersten Mal Hummer lebend abkochen musste. Florian guckte zu und sagte: »Ich stell mir das so vor: Wenn ich sterbe, dann bringen sie mich auf eine große Wiese mit einem Fluss. Darauf sind viele Rinder, Lämmer, Schweine, Wild. Im Fluss schwimmen Krebse und, scheiß auf die Logik, Hummer. Da stellen sie mich ab und sagen ›Schauen Sie sich um, Herr Löffler, die sind alle wegen Ihnen vor der Zeit hier gelandet, viel Spaß beim Kennenlernen‹.« Ich warf die nächsten beiden Hummer ins kochende Wasser, stellte den Timer auf eineinhalb Minuten und war nah dran, mich zu übergeben.

Im »VAU« bekam wir auch einmal Wildtauben, morgens geschossen, die waren noch komplett, mit Federn und allem Drum und Dran. In der Spitzengastronomie ist das nichts ungewöhnliches, man bekommt oft ganze Tiere zur Weiterverarbeitung – und wird sich dadurch stärker bewusst, dass das Tier sterben musste, als wenn man nur einzelne Teile vor sich liegen hat. Ich wurde mit einem anderen Lehrling zum Rupfen in den Keller geschickt. Vier Stunden haben wir gebraucht. Köpfe, Flügel und Füße mussten wir auch abschneiden. Die Flaumfedern sind in der Nase stecken geblieben, eingetrocknetes Blut mit daraufklebendem Gefieder überall. Der Chefsaucier hat sich abends erbarmt und uns das Ausnehmen abgenommen, er fand, es reichte für einen Tag.

Aber muss man beim Schlachten mal dabei gewesen sein, um den Wert des Tieres zu schätzen? Eine Grundsatzfrage, vor der viele Köche stehen. Ich erinnere mich daran, dass Jamie Oliver vor ein paar Jahren im Rahmen einer Fernsehsendung beim Schlachten von Lämmern assistierte und dabei einem Lamm selbst den Hals durchschnitt. Es gab einen Riesenskandal in Großbritannien. Oliver argumentierte, er habe das Gefühl gehabt, er müsse sich entscheiden: Nur wenn er sich einmal selbst beim Tötungsakt die Finger schmutzig gemacht habe, sei er berechtigt, weiterhin Tiere zuzubereiten und zu essen. Andernfalls müsse er Vegetarier werden. Man kann bestimmt darüber streiten, ob beispielsweise organisiertes privates Jagen waldwirtschaftlich sinnvoll ist oder die Bestände künstlich aufgeblasen sind, damit genug zum Schießen da ist. Es gibt Studien, die besagen, dass Populationen sich ohne Eingriff der nicht forstbeamteten Jäger auch verträglich einregeln würden, aber eines ist klar: Hirschrücken kommt nur auf den Tisch, wenn irgendjemand ein Gewehr in die Hand genommen hat.

Aber wie war das denn nun mit Florians Schlachttag hier? »Na ja, Heino sagte, ich solle die Ziege einfach aus dem Stall holen und zu ihm bringen. Tja, aber die Ziege wusste genau, was sie erwartet. Die hat sich total gewehrt und gemeckert und immer zurück zu ihrer Familie geguckt. Das hat mich so fertig gemacht, dass ich nicht mehr die Nerven hatte, beim Schlachten dabeizubleiben.« Er guckt zu Boden. »In den Tagen danach musste ich zwei ganze Lämmer verarbeiten. Da habe ich nichts, nicht *einen* Krümel von weggeworfen. Ich habe aus allem etwas gemacht. Einfach aus Respekt.«

Heino ist schon lange im Reinen mit dem Schlachten, anders ginge es ja auch gar nicht. Seine Tiere haben ein traumhaftes Leben, sie sind draußen, sie fressen reine Natur und sie werden umsorgt und gehegt. Wenn es so weit ist, kommt der Tod in Gestalt eines Menschen, der immer für sie da war. Sie sterben auf dem Hof, auf dem sie gelebt haben, der Kreis schließt sich. Und manchmal, sehr selten allerdings, gönnt sich Heino mit seiner Frau einen freien Abend und geht zu Florian und Nadine. Gucken, was aus seinen Lämmern und Ziegen so wird.

Nach diesem aufreibenden Besuch fahren wir zur »Alten Schule«. Es ist schon nach dreizehn Uhr, und wir müssen gleich loslegen mit der Mise-en-place. Florian teilt die Arbeiten auf und überrascht mich mit dem Auftrag, Fagottini herzustellen. Das muss erklärt werden: Fagottini sind im Prinzip sehr kleine Ravioli, aber mit einem Kniff. Man füllt sie mit einer Farce, in diesem Fall Kaninchen, und faltet sie dann so, dass diese Farce gut eingeschlossen ist, aber auf einer Seite der Pasta eine kleine Tasche entsteht, in die die Sauce einsickern kann. Im »VAU« haben diese Arbeit immer nur die Postenchefs am Entremetier gemacht, für Lehrlinge war das tabu. »Na ja, bist doch ausgelernt jetzt«, feixt Florian. Ich rolle den hausgemachten Teig mit der Nudelmaschine dünn aus, dann zeigt Florian mir alles Weitere. Ich kriege doch tatsächlich Schweißfinger, so unerreichbar war dieser Job immer. Ich tupfe also kleine Häufchen Farce mit dem Spritzbeutel in engen Abständen auf den unteren Rand des Teiges. Dann streiche ich mit einem Backpinsel einen Streifen Eigelb-Wassergemisch oberhalb auf den Teig. Jetzt muss der komplette Rand mit den Farcehäufchen vorsichtig einmal umgeschlagen werden. So, die Füllung ist verpackt. Für die Saucentaschen wird das Ganze noch einmal umgeschlagen, allerdings muss ich nun bei jedem Fagottino den Finger so zwischen Päckchen und Teigplatte halten, dass ein kleiner Zwischenraum entsteht, die Tasche. Links und rechts der Farce wird jedes einzelne »Kissen« mit dem Holzlöffel zusammengedrückt, die kleine Tasche darf dabei nicht mit dem Päckchen verklebt werden. Mit dem Teigrad einmal längs oberhalb der Päckchen schneiden und dann die aneinanderhängende Reihe an den zusammengedrückten Stellen durchschneiden – fertig sind die Fagottini.

Sie sehen nicht wirklich so aus, wie die von Denny aus dem »VAU«, sie sind unregelmäßiger, grobschlächtiger. Ich gucke unsicher zu Florian, der gerade die Wildschweinleber durch den Fleischwolf dreht, in die Schüssel mit den restlichen Zutaten für die Wildterrine. An seinem Gesicht kann ich ablesen, wie unglücklich ich gucke. Er lacht und sagt: »Die sind völlig okay. Im ›VAU‹ keine Chance, aber hier machen wir feine Landküche, Betonung auf ›Land‹.« Ich beginne, die Fagottini mit einer Palette vorsichtig von der Arbeitsfläche zu lösen. Hoffentlich war genug Mehl auf der Fläche, damit das unfallfrei gelingt. Zu viel Mehl ist allerdings auch unschön, dann werden sie klumpig beim Kochen. Es geht gut, meine erste Ladung selbst gemachter Fagottini landet auf einem ebenfalls bemehlten Blech, und ich schnaufe aus. »Aber das ist die oberste Grenze der Bäuerlichkeit, alles klar?«, kommt es von der anderen Herdseite, und ich weiß, egal was kommt, dieser Mann da wird immer und ewig mein Küchenchef sein...

Nachdem ich die Fagottini-Hürde gemeistert habe, läuft der Tag so dahin. Irgendwann taucht Fossie auf, deren richtigen Namen ich nicht weiß. Sie war früher auch Köchin, in der Kantine einer ortsansässigen LPG. Wende war Ende und jetzt arbeitet sie als Beiköchin und Spülerin hier bei Florian und Nadine. Sie findet die Küche in der »Alten Schule« toll, anfangs war sie ihr aber auch fremd. Florian, die treue Kartoffel, hat Fossie mit der Zeit die Berührungsängste genommen. Aber er braucht für die Saison unbedingt einen richtigen zweiten Koch. Gar nicht so einfach: »Aus der Gegend kriegst du eigentlich niemanden. Die, die hier irgendwo gelernt haben, können mit unserer Küche nichts anfangen. Und Köche aus der gehobenen Gastronomie von außerhalb tun sich schwer mit der Einöde.« Jan, den er im »Goya« kennengelernt hatte, war jetzt die zweite Saison da, er pendelte immer von Berlin hier raus. Montags und dienstags ist das Restaurant geschlossen, da geht das. Aber Jan ist gerade Vater geworden und wird natürlich zu Hause mehr gebraucht. »Bin ich ihn wohl los, schade.« Im Service gibt es dasselbe Problem. Sarina, aus dem Ort stammend, hat sich gut eingearbeitet, aber Nadine braucht zusätzlich eine richtige Restaurantleiterin, damit sie selbst Kapazitäten für den Hotelbetrieb und das Wirtschaften frei hat. »Aber«, sagt sie, »man muss hier auch bereit sein, ganz einfache Arbeiten zu machen, weil das Geschäft nicht genug abwirft für eine dritte Servicekraft.«

Bei aller Schönheit bleibt Gastronomie doch Gastronomie, auch in dieser Idylle. Im Winter sind die Arbeitszeiten etwas gemächlicher, dafür kommt kaum Geld rein. Im Sommer stimmt die Kohle, dafür ist Rambazamba jeden Tag. Florian steht um halb sieben auf, richtet das Frühstück für Hotelgäste. Ein kleines Buffet mit Cerealien, Fruchtsäften, Milch, Joghurt und Quark. Und dazu für jeden Gast ein eigens angerichteter Teller mit Schinken, Wurst, Käse und hausgemachtem Kräuterquark, frischem Gemüse, fein geschnitten, Brotkorb dazu. Auf dem Tisch Konfitüre und Honig, Eier in jeglicher Form à la minute auf Bestellung des Gastes.

Danach geht's ans Aufräumen und dann entweder auf Einkaufstour oder gleich an die Mise-en-place. Nadine räumt derweil im Restaurant auf, deckt für den Abend ein und legt dann im Büro los. Buchhaltung, Bestellungen, Reservierungen. Arrangements für die »Hochzeitsscheune«, ein ehemaliges Wirtschaftsgebäude, hübsch umgebaut, in dem Gesellschaften feiern können; das zuständige Standesamt traut hier sogar auf Anfrage. Die Kochkurse von Florian sind auch gut gebucht, dazu die normalen Kurzurlauber. »Meistens nur für vier, fünf Tage, aber manche auch länger.« Bei der zweiten Satzhälfte sieht Florian nicht nur glücklich aus. »Na ja, ich habe den Anspruch, dass kein Hotelgast während seiner Zeit hier eine Wiederholung auf der Karte erlebt.

Solange einer bleibt, solange wechsle ich täglich. Bei zwei Wochen Aufenthalt komme ich da auch mal an Grenzen. Weißt ja, Jahreszeitenküche, Vorbestellungszeiten und der ganze Kram.« Manchmal reicht es für eine kurze Mittagsruhe, aber meistens geht es durch. Ab Achtzehn Uhr öffnet das Restaurant, die Küche ist so gegen zweiundzwanzig Uhr spätestens fertig. »Durch das Frischluftprogramm über Tage sind die Gäste früh hungrig, das ist ganz schön«, sagt Florian.

Aber für Nadine und Sarina wird es trotzdem oft ein langer Abend, denn satt sein heißt nicht auch, dass man keinen Wein mehr trinkt. Zumal Nadine auf diesem Sektor äußerst beschlagen ist und sehr schöne Positionen zu bieten hat. Danach wieder aufräumen, den nächsten Tag vorbereiten ... Vor halb zwei Uhr nachts ist Nadine während der Saison selten bei ihrem dann schon schlafenden Mann im Bett, deswegen darf sie ein bisschen länger liegen, während Florian um halb sieben schon wieder die Hufe schwingt.

An allen drei Tagen meines Aufenthaltes hier erlebe ich die immer gleiche Biokurve bei Florian. Beginn Mise-en-place mit Schwung und stetig steigender Laune, er quatscht und lacht viel. Im »VAU« schon konnte er an guten Tagen die ganze Brigade vierzehn Stunden am Laufen halten, kochte morgens Asiasuppe für alle als zweites Frühstück und blödelte sich dann mit Temperament durch den Tag. In der letzten Stunde vor Servicebeginn tritt aber eine ungute Verspanntheit ein, da denkt er immer wieder, er schafft es doch nicht rechtzeitig. Läuft der Service dann eine halbe Stunde, kommt er in Schwung, wird euphorisch. Dann liegt das Fluchen zwar nah neben den Witzen, aber er ist in seinem Element. Jetzt zeigt er, was er kann, schickt Essen um Essen in bester Qualität raus, sieht durch das Fenster der Küchentür, dass es den Gästen schmeckt. Die fiesen Kochsprüche fliegen zwischen uns hin und her. »Na, Alter, ich kann schicken in zwei, brauchst du Hilfe, hähä?« – »Hey Gregi, ich brauch Kartoffelstampf, schon mal gemacht, du Pfeife? Ha!« Wie früher, denke ich und bin plötzlich ganz sentimental. Nach dem letzten Teller fällt Florian in eine regelrechte Depressionsstimmung, aus der ihn dann nur ein, zwei aufmunternde Gästegespräche am Tisch wieder rausholen. Nach dem Aufräumen und Putzen, bei eintretender Müdigkeit, setzt er sich mit Nadine und mir im leeren Gastraum auf einen Wein und kommt halbwegs wieder ins Lot.

Seit Sommer 2007 machen die beiden das jetzt. War es die richtige Entscheidung? »Eine Hotelbetriebswirtin und ein Küchenchef müssen den Schritt irgendwann machen, oder? Die Gelegenheit war da, und es ist gut gegangen. Aber natürlich stellt sich die Sinnfrage nach jeder Saison«, da stimmen beide überein. Die Randlage im äußersten Nordosten des Landes macht ihnen schon zu schaffen, seelisch. Aber sie mussten vor allen Dingen herausfinden, ob sie das können, ob sie die richtige Nase und genug Erfahrung für die Schaffung eines erfolgreichen eigenen Geschäftes haben. Neulich entdeckten sie in einer Fachzeitschrift ein Bild von einem edlen, futuristischen Restaurantschiff in Düsseldorf oder Dortmund, also nah bei Nadines Wurzeln, ihrem italienischen Clan, zu dem es sie immer zurückzieht. Im dazugehörigen Artikel stand, dass der Laden nicht gut laufe und kurz vor der Pleite stehe. Die beiden waren sofort angestochen. Es sei ja geradezu unmöglich, für ein so tolles Objekt das falsche gastronomische Konzept zu entwickeln, so was sei doch zum Erfolg verurteilt, wenn man die Startphase überstehe. Aus Spaß erkundigten sie sich danach, ob das Objekt zu pachten oder zu kaufen sei – und erfuhren, dass ihnen schon jemand zuvorgekommen war. Alain Ducasse, der höchstbewertete Koch der Welt, hatte das Designstück gerade seinem Gastronomieimperium einverleibt.

Über ihre Nase brauchen sich Florian und Nadine also wohl keine Sorgen zu machen.

Sophie und Heino gewidmet

Sophie wollte nach Pfingsten 2009 den Hof Hullerbusch in Richtung Schweizer Alm verlassen. Alles war geplant. Für Donnerstag, den 30.05.2009 organisierten die »Hullerbuschs« ein großes Abschiedsfest für sie. Nachmittags ging Heino mit Sophie auf dem Carwitzer See segeln. Sie kenterten in einer Bö und ertranken beide. Ich bin ihnen nur an dem einen, im Text beschriebenen Tag begegnet, aber sie haben mich sehr beeindruckt. Heino hinterlässt eine Frau, fünf Kinder, viele Freunde und zwei große Herden.

tradition.

Wenn einfach alles bleibt, wie's ist

Bremen im Februar. Vom Bahnhof aus betreten, eine Stadt wie hundert andere westdeutsche Städte. Ehemals schmuck, dann kriegszerstört, während des Wirtschaftswunders eilig und unschön wieder hochgezogen. Gesichtslos und praktisch; Wohnraum, Geschäftsraum, Arbeitsraum, Verwaltungsraum. Auf einer Brücke überquere ich den Wallgraben, rechter Hand die berühmte Windmühle. Das schmale Wasser ist von einer dünnen Haut aus schwindendem Eis überzogen, es herrscht Tauwetter. Man kann sich über den mit dieser Witterung einhergehenden grauen Nieselhimmel ärgern, über die Pfützen und das geduckte Gehen, damit kein Tröpfchen in den Kragen weht, aber das Tauwetter ist, genau genommen, der Grund meines Hierseins.

In der sogenannten kleinen Eiszeit, die im fünfzehnten Jahrhundert begann und bis in die Anfangsjahre des neunzehnten anhielt, froren regelmäßig auch fließende Gewässer vollständig zu. Für Bremen bedeutete das eine Winterpause der Seefahrt auf der Weser. Eine willkommene Pause, um sich die Abrechnungen des Handelsjahres vorzunehmen und Bilanz zu ziehen. Ab Mitte Februar – richtig: Tauwetter – ging es dann meist wieder los. Das neue Seefahrtsjahr wurde mit diversen Abschieds- und Dankesessen eingeläutet, das die Kaufleute ihren Kapitänen ausrichteten. Die Verbindung zwischen Kaufmannschaft und Schiffern war in Bremen schon frühzeitig äußerst eng geworden, da die Randlage im Norden wirtschaftlichen Erfolg nur im Seehandel versprach. Im Jahre 1260 war Bremen zum ersten Mal der Hanse beigetreten. Eine Beziehung, die sich über Jahrhunderte sehr wechselhaft gestaltete, galten die Bremer doch, der heutige Beobachter staunt, als unzuverlässige Partner. Sie paktierten sogar mit friesischen Seeräubern, was 1285 zu ihrem Rauswurf führte. »Draußen« fühlten sie sich dann auch ganz wohl, aber dreiundsiebzig Jahre später wurden sie unter massiver Gewaltandrohung in die Hanse zurückgezwungen, weil die anderen Mitglieder des Bundes sich einig waren, dass man die Bremer so wenigstens einigermaßen unter Kontrolle hatte. Bis eines Tages ein Bürgermeister wegen interner Querelen das Weite suchte und das Bündnis mal wieder gegen seine Heimatstadt aufbrachte. Sie ahnen es schon: Bremen flog hochkant hinaus. Und so ging es in stetem Wechsel durch die Jahrhunderte. Stritten die Bremer gerade einmal nicht mit der Hanse, so stritten sie mit dem Kaiser, dem Bischof von Hamburg oder sonst irgendjemandem, der sich Bremer Interessen uneinsichtig in den Weg stellte. Das Einzige, was bei diesem ständigen Wechselspiel von Dauer blieb, waren der Handel, die Seefahrt und der Bremer Kaufmann, eine städtische Konstante über beinahe ein Jahrtausend.

Hat man den Wallgraben hinter sich gelassen, die bielefeldhafte, dortmundeske oder auch kölnähnliche Standardfußgängerzone durchquert, betritt man das steingewordene Zeugnis der Stadtgeschichte, den Marktplatz. Am Nordostrand das Weltkulturerbe-Rathaus mit Roland, am Südwestrand, also genau gegenüber, der Schütting, das historische

Gebäude der Bremer Kaufmannschaft. Ersteres entstand um 1410, Letzteres um 1538. Über die Zeiten blieben die Bauten und ihre Nutzer in steter Konkurrenz verbunden. Verschönerten die einen, bauten die anderen gleich ganz um. Auf diesem geschichtsträchtigen Platz versinnbildlicht sich der ewige Zwist zwischen dem gesellschaftspolitischen Wunsch nach Regulierung der Wirtschaft und dem kaufmannschaftlichen nach ungehinderter Ausdehnung des Handels, wobei beide Seiten für ihren Ansatz jeweils den größtmöglichen Nutzen zum Wohle der Gemeinschaft reklamieren. Und das hat offenbar funktioniert: Beide Gebäude bezeugen in ihrer Pracht und Größe, dass Bremen bis ins zwanzigste Jahrhundert hinein blühte und wuchs. Dass man dabei die soziale Verantwortung tatsächlich nicht aus den Augen verlor, davon zeugt auch das 1561 errichtete »Haus Seefahrt«.

In diesem Gebäude residierte eine 1545 gegründete und bis dato »Arme Seefahrt« geheißene Stiftung, die dafür Sorge trug, dass in Not geratenes »seefahrendes Volk« nicht ins Elend stürzte. Damals kehrte immerhin fast ein Drittel der Männer nicht von der Sommersaison zurück, jedes Jahr gerieten unzählige Familien in völlige Armut. Hinzu kam, dass das Alter und die Folgen von Verletzungen viele Seeleute schnell untauglich für die harte Arbeit machten. Durch Speisungen, ab 1561 auch durch die Zurverfügungstellung von Wohnraum, sorgte die Kaufmannschaft für ihre ehemaligen Frontschweine und deren Angehörige.

Ganz uneigennützig taten sie das wohl nicht. Die einfache Rechnung lautet: Da der Beruf des Seefahrers in jenen alten Tagen eine Unzahl an Gesundheits- und Lebensrisiken mit sich brachte, war es nicht selbstverständlich, dass genug Nachwuchs für die nautische Laufbahn rekrutiert werden konnte. Mit der Zurschaustellung ihres Versorgungswillens über den geleisteten Dienst hinaus demonstrierten die Kaufleute, dass die Risiken für die zukünftigen Seemänner abgefedert wurden. Auch verlieh diese Sonderbehandlung dem ganzen Berufsstand einen sozialen Stellenwert, der nichts mehr mit dreckigen Hafenkneipen und ersaufen bei Eiseskälte zu tun hatte. Der Bremer Kaufmann erhandelte sich so mit ein paar Talern eine enge Bindung zu denjenigen Mitarbeitern, die natürlich trotzdem das höchste leibliche Risiko trugen. Ich will den Bremer Kaufmannsstand nun aber nicht als seelenlose Rechenmaschine präsentieren; sicher war dieses Handeln auch ein Zeichen der Wertschätzung, eine Haltung, die in höheren Kreisen der Stadt auch heute noch von großer Wichtigkeit ist und ein wesentliches Charakteristikum der Veranstaltung darstellt, um die es in diesem Kapitel geht.

Um die reibungslose Finanzierung dieser Stiftung zu gewährleisten, schuf die Bremer Kaufmannschaft seinerzeit erstens diverse strafgeldbewehrte Verhaltensregeln: Im Falle eines Verstoßes war eine bestimmte Summe an die Stiftung zu entrichten; und an Bord sorgten die Kapitäne mit Strafgeldern für Ordnung, welche ebenfalls dem Haus Seefahrt zugeführt wurden. Und zweitens bündelte man die Vielzahl an Abschieds- und Dankesessen in einer großen Veranstaltung, die jedes Jahr am zweiten Freitag im Februar stattfand. Die fördernden Mitglieder vom »Haus Seefahrt«, Kapitäne und Kaufleute, treffen sich seitdem an besagtem Freitag zu einem Festmahl, das die sogenannten Schaffer – das sind jeweils drei neue Mitglieder – aus eigener Tasche zahlen müssen. Bei diesem Essen wird natürlich auch noch Geld gesammelt für die Stiftung, so etwas geht ja bei Speis und Trank bekanntlich recht gut.

Die Bremer »Schaffermahlzeit« wird nachweislich seit dem Februar des Jahres 1545 abgehalten. Ausgesetzt wurde die Tradition nur in Zeiten äußerster Not: während Napoleons Kontinentalsperre, wegen Unstimmigkeiten zwischen Schiffern und Kaufleuten in der ersten Hälfte des neunzehnten Jahrhunderts, während der Weltkriege und der anschließenden Hungerzeiten, die nach dem Zweiten bis 1952 dauerte. Die Speisenfolge des »Schaffermahls« folgt dabei alten Regeln: Es gibt Bremer Hühnersuppe, Stockfisch mit Senfsauce und Salzkartoffeln, Seefahrtsbier, Braunkohl mit Pinkel, Rauchfleisch, Maronen und Bratkartoffeln, danach Kalbsbraten mit Selleriesalat, Katharinenpflaumen und gedämpften Äpfeln, als Dessert Sardellen, Rigaer Butt, Wurst, Zunge, Chester- und Rahmkäse, Fruchtkorb. Danach raucht man Tabak aus langen Tonpfeifen und nimmt den Mokka im benachbarten Saal. Anschließend darf, wer noch kann, tanzen.

Wie lange es diese Speisenfolge schon gibt, lässt sich so genau nicht mehr sagen. Sicher ist, dass der Stockfisch, das Seefahrtsbier, kaltes Fleisch und Butt schon seit dem Mittelalter dabei sind. Das Seefahrtsbier ist ein sehr dickflüssiges, alkoholfreies Malzgetränk, im Geschmack verdünntem Rübensirup nicht unähnlich, das früher tatsächlich auf Segelschiffen mitgeführt wurde, nahrhaft und Skorbut vorbeugend. Stockfisch war einerseits beliebte Handelsware in alter Zeit und natürlich, aufgrund der Haltbarkeit, auch klassischer Seefahrerproviant. So kann man die meisten Zutaten der Mahlzeit durchdeklinieren, Rauch- beziehungsweise Pökelfleisch, Kochwurst, Braunkohl, alles klassische Dauerwaren. Hühner wurden auf Schiffen lebend mitgeführt, lediglich der Kalbsbraten darf als Delikatesse betrachtet werden, die so ohne Weiteres dem Schiffer nicht zugänglich war und daher den Charakter des Dank- und Festmahles unterstreicht. Butt aus Riga steht für den Ostseehandel der Hanse, Chesterkäse für die Beziehungen zu England. Früher gab es ausschließlich Bier zur Mahlzeit, irgendwann gesellte sich auch Wein dazu, es gibt immer einen Roten aus dem Bordeaux und einen Weißen aus Deutschland.

Auf dem Markt angekommen, umrunde ich den Schütting auf der Suche nach dem Eingang des »Clubs zu Bremen«, einer exklusiven Einrichtung, die seit gut hundertfünfzig Jahren ihren Sitz im Schütting hat. Mitglied kann man nur auf Vorschlag von zwei Bürgen werden, und ist man drin, so warten eine Vielzahl sozialer und gesellschaftlicher Verpflichtungen auf einen. Dafür bekommt man ein hervorragendes Netzwerk, interessante Vorträge, gesellschaftlichen Nimbus und die Möglichkeit, die Clubräume mit ihrer Gastronomie zu nutzen. Also das klassisch britische Prinzip. Die Gastronomie des Clubs betreibt Stefan Madaus, ein gebürtiger Hesse und Wahlbremer. Sein Weg vom angestellten Küchenchef eines Hotels zur festen Größe der städtischen Gastronomie in einem anachronistisch anmutenden Club ist, wie man noch sehen wird, nach Bremer Gesichtspunkten eine musterhafte. Denn sie ist eng mit den geschäftlichen Grundfesten der konservativen Kaufmannschaft verflochten und fand ihren vorläufigen Höhepunkt 2003, als Madus zum ersten Mal die »Schaffermahlzeit« zubereiten durfte. Weil es gut geklappt hat und weil der Bremer, wie Madaus sagt, »ein treuer Kunde ist«, stecken er und seine Crew nun, im Februar 2009, zum sechsten Mal mittendrin in der »Höllenwoche«, in der die »Schaffermahlzeit« vorbereitet und ausgerichtet wird.

Was aber ist für einen Proficaterer so schwierig an der Zubereitung eines kulinarisch nicht übermäßig anspruchsvollen Sechs-Gang-Menüs für etwa dreihundert Personen, zumal ein Gang lediglich aus einem Getränk, dem Seefahrtsbier, besteht? Also, erstens ist es nun mal ein Traditionsessen, an dem nur die Spitzen der Bremer und der bundesdeutschen Gesellschaft sowie hochkarätige ausländische Gäste teilnehmen. Seine Ausrichtung bedeutet für einen Bremer Koch ungeheures Prestige, und die Bremer Gäste des Mahles, ausschließlich Schaffer und ehemalige Schaffer, allen anderen Bremern ist die Teilnahme an diesem Mahl per Satzung verwehrt, entstammen ausnahmslos einer sozialen Schicht, die ganzjährig äußerst lohnende Cateringaufträge zu vergeben hat, seien es private oder geschäftliche Anlässe. Zweitens muss der Ablauf des gut fünfstündigen Essens bei jedem Gang auf die Minute exakt klappen, denn nicht weniger als zwölf Reden werden nach genauesten zeitlichen Vorgaben während des Mahles gehalten, die letzte und wichtigste vom jeweiligen Ehrengast um exakt achtzehn Uhr dreißig; diese Rede wird seit Jahren live vom Deutschlandfunk gesendet. Diesjähriger Ehrengast ist Bundespräsident Horst Köhler, ein Repräsentant, der sicher nicht auf ein paar lahme Köche warten will, bevor er eine deutschlandweit übertragene Rede hält …

Und drittens gehören zur traditionellen »Schaffermahlzeit« noch einige andere »Events«, die alle vom »Schafferkoch« ausgerichtet werden. Die Woche beginnt nämlich montags mit der sogenannten Schmeckemahlzeit. Die Schaffer kosten dabei den Stockfisch, der freitags gereicht werden soll, und die Weine. Hier gibt es Gestaltungsspielraum für Herrn Madaus, er darf sich ein Menü rund um den Stockfisch ausdenken und hat schlappe hundert Gäste zu bewirten. Am Dienstag tagt die Generalversammlung des »Hauses Seefahrt« und wählt aus den eingegangenen Vorschlägen drei neue Schaffer, die dann zwei Jahre später die Mahlzeit ausrichten. Anschließend gibt es ein kleines Essen, natürlich von Herrn Madaus. Außerdem probt Herr Madaus noch den Tanz mit der Gattin des ersten Schaffers, eine Tradition, die etwas erzählt über Bremer Sozialstrukturen. Heute ist ja ein Koch, zumal als erfolgreicher Unternehmer wie Stefan Madaus, fraglos salonfähig, aber früher? So darf man diese Tradition durchaus als Geste des Dankes gegenüber dem braven Handwerksmann verstehen, der mit seinem kulinarischen Können den Tag gestaltet hat.

Mittwochs findet in einem Saal im Schütting die Presse-konferenz zur Schaffermahlzeit statt. Dabei wird das gesamte Menü als Buffet zum Kosten für die Journalisten bereitgestellt. Zeitgleich deckt Madaus' Mannschaft den »Oberen Saal« des Rathauses ein. Der ganze Saal ist von überwältigender Ausstrahlung. Gut zehn Meter hoch, voller Schnitzereien, getäfelter Wände, alter Balken, Gemälde. Von den Decken hängen große und sicherlich antike Schiffsmodelle und ausladende Lüster. Tradition, in Holz und Stein gefasst, gemeißelt und gezimmert. Eine Filmkulisse, so unwirklich wirkt das in seiner Musealität. Hier könnte man den Abschluss des Westfälischen Friedens drehen, eine Versammlung der Kurfürsten, eine Kaiserkrönung oder den Fenstersturz zu Prag.

Die Tafel hat die Form von Neptuns Dreizack, die Querstange am Kopf des Saales, hier wird der Ehrengast Platz nehmen, davon ausgehend drei Zinken aus langen Tischreihen, an deren jeweiligen Enden einer der drei neuen Schaffer sitzen wird. Geschirr und Besteck gehören dem »Haus Seefahrt«. Jeder Gast benutzt während des gesamten Essens nur eine Garnitur Besteck, lediglich der Suppenlöffel wird abgetragen. An bereitgelegtem Löschpapier streift man Messer und Gabel einfach nach jedem Gang ab. Beim Eindecken müssen diverse Silberkunstwerke, vermutlich gestiftet, nach überlieferten Regeln platziert werden. Besonders herausstechend ist die prachtvolle Skulptur eines Dreimasters auf hoher See mit dem Namen »Brema«. Das Schiff steht immer vor dem Platz des Ehrengastes, dieses Jahr wird also Horst Köhler daraufschauen können. Salz wird in goldenen und Pfeffer in silbernen Tütchen verpackt an jedem Platz bereitgestellt. Und hier und da noch große Silberhumpen, aus denen das Seefahrtsbier von Mund zu Mund wandert. Hundert Kapitäne, hundert geladene Gäste und maximal hundert Mitglieder der Kaufmannszunft werden hier am Freitag Platz nehmen.

Donnerstags läuft die gesamte Küchentruppe eigentlich schon auf Reserve. Am Abend laden sowohl der verwaltende Vorsteher von »Haus Seefahrt« als auch die kaufmännischen Schaffer traditionell Gäste der Mahlzeit privat ein. Welche Gäste bei wem essen, geht aus einer streng verhandelten Liste hervor, auf die die Einladenden keinen Einfluss haben. Kurz: Madaus muss einen Tag vor dem großen Showdown noch weitere fünf bis sechs Veranstaltungen beliefern. Anspruchsvolle Menüs, in der Clubküche vorbereitet und dann abends vor Ort von den Köchen des Unternehmens zubereitet und von Kellnern serviert. Diese »kleinen« Einladungen können auch schnell mal zwanzig, dreißig Gäste haben.

Und am Freitag dann der große Tag, die Hauptkampfhandlung der Woche, deren wirklicher Abschluss aber erst das samstägliche »Prövenermahl« auf dem Seefahrtshof, der Wohnstatt der Stiftung, ist. Die Prövener sind die Bewohner, also jene Menschen, um die es bei der ganzen Angelegenheit ja letztendlich geht. Sie bekommen die Reste der Schaffermahlzeit serviert, alles in allem etwa siebzig Personen. Dieses Prövenermahl ist gleichzeitig der erste offizielle Auftritt der neu gekürten Schaffer, die im kommenden Jahr die Schaffermahlzeit ausrichten werden. Hier servieren sie den Prövenern eigenhändig die Suppe, als Geste der Demut vor dem Alter und in Erinnerung an die Anfänge der Tradition.

Aber damit nicht genug: Am Dienstag der folgenden Woche ist dann, als wirklich allerletzte Veranstaltung, das Danksagungsmahl. Dazu lädt der verwaltende Vorsteher die zehn Kapitäne, die an der Weihnachtssammlung der Stiftung teilgenommen haben, die übrigen vier Vorsteher, die drei Schaffer und den verwaltenden Kapitän zum Essen ein. Hier wird der Dank an alle ausgesprochen, die an den Vorbereitungen und der Durchführung der Schaffermahlzeit mitgewirkt haben. Sechs der Kapitäne haben als Kapitänsschaffer den

Kaufmännern bei der Vorbereitung der Mahlzeit und währenddessen in einer speziellen, nicht unkomischen Funktion zur Seite gestanden. Je zwei von ihnen stehen nämlich immer links und rechts von je einem der drei Schaffer, während der seine Reden hält. Dabei schauen sie ihn unverwandt an und, wie man auf dem Videoscreen, mittels dessen die Reden in den Nebenraum übertragen werden, sehen kann, tun sie dies mit deutlich guter Laune. Hintergrund des Rituals ist folgender: In alten Zeiten war die Woche der Schaffermahlzeit eine einzige Abfolge ausschweifender Feierlichkeiten, und am Ende, am Freitag, dem Tag der langen Reden, waren die Schaffer in aller Regel ziemlich durch. Da der Seemann im Allgemeinen von eher kräftiger Physis und an den phasenweise exzessiven Genuss alkoholischer Getränke gewöhnt ist, bestimmte man für jeden Schaffer zwei Kapitänsschaffer als Stütze, und zwar buchstäblich. Da hingen die im exklusivsten gesellschaftlichen Zirkel der Gemeinde Bremen Angekommenen also vermutlich schnaufend im schwieligen Griff der Fahrensmänner und lallten sich mit letzter Kraft durch die Ansprachen. Kein Wunder, dass die heutigen nautischen Helfer angesichts der tadellosen Disziplin moderner Kaufleute wehmütig lächelnd alte Zeiten vor dem geistigen Auge erstehen lassen, während die drei Schaffer in geschliffenem Deutsch ihren brillanten Gedanken freien Lauf lassen.

Am Mittwoch der »Höllenwoche« – Pressekonferenz, Eindecken im Rathaus, Mise-en-place für die Donnerstagseinladungen und die Schaffermahlzeit sowieso – öffnet sich also um zehn nach neun vormittags auf mein Klingeln der Hintereingang des »Clubs zu Bremen«, und ich betrete die heiligen Hallen des Handels und Wandels. Ein paar Meter geradeaus, dann, als ich gerade links abbiegen will, öffnet sich rechts eine Tür, aus der ein Untoter in Kochkluft wankt, eine große rote Kiste mit Brot von einem Stapel hebt, mich kurz anguckt und dann schnaufend wieder verschwindet.

Ich klingele an einer weiteren Tür, es öffnet eine Dame, geleitet mich in den nächsten Flur, dort fliegender Wechsel zu »Moin, Madaus. Willkommen, Herr Weber, ich zeige Ihnen mal, wo Sie sich umziehen können, und dann schmeißen wir Sie ins kalte Wasser, nich?« Ja klar, Zeit ist Geld, beziehungsweise in Küchen immer knapp, und Stefan Madaus ist ohnehin von der energischen Sorte. Ein flinker, schick angezogener mittelgroßer Mann mit Designerbrille und kurzen grauen Haaren. Durch eine Stellenanzeige war Madaus 1987 nach Bremen gekommen, als stellvertretender Küchenchef im Parkhotel. Er wollte nach einer Woche gehen, weil es ihm zu chaotisch zuging, was er auch knallhart verbalisierte. Konsequenz: man bot ihm an, Küchenchef zu werden. Beschwerde – Lösungsangebot – Annahme. So macht man das im Norden. Wer kneift, darf sich nicht beschweren.

Der Schütting trägt in seiner Fassade einen Wappenspruch »Buten un binnen, wagen un winnen.« Das heißt »Draußen und drinnen, wagen (was hier aber auch ›abwägen‹ meint) und gewinnen.« Madaus wägte, wagte und gewann. Fünf Jahre führte er die Küche im Parkhotel, dann wagte er wieder und sprang in die Selbstständigkeit. Intuitiv die Regeln der Bremer Kaufmannschaft erfassend, entwickelte er sein Cateringunternehmen zum größten der Stadt. Wenn Bremer Kaufleute Feste in Prag oder am Bodensee ausrichten, dann beauftragen sie selbstverständlich Herrn Madaus. Einerseits finden sie es einfacher, auf Bewährtes zurückzugreifen, als vor Ort zu suchen, andererseits ist das typisch Bremer Kaufmannschaft. Warum soll ein Prager oder Konstanzer Koch das Geld verdienen, das ebenso gut ein Bremer Koch verdienen kann? Ihr Bremer Koch.

Seit gut fünfzehn Jahren ist Madaus schon Ausrichter der Schmeckemahlzeit, 2001 bot ihm der »Club zu Bremen«

dann die Übernahme der Gastronomie an. Madaus eröffnete am 13. September 2001, zwei Tage nach den Anschlägen von New York und Washington – es wurde eine Trauerfeier. Anschließend brach das Geschäft sowohl im Catering als auch im Club völlig zusammen, Madaus war praktisch pleite. Irgendwie hielt er durch, »wagen un winnen«. Als sich die Gemüter beruhigten und die Geschäftsgänge wieder normalisierten, ließ der Club sich darauf ein, Teile der Räumlichkeiten und somit auch das gastronomische Angebot öffentlich zu machen. Und 2003 kam dann schließlich der Auftrag, das Schaffermahl auszurichten.

Der Chef, ein Bremer vom Scheitel bis zur Sohle, dem man den gebürtigen Hessen nicht mehr anmerkt, führt mich schnellen Schrittes abwärts. Wir fahren in die Katakomben des Schütting ein und dort in die höhlengleiche Umkleide, geschätztes Baujahr 1612. »Das ist Ihr Spind für die Zeit, haben Sie ein Schloss? Na macht nix, kriegen Sie von uns, bis gleich.« Okay dann, hoffentlich finde ich jemals den Ausgang wieder, wo war die Küche noch mal?

Wider Erwarten schaffe ich es, schon knapp zwölf Minuten später umgezogen im Zentrum des Wahnsinns zu stehen. Die Küche ist klein, gut, das finden alle Köche, aber hier und heute kann man sich echt nicht daran vorbeilügen, dass die Abmessung dieser Küche einfach ein Witz ist angesichts der Aufgaben. Stefan Madaus wird später sagen, dass ihm klar war, dass der Mittwoch so ziemlich den miesesten Einstieg in die Materie bieten wird, an dem Tag kommen einfach alles Unglück, aller Irrsinn zusammen und seine Leute sind jedes Jahr in miserabelster Stimmung. »Da sind sie schon müde von den Tagen zuvor, es kommt ein riesiger Schwung Ware für Donnerstag und Freitag, von dem keiner weiß, wo er das alles auch noch hinpacken soll, dazu die Pressekonferenz.« Ja, und an dieser Stelle sollte gesagt sein, dass es auch immer noch den Club gibt. Hier läuft der Betrieb ja weiter, das heißt, Mittags- und Abendservice wie gehabt. Die Karte des Clubs hat nichts mit der Schaffermahlzeit oder den diversen Nebenveranstaltungen zu tun. Auch dafür muss geplant, eingekauft, vorbereitet und eingelagert werden.

Ich stehe also mitten in einer ziemlich alten Küche, gelbe Fliesen, kein freier Platz und alles voller Kistenstapel, bis unter die sehr niedrige Decke. Die Küche befindet sich im Souterrain, winzige Milchglasfenster, also praktisch kein natürliches Licht. Der räumliche Aufbau ist verwirrend, es gibt auf halbe Raumhöhe hochgezogene Zwischenwände, die den Fertigungsbereich mit Pass von Vorbereitungsbereich und Spülküche abgrenzen, die Wege sind sehr schmal und schnell mal glatt. Sechs Köche, zwei Spüler und Unmengen von Ware quetschen sich hier zusammen, und jetzt auch noch ich. Gerd Buschmann, der Küchenchef, guckt mich aus roten Augen müde an: »Ja dann, siehst ja, wie's hier aussieht. Weiß auch nicht, am besten hilfste mal Jens, der macht kalte Küche. Okay?« Kurze Vorstellungsrunde bei den Kollegen, alle kauen mühsam auf ihrer Erschöpfung herum. Dann gibt mir Jens Feldsalat zum Putzen, eine Kiste. Muss gezupft und dann in lauwarmem Wasser gewaschen werden. Lauwarmes Wasser gibt Salat einen schönen Frischeschub, besser als kaltes, dringt wahrscheinlich leichter ein oder so. Vorher zeigt er mir noch die Platten, die er gerade für die Pressekonferenz anrichtet. Es ist das Dessert der Schaffermahlzeit, also Rigaer Butt, heutzutage einfach geräucherter Ostseeglattbutt, Sardellen, Chesterkäse, Rahmkäse und Früchte.

Die eigentlich dazugehörende gepökelte Rinderzunge lässt Madaus übrigens seit fünf Jahren weg, »hat keiner mehr gegessen nach dem schweren Menü.« Einfach so weggelassen? »Um Gottes willen«, lacht Madaus, »natürlich mit ›Haus

Seefahrt‹ abgesprochen.« Änderungen an den Ritualen des
»ältesten Brudermahles der Welt«, wie die Bremer immer
wieder gerne sagen, bedürfen sorgfältigster Überlegungen.
1796 wurde zum Beispiel einmal beschlossen, im folgenden
Jahre Karpfen als zusätzlichen Gang zu servieren. Weil der
Fisch aber als kostspielig und edel galt, wurde bestimmt,
dass er nur alle hundert Jahre zusätzlich gereicht werden
darf. 1997 war's also zum dritten Mal in der Geschichte wieder so weit. Mit Änderungsvorschlägen hält man sich folgerichtig lieber zurück, vor allem eingedenk der empörten
Äußerung, mit der ein Schaffer im neunzehnten Jahrhundert einen solchen kommentierte: »Um Himmels willen!
Wir können doch nicht alle zweihundert Jahre die Regeln
ändern!«

Ich putze also meinen Feldsalat und schaue mich dabei um.
Alle sind bleich, alle haben rote Augen, alle maulfaulen in
ihre Arbeit hinein. Wenn Kochen Krieg ist, dann ist das hier
ein Unterstand der Westfront 1916. Ein in den Boden gegra-
bener, niedriger Raum, kaum Licht, erschöpfte Kämpfer, die
an der überall herumliegenden und minütlich mehr wer-
denden Munition, sprich Ware, und den aus allen Nähten
platzenden Magazinen ablesen können, wie heftig der An-
griff sein wird, den sie in zwei Tagen vorzutragen haben.
Über die bisher schon überstandenen und bis dahin noch zu
fechtenden Scharmützel denken sie lieber gar nicht nach.

Marc Wendelken, der Souschef, diskutiert mit einem jungen Koch, wann der die gut hundertfünfzig Kilo Kartoffeln
aus dem Kochkessel holen soll, damit Wendelken dann endlich aus zwei Kisten Suppenhühnern die Brühe für die Bremer Hühnersuppe ansetzen kann. Die Schaffermahlzeit wird
im Wesentlichen im Kochkessel, dem Kippbräter und den
beiden Konvektomaten zubereitet, anders sind solche Mengen gar nicht zu bewältigen.

Zweihundert Kilo Stockfisch hat Madaus gekauft, wer solchen noch nie gesehen hat: Kabeljau wird eingesalzen, um das Wasser aus dem Fisch zu ziehen, dann an der Luft getrocknet und dadurch haltbar gemacht. Um ihn essen zu können, muss er gut vierundzwanzig Stunden gewässert werden, das spült das Salz wieder aus und macht den Fisch weich. Meistens legt man ihn nach dem Wässern noch kurze Zeit in Milch und kocht ihn darin auch einmal auf. Danach wird er geputzt und entgrätet. Durch diese Reihe an Behandlungen wird das Fleisch sehr brüchig, muss also vom Koch äußerst vorsichtig behandelt werden. Ein Job für den Küchenchef Gerd Buschmann. Die Abfallquote beim Putzen des Stockfischs beträgt gut fünfzig Prozent, also auch wirtschaftlich kein einfacher Kerl, der Stockfisch.

Die zweihundert Kilo Grünkohl, in Bremen Braunkohl geheißen, weil die hiesige Sorte rote Farbpigmente hat, die beim Kochen dem Kohl eine eher braune als grüne Farbe geben, werden nach und nach im Kippbräter mit Zwiebeln in Schmalz angeschwitzt, abgelöscht, ein bisschen geschmort und später im Kochkessel als ganze Masse weich gekocht. Am Freitag landet er dann wieder im großen Kippbräter, diesmal in der Rathausküche. Die Kartoffeln kommen roh und geschält in der Clubküche an, werden gekocht, nicht zu weich, ausgedämpft, nicht zu lange, sonst zerfallen sie, in großen Portionen und im Ganzen im Kippbräter angeröstet, wieder ausgedämpft und dann freitags im Ofen bei trockener Hitze abgeschoben. Ein Teil der gekochten Kartoffeln wird später im Dampfgarer zu Salzkartoffeln, die den Stockfisch begleiten.

Der Kalbsbraten, etwa achtzig Kilo große Nuss, also aus der Keule, wurde pariert, mit Bratschnur in Form gebunden, im Kippbräter angebraten, klassisch mit Wein, Gemüse und Gewürzen geschmort. Aus dem Schmorfond haben sie den Fond gezogen, zwei Tage lang. Am Donnerstag dann wird der Fond im Kippbräter wieder aufgekocht, mit zwanzig Liter Sahne zur Kalbsrahmsauce eingekocht, abgeschmeckt und passiert. Die Hühnerbrühe wird mit Wein und Gewürzen abgeschmeckt, mit Krebsbutter und Sahne gebunden, und als Einlage kommen das Fleisch der Suppenhühner, fein gewürfelt, Erbsen und Spargel dazu. Nicht gerade Jahreszeitenküche, aber gehaltvoll und lecker. Der Sellerie für den Salat ist süßsauer eingelegt. Die Katharinenpflaumen – eintausendfünfhundert Stück – lässt man in Rotwein kochen und anschließend gut durchziehen. Dann werden noch dreißig Kilo Maronen in Biersud geschmort und das Ganze mit Seefahrtsbier süßlich abgeschmeckt und mit Butter gebunden. Rauchfleisch, hier siebzig Kilo Kassler und sechzig Kilo Bauchfleisch, dazu siebenhundert Kochwürste – die kommen nur noch in den Dampfgarer beziehungsweise Kochkessel mit Brühe, und gut ist. Da muss ab Metzger einfach die Qualität stimmen.

Eine Chefaufgabe ist das Schneiden des Kalbsbratens, die Scheiben müssen schön gleichmäßig sein und dürfen nicht zerfallen. Anschließend kann man die Bleche mit dem vorgeschnittenen Fleisch mit etwas Sauce angießen und im Konvektomat heiß schießen. Ein wichtiges Augenmerk liegt dann noch auf dem Pinkel, einer Wurst, gefüllt mit Hafergrütze, die traditionell zum Braunkohl gehört. Bei der Schaffermahlzeit wird die Hafergrütze aber nicht als Wurst, sondern in Schüsseln serviert, weil die Würste durch das Kochen immer so unter Druck stehen, dass es beim Anschneiden furchtbar spritzt, und das möchte man den Gästen ersparen. Die Kleiderordnung bei der Veranstaltung ist nämlich alles andere als locker: Uniform, wenn man befugt ist, eine zu tragen, oder Frack mit weißer Weste und weißer Fliege, außer man war schon mal Schaffer, dann trägt man schwarze Weste und schwarze Fliege. Und die Damen? Hat sich was. Damen sind nicht zugelassen, nur zwei Ausnahmen gab es bisher. Die Kapitänin Barbara Massing kam 2004 als seemännisches Mitglied von Haus Seefahrt als Gastkapitän an die Tafel und Bundeskanzlerin Angela Merkel wurde qua Amt 2008 als Ehrengast eingeladen. Frau Massing trug selbstverständlich Kapitänsuniform, Frau Merkel Merkeluniform, also Hosenanzug und Jacke mit drei Knöpfen.

Der Pinkel wird also im Kippbräter zubereitet, abgeschmeckt und freitags im Konvektomat erhitzt. Das Dessert, Butt, Käse und so weiter, richten die Köche schon vorher auf Platten an, die werden mit Folie abgedeckt, kühl gelagert und Freitagabend nur noch aufgetragen.

Als zusätzlicher Koch würde man hier angesichts der Fülle der Aufgaben zwar eigentlich gebraucht, aber die Jobs sind strategisch so gut aufgeteilt, dass irgendwie nichts so recht übrig bleibt für mich. Das hat vor allem mit dem Zeitdruck zu tun. Alle hier haben einen laut tickenden Countdown im Kopf, in den Ohren, in den Händen und Füßen. Die eigene Mise-en-place-Liste läuft in dieser Woche als Endlosschleife durchs Bewusstsein, und mit täglich sich steigernder Müdigkeit muss umso mehr Kraft in das Aufrechterhalten des Erinnerungssystems gesteckt werden, damit keine noch so kleine Arbeit ungetan bleibt. Denn wenn jemand am Freitag im Rathaus um siebzehn Uhr drei bemerkt, dass, sagen wir mal, die Apfelspalten fehlen, ist Stefan Madaus vermutlich zu allem fähig, weil um exakt siebzehn Uhr vierzehn der Kalbsbraten serviert und um siebzehn Uhr neunundzwanzig wieder abgetragen wird. Auf die Sekunde. Da hilft auch nicht das Argument, es gebe ja schließlich noch Pflaumen und Selleriesalat, und überhaupt seien doch jetzt, beim fünften Gang, schon alle ziemlich vollgestopft. Seit wer weiß wie vielen Jahrhunderten gibt es bei der Schaffermahlzeit gedämpfte Apfelspalten zum Kalbsbraten, und seit Jahrzehnten wird der um siebzehn Uhr vierzehn serviert, und da gibt es kein Pardon.

Und so kommt es, dass die Köche im »Club zu Bremen« einen zusätzlichen Mann mit ein paar Mitleidsaufgaben abspeisen, weil sie eine einfache Entscheidung zu treffen haben: Investiere ich jetzt zehn Minuten, um dem Typ eine Arbeit zu erklären, die ich selber in sieben Minuten erledigt habe, abhaken und somit meinen biologischen Arbeitsspeicher um gefühlte zwanzig Megabyte entlasten kann?

Wenigstens habe ich an meinem ersten Arbeitstag zumindest meine Grundkompetenz so weit bewiesen, dass ich am Donnerstag für die Vorbereitung der »kleinen« Abendessen mit Zuarbeiten beauftragt werde, wie Hummer zerlegen und portionieren, Wolfsbarsch schuppen, Seezungen filetieren und auf Blechen zum Grillen vorbereiten. Heute sind auch alle wieder etwas besser drauf, die Vorbereitungen für die Schaffermahlzeit sind im Zeitplan, in der Küche liegt zumindest nichts mehr rum, alles ist in Kühlungen und Trockenlagern untergebracht, und so läuft heute ein fast schon normaler Betrieb, abgesehen von der weiterhin ununterbrochenen Produktion. Um achtzehn Uhr darf ich mich in den Feierabend verabschieden, weil zu den Honoratioren nach Hause nun keiner gerne einen wildfremden Koch mitnehmen will. Weiß man, was der da tut? Die Hausbar leeren, das Familiensilber angrabschen oder der Tochter zu nahe treten? Wahrscheinlich ist, dass er einfach nur im Weg herumsteht, aber das reicht ja auch schon ...

Freitag. Heute rollt die große Welle. Ich habe Quartier bei einem Freund gut fünfzig Kilometer von Bremen entfernt genommen, deswegen bin ich relativ spät im Club, erst gegen neun. Die anderen ackern schon wieder seit sechs Uhr. Schlechtes Gewissen macht mich schweigsam. Ich werde zum Beladen des Transporters eingeteilt und soll dann auch mit der ersten Fuhre rüber ins Rathaus fahren. Zum Ausgleich schleppe ich jetzt pro Gang so viel wie möglich, und erst, als einer der Jungs sagt »Oh scheiße, du musst echt nicht drei Kisten auf einmal tragen«, entspanne ich mich und fahre das Tempo ein bisschen zurück.

Im Rathaus bekomme ich zuallererst eine schicke Karte in die Hand gedrückt, bordeauxrot, auf der in Goldbuchstaben vermerkt ist, dass der zweite Schaffer mir erlaubt, die »Obere Halle« des Rathauses zu betreten. Wochen vorher musste ich schon meine Personalausweisnummer angeben, damit das BKA mich überprüfen kann. Das natürlich wegen des Bundespräsidenten, der nun binnen sechs Monaten schon zum zweiten Mal von mir bekocht wird. Er hat, wie allgemein bekannt, jedes Mal überlebt. Im direkten Vergleich zu der eher leichten und verspielten Gourmetküche seines Schlosskochs Herrn Barth ist das heute allerdings eine ziemliche Magenbombe, und ich würde ihn gerne mal fragen, wie er's fand. Horst Köhler weiß allerdings genau, was auf ihn zukommt, denn er gehört zu den äußerst wenigen Nicht-Schaffern, die zum zweiten Mal an dieser Festivität teilnehmen dürfen. Schon 1994 war er, damals als Vorsitzender des Sparkassen- und Giroverbandes, Gast in Bremen. Seinerzeit scherzte ein Tischnachbar, Köhler könne nur wieder kommen, wenn er Bundespräsident würde, denn der erste Mann im Staat wird traditionell eingeladen, gleichgültig, ob er in anderer Funktion schon mal da war. Folgt er dieser Einladung, ist allerdings Schluss, dann darf es keine Wiederholung geben.

Im Rathaus ist Tragen und Verstauen angesagt. Die Küche hier ist deutlich geräumiger als im Club, allerdings entfällt der weitaus größte Teil des Raumes auf Servicebereich und Spüle. Die reine Kochecke ist ein schmaler und kurzer Schlauch, in dem wir uns todsicher tierisch auf die Füße treten und auf den Wecker gehen werden. Es gibt einen Vierflammenherd, einen Kippbräter, vier kleine Konvektomaten, zusätzlich hat die Madaustruppe noch vier »Hockerkocher«

herbeigeschafft, kniehohe mobile Kochstellen. Darauf kann man je einen großen Topf oder ein tiefes Blech stellen. That's it. Damit muss Buschmann mit seiner Crew klarkommen.

An den Wänden kleben strategisch gut vereilt die Ablaufpläne. Sie enthalten nicht nur die allgemeinen Zeiten der Gänge und Reden der Schaffermahlzeit, sondern Stefan Madaus hat darauf minutengenau festgehalten, wann welches Blech in welchen Ofen, welche Masse in den Kippbräter, welcher Topf auf welche Flamme und was raus in den Festsaal gebracht werden muss, damit nichts schiefgeht. Dieser Plan ist sein Betriebsgeheimnis, und nach dem Kalbsbraten, wenn die Schlacht für die Köche vorbei ist, verschwinden die Zettel in Windeseile von Wänden und Regalen. »Wenn die Konkurrenz in Bremen wüsste, wie wir das machen, würden sie uns unterbieten. Das ist der prestigeträchtigste Auftrag, den es hier gibt. Aber sie wissen eben nicht, wie es geht. Hat mich auch etliche Stunden Grübeln und viel try and error gekostet.« Eine halbe Stunde lang wird er später mit den vierunddreißig Servicemitarbeitern den Einsatzplan noch einmal durchgehen. In diesem sechsten Jahr wird zum ersten Mal alles ohne Panik klappen, aber das kann jetzt natürlich noch keiner wissen.

Es ist ungefähr Mittag, noch gut zweieinhalb Stunden, bis es wirklich losgeht, aber man hat das Gefühl, es bleiben nur noch Minuten. Buschmann und Wendelken sieht man immer wieder vor dem Plan stehen und gestikulieren, Stefan Madaus flitzt zwischen den Stationen hin und her, Jens türmt Pyramiden aus Butterkugeln auf kleine Teller, ich fülle scharfen Senf für den Braunkohlgang ab. Die anderen sind damit befasst, die unterschiedlichsten Töpfe auf den zu wenigen Flammen abwechselnd aufzustellen, sodass zur richtigen Zeit auch alles heiß ist. Unter den Konvektomaten stehen alle

Bleche bereit mit den Sachen, die dann in den Öfen heiß geschossen werden müssen. Währenddessen stolpern ständig Fernsehteams in die Küche, interviewen Herrn Madaus, filmen uns ab, und ich bin ziemlich damit beschäftigt, immer nach unten zu gucken. Das fehlt mir jetzt noch: »Sind Sie nicht...?«

Die große Holztür der Küche führt in den Festsaal, sozusagen dem Vorraum der oberen Halle. Deutlich kleiner als dieser und weniger prachtvoll, aber immer noch ein beeindruckender Saal. Hier ist eine kleine Bar eingerichtet, an der jetzt schon drei Herren im Frack stehen und ein Kapitän. Das sind die diesjährigen Schaffer und der verwaltende Kapitän Holger Janssen von »Haus Seefahrt«. Die Schaffer sind sichtlich nervös, das ist ihr großer Tag, auf den sie nun zwei Jahre lang hingearbeitet haben. Sein Gelingen hängt zwar im Wesentlichen von Herrn Madaus und seiner Truppe ab, auch ist das Ritual festgelegt, die Reden sind geschrieben, dennoch bleibt es aufregend. Mit diesem Tag sind sie endgültig und für den Rest ihres Lebens kaufmännische Mitglieder der Stiftung »Haus Seefahrt«.

Nun ist wohl allerhöchste Zeit, den Begriff »Schaffer« zu erklären, schließlich geht es gleich richtig los. Mit dem Ruf »Schaffen, schaffen, unnen un boven, unnen und boven schaffen!« wurde in alten Zeiten auf Segelschiffen zum Essen gerufen. »Schaffen« meint in diesem Zusammenhang das Beschaffen, Heranschaffen von Essen und Trinken oder, weiter gefasst, auch das Essen selbst, das jetzt »herangeschafft« ist. »Unnen« heißt unten und »boven« oben, also unter Deck und auf Deck. Mit ebendiesem Ruf eröffnet traditionell der verwaltende Vorsteher von »Haus Seefahrt« die Schaffermahlzeit. Der Schaffer ist also der, der beschafft, heranschafft. Hier das Essen und innerhalb des größeren

Zusammenhangs des »Hauses Seefahrt« das zum Unterhalt der Stiftung Notwendige.

Kapitäne werden nach Erfüllung der in der Verfassung von »Haus Seefahrt« geforderten Bedingungen auf einer »Session« genannten Tagung der Gremien als seemännisches Mitglied aufgenommen und nach etwa achtzehn Jahren Mitgliedschaft zum Kapitänsschaffer berufen. Die kaufmännischen Schaffer werden von der Generalversammlung gewählt, pro Jahr nur drei Kaufleute. Erst nachdem sie zwei Jahre nach ihrer Wahl die Mahlzeit ausgerichtet haben, sind sie vollwertige Mitglieder und lebenslang berechtigt, an der Schaffermahlzeit teilzunehmen. Dann haben sie auch das Recht, externe Gäste vorzuschlagen, Menschen mit herausragender gesellschaftlicher Stellung, beschränkt auf hundert Personen pro Mahl. Dass diese Gäste nur ein Mal an der Mahlzeit teilnehmen dürfen, außer, wie gesagt, einer wird später mal Bundespräsident, sichert den Schaffern beständig neue Kontakte. Während der Mahlzeit wird den Gästen die Sammeldose von »Haus Seefahrt« gereicht, in die jeder Gast seine Spende gibt, es reicht die Visiten- oder Tischkarte mit der vermerkten Summe. Es ist den Gästen klar, dass man mit einer eher vier- denn dreistelligen Summe rechnet, und für die hier Eingeladenen, außer vielleicht den Bundespräsidenten, ist das auch keine Hürde. Etwa achtzig Prozent des Jahresbudgets von »Haus Seefahrt« wird an diesem einen Tag eingenommen. Am Treppenaufgang zur oberen Rathaushalle steht dann noch ein Salzfässchen, in das alle Gäste beim Verlassen des Rathauses ihr Trinkgeld für Kellner und Küche hineinstecken. Es wird nachher von den Schaffergattinnen ausgesiebt. Apropos: Die Damen, die ja bei der Gala im großen Saal nicht erwünscht sind, dürfen das Treiben der Herren auf der Galerie des Festsaales per Videoscreen verfolgen und werden dort auch bewirtet, mit dem selben Menü. Was das Ausrichten der Schaffermahlzeit die drei neuen Schaffer kostet, ist übrigens ein Bremer Geheimnis, aber angesichts der Geschichte des Mahles, seines Kontextes und der Exklusivität des Zirkels mag man dem diesjährigen Ersten Schaffer, Thorsten Mackenthun, gerne glauben, wenn er sagt: »Es kostet weniger, als es wert ist.«

Gegen dreizehn Uhr ist es noch recht leer im Festsaal, an der Bar in der Ecke gehen Beruhigungsbiere über den Tresen in befrackte Hände. An einer Längsseite ist eine lange Tafel aufgebaut, hier werden wir die Gänge für die Kellner bereitstellen. Hinter dem Tisch sogenannte »Hotcars«, nichts anderes als elektrische Wärmeschränke auf Rollen, in die man Bleche mit Essen schieben kann oder Geschirr vorgewärmt halten. Davor sammeln sich so langsam die Kellner, nur drei Damen darunter, die Stefan Madaus der Tradition abgerungen hat. Seit drei Jahren werden nun also die drei Schaffer von Damen bedient, als Zeichen der besonderen Aufmerksamkeit. Um die restlichen Gäste kümmern sich vierunddreißig Kellner. Das gesamte Menü wird im Plattenservice serviert, das bedeutet, die Kellner legen jedem Gast vor. »Noch etwas Braunkohl, der Herr?« Jeder Kellner betreut etwa neun Gäste, und der Zeitplan ist, wie bekannt, eng. Dennoch darf im Saal auch nicht die Spur von Hektik aufkommen, schließlich ist das ein gemütliches Bankett. Ich fand immer schon, dass wir Köche den Kellnern gegenüber einen irren Vorteil haben. Uns darf man die Hektik, die Verzweiflung, den Frust ruhig ansehen, kriegt ja keiner mit. Aber im Service ist ewiges Lächeln befohlen. Und wenn die Kellner dann in die Küche kommen, werden sie auch noch von den Köchen zusammengestaucht …

Gegen vierzehn Uhr füllt sich der Saal dann mit Fräcken und Uniformen, die Abendkleider haben sich schon Richtung Empore verabschiedet. Punkt vierzehn Uhr achtundzwanzig klopft der verwaltende Vorsteher zum Einlass, danach schlägt der verwaltende Kapitän zwei Doppel- und einen Einzelschlag auf der Glasenglocke, was einfach bedeutet, dass es halb drei ist. Der Bundespräsident hat als Einziger schon vorher Platz genommen. Als Ehrengast steht ihm das Privileg zu, von seinem Sitz aus einmal den Blick über die gedeckte Tafel im menschenleeren Saal schweifen zu lassen.

Wenn der letzte Frack und die letzte Uniform in der »Oberen Halle« verschwunden sind, schlägt die entscheidende Stunde des Herrn Madaus. Um vierzehn Uhr achtunddreißig muss die Suppe rausgehen. Schüsseln mit der vorbereiteten Einlage fliegen aus den Hotcars auf die Tafel, Runner holen im Messbecher Suppe aus den großen Töpfen in der Küche und liefern sie im Festsaal ab, nehmen leere Becher mit und rennen wieder zu den Töpfen. In allen Küchen ist Rennen streng verboten, wegen der Arbeitssicherheit, aber hier hat man mit Gehen keine Chance. Die Kellner nehmen volle Schüsseln auf und eilen damit in den Festsaal. Auf der Schwelle einmal atmen, lächeln, und los geht's. Nachdem die letzte Suppe raus ist, rollen einige der Kellner einen langen Teppich aus, bauen eine weitere Tafel auf zum Anrichten, alles leise, leise, denn im Festsaal kann man jedes Klappern, Stolpern, Schimpfen während der Reden hören, da ist es nämlich mucksmäuschenstill.

In diesem Stil geht es jetzt fünf Stunden weiter, Gang um Gang wird aus der Küche in die Hotcars transportiert, von dort auf Platten angerichtet, von den Kellnern serviert. Innerhalb des Zeitfensters pro Gang gibt es natürlich auch den Nachservice, das heißt, die Kellner gehen noch einmal zu ihren Gästen und bieten lässig einen Nachschlag an. Danach wird abgetragen, die Reste von den Platten werden wieder in ihre Behälter gepackt, diese dann verräumt – morgen ist schließlich Prövenermahl, also Resteessen –, und auf zum nächsten Gang. Ein Irrsinn. Zwischendurch sehe ich im

Augenwinkel die Reden auf der Videowand, dann wieder heiße Bleche in die eine Richtung und kalte Reste in die andere. »Ich brauch noch Braunkohl für die Galerie!«, »Noch Kochwürste da?«, »Mir fehlt Bauch!«, »So, das war's. Wir bereiten uns auf den Kalbsbraten vor!«

Um achtzehn Uhr sieben geht planmäßig das Dessert raus, wir haben fast alles schon wieder in der Küche und vieles schon zum Abtransport wieder bereit. Also steht dem pünktlichen Beginn der großen Rede des Präsidenten küchenseitig nichts mehr im Wege. Um achtzehn Uhr dreißig geht er deutschlandweit auf Sendung.

Gerd Buschmann steht ausgepumpt in der Rathausküche und wischt sich den Schweiß von der Stirn, ach was, aus dem ganzen Gesicht. »Das Schlimmste ist, dass man jetzt keinen Bock mehr zum Aufräumen hat. Wenn die Energie noch da wäre, könnten wir in zwei Stunden zu Hause sein. Aber so wird's doch wieder Mitternacht.«

Stefan Madaus fegt lachend in die Küche. »Wenn ihr beim Kalbsbraten nicht gepennt hättet, wäre es dieses Jahr mal ganz ohne Stress gegangen. Wie auch immer, so gut lief es noch nie, und ihr trinkt jetzt gefälligst ein Bier!« Die Anspannung fällt sichtlich von Madaus ab. Er muss jetzt nur noch den Tanz mit der Gattin des Ersten Schaffers anständig hinter sich bringen. Bei der Energie, die er gerade ausstrahlt, wird die Dame förmlich fliegen.

Die Kellner räumen derweil den Festsaal leer und bauen zwei kleine Tafeln und etliche Stehtische auf, decken für Kaffee und Knabberkram ein, denn wenn die letzten Reden gehalten, der Mokka getrunken und die Tonpfeifen geraucht sind, wird die Tafel aufgehoben. Dann wechselt die Gesellschaft, Punkt neunzehn Uhr zwanzig, in den Festsaal, die Damen stoßen dazu, der Ehrengast diskutiert dort mit geladenen Bremer Jugendlichen, die danach mit einer Polonaise den Weg frei machen für den Walzer des Herrn Madaus. Danach ist allgemeines Vergnügen angesagt bis zweiundzwanzig Uhr fünfzehn. Dann ziehen alle, die noch möchten, ins Parkhotel zum Weitertanzen. Die Köche und Kellner schleppen währenddessen alles wieder zum Schütting. Morgen geht's schließlich weiter mit dem Prövenermahl.

Ich trinke mein Bier und gebe mich der allgemeinen Erschöpfung hin. Buschmann guckt mich an und sagt: »Tscha, von mir aus haste Feierabend, das musste jetzt echt nicht mehr mitmachen.« Oh, oh. Zwickmühle. Eigentlich geht das gar nicht, einfach abhauen. Alibimäßig räume ich Geschirr in die Spüle, die mehr nach Bombenangriff als nach Gastronomie aussieht, aber manchmal ist das eben fast dasselbe. Watte im Kopf und wackelige Beine, auf mich wartet ein kleines Hotelzimmer für die letzte Nacht in Bremen, ich könnte eigentlich irgendwo noch was essen und sogar ins Kino gehen, ist ja noch früh.

Ich denke an die Geschichten von Großvätern, die den letzten Flug aus dem Kessel abgelehnt haben, weil sie ihre Kameraden nicht im Stich lassen wollten, hey, ich behaupte ja schließlich, dass Kochen Krieg ist. Und dann entschließe ich mich, die angebotene Feigheit vor dem Feind einfach mal anzunehmen. Ich gebe allen die Hand, versuche, dabei selbstbewusst zu gucken – keiner macht auch nur die geringste Geste der Verachtung, feine Jungs sind das –, und gehe zum Umziehen Richtung Schütting. In Kochmontur vor der gerade anfahrenden Straßenbahn schnell über die Gleise gehüpft, dann zwischen den eilenden Passanten über den schon dunklen Marktplatz. Im mittelalterlichen Keller dann der Wechsel in die Zivilklamotte.

Die Zeit reicht tatsächlich noch für ein amerikanisches Schnellessen auf die Hand und dann »Operation Valkyrie«

im Multiplexkino, um den kriegerischen Kontext nicht zu verlassen. Ich gebe zu, dass ich dabei nicht ein Mal an die schuftende Truppe im Rathaus gedacht habe. Zu froh, da raus zu sein.

Am Samstag, um neun Uhr morgens, während die Busch-mann-Truppe schon wieder für das Prövenermahl einpackt, hat Stefan Madaus die Manöverkritik der 465. Schaffermahl-zeit fertig getippt, die Fehleranalyse abgeschlossen und die Bestellungen für die 466. Schaffermahlzeit im Computer gespeichert. »Da drück ich dann nächstes Jahr nur noch auf Senden, und gut ist!« Willkommen zurück in der Höllen-woche...

ost! ost! ostberlin!

Wir haben da mal etwas vorbereitet ...
Klasse in Masse

Ein Raumschiff ist gelandet.

Auf einer ehemals brachliegenden Fläche zwischen Berliner Ostbahnhof und dem S-Bahnhof Warschauer Straße hat es ziemlich gerumst deswegen. Die Vorbereitungen zur Landung dauerten einige Jahre und fingen im Wesentlichen damit an, dass ein ungeheuer reicher Amerikaner sich einen halbwegs erfolgreichen, aber finanziell ins Schlingern geratenen Eishockeyclub kaufte. Das tat er nicht, weil er Eishockey so liebt oder weil er Mitleid mit armen Sportclubs hat, sondern weil sein Hauptgeschäft der Bau und die anschließende Nutzung von Veranstaltungshallen ist. Der Eishockeyclub, den er sich kaufte, hieß ganz früher mal »Dynamo Berlin«, dann »EHC Dynamo Berlin«, was ihn geografisch und auch historisch-politisch deutlich verortet und weil die Sponsorensuche ohne diese Nebeninformation etwas einfacher zu werden versprach, nannte er sich Anfang der Neunziger »EHC Eisbären Berlin«.

Mit dem Geld aus Amerika konsolidierten sich die Eisbären in der Spitzengruppe der deutschen Liga, und ihre traditionelle Spielstätte, der, auch offiziell so genannte »Wellblechpalast« in Hohenschönhausen, bebte fortan unter der

Begeisterung der stolzen Fans. Fast fünftausend Menschen finden darin Platz, eine ganze Menge, aber Amerikaner haben in solchen Dingen andere Maßstäbe als wir. Phil Anschutz, so der Name des Investors, fand die Halle naturgemäß zu klein und war überhaupt der Meinung, mit so einem Eishockeyclub allein ließe sich nicht wirklich viel Kohle machen, also nicht in den Kategorien eines sehr, sehr reichen Mannes. Anschutz plante also den Bau einer sehr viel größeren Halle. Seine Firma betreibt über neunzig solcher gigantischen Hallen auf der halben Welt. Die Strategie: Man sucht eine Stadt, die so eine Megahalle verkraftet und auch füllen kann, findet dort einen geeigneten Bauplatz, und dann gehen die Verhandlungen los – und zwar auf zwei Hauptebenen. Erstens mit der Politik: um den Ort, um eventuelles Entgegenkommen bezüglich Steuern, Energiekosten, Genehmigungen und Ähnliches. Außerdem muss die Halle emotional in der Stadt angebunden werden, das Volk soll ja strömen.

Und hier kommen nun, zweitens, lokale Sportclubs ins Spiel. Da die Eisbären Mister Anschutz gehören, werden sie also selbstverständlich in einer Halle spielen, die auch Mister Anschutz gehört. Wenn die Eisbären aber in den mittleren oder gar unteren Rängen der Liga rumeiern, kriegt man eine Halle, die für Phil Anschutz groß genug ist, niemals voll. Also sorgt Mister Anschutz erst mal dafür, dass die Eisbären sportlich ganz vorne mit dabei sind und massiv Publikum ziehen. Ein Sportclub allein lastet so eine Halle natürlich trotzdem nicht aus, deswegen sucht Mister Anschutz sich noch ein paar andere Clubs zusammen, die er zwar nicht kauft, aber mit denen Vereinbarungen über die Heimspiele getroffen werden. So geschehen mit den Basketballern von »Alba Berlin« und den Handball-»Füchsen«. So weit, so gut. Nur dass zwischen den Spielen immer noch eine Menge Platz im Kalender ist, das mag Mister Anschutz nicht; die Halle, die er plant, ist daher nicht nur für Sport-veranstaltungen, sondern auch für Showevents jeglicher Art technisch eingerichtet. Konzerte, Galas, Preisverleihungen, Comedykings und -queens, Musicals oder die Wiener Hof-reitschule, hier geht alles, there's no business like showbusiness.

So ein Konzept ist noch gewöhnungsbedürftig für Deutsche, und speziell in Berlin wirft die Planung eines solchen Vor-habens Probleme auf, die wiederum einen Amerikaner wie Phil Anschutz eher befremden dürften. Viele Berliner mö-gen mittlerweile unter dem Fluch des »arm, aber sexy«-Zita-tes ihres Regierenden Bürgermeisters leiden, aber es ist ge-setzt als Ausdruck einer klar definierten Lebensweise, sie ist ein Unique Selling Point bei der Bemühung um den Zuzug kreativer Geister in die ansonsten doch eher unproduktive Stadt. Der kreative junge Mensch aber eifert zwar häufig amerikanischen Rollenmodellen nach, möchte dies jedoch nicht unter dem Dach einer Organisation tun, die die Fratze des bösen Kapitalismus trägt. Was unter anderem heißt, er besucht ungern ein Konzert in der US-Style-Megahalle, schon aus Prinzip. Und da er eine vernehmbare Stimme in der Stadt hat, ist es nicht schön für Mister Anschutz, wenn der kreative junge Mensch deutlich äußert, dass er so eine Halle nicht nur nicht besuchen, sondern ihren Bau eigentlich überhaupt verhindern möchte.

Das nächste Problem bekommt er mit den Fans seines schönen neuen Eishockeyclubs. Die entstammen einer wei-teren starken und laut vernehmbaren Bevölkerungsgruppe der Stadt, den Ostberlinern. Die sind nun schon von der Erziehung her keine großen Amerikafans und wittern auch überall den drohenden Ausverkauf von Volkseigentum, das es zwar realiter nicht mehr gibt, aber, wie man so schön sagt, »gefühlt« eben doch. Und die Eisbären, ehemals Dynamo geheißen, sind nun mal emotional hundertprozentiges Volks-eigentum in Ostberlin, inklusive ihres mythischen Spielortes »Wellblechpalast«.

Als wäre das alles nicht genug, hat sich die Anschutz Group nun auch noch einen Bauplatz ausgeguckt, der direkt an einem geografischen Berührungs- und Mixpunkt liegt, nämlich auf der Grenze zwischen Friedrichshain, ehemals Ost, und Kreuzberg, ehemals West, und damit in unmittel-barer Nachbarschaft zu einer dritten, für Mister Anschutz schwer zu handelnden Bevölkerungsgruppe Berlins, dem klassischen Kreuzberger Sponti. Es wurde lustig bis zur und einschließlich der Eröffnung der Halle Anfang Septem-ber 2008, weswegen sie mit Fug und Recht ein Raumschiff genannt werden darf, das in unvertrauter Atmosphäre ge-landet ist.

Seit die Halle in Betrieb ist, stehen zwei der oben ge-nannten drei Gruppen im Handlungs-Aus, denn sowohl die jungen Kreativen als auch die Kreuzberger Spontis waren nie ernsthaft als potenzielle Besucher der Halle in Betracht gezogen worden. Bleiben also die Eisbärenfans. Anschutz sicherte den Erfolg des Clubs, hielt die Eintrittspreise auf dem ohnehin schon nicht ganz kleinen Niveau des Well-blechpalastes, baute sogar Stehplätze in die Fankurve, und so zog zunächst Friede in die Eishalle ein, der aber an un-vermuteter Stelle bröckelte. Doch dazu später mehr.

Auf Dauer ist für den Unterhalt einer solchen Halle am wichtigsten der »Normalo«, also der Mensch mit Einkom-men, auch einem nicht so großen, dessen Freizeitgestaltung im Wesentlichen darin besteht, nach seinen finanziellen Mög-lichkeiten fleißig am Konsumleben teilzunehmen. Der näm-lich besucht Konzerte *und* Sportveranstaltungen *und* Comedy *und* auch mal die Wiener Hofreitschule. Und dem gefällt die Halle ganz gut, er ist auch gerne Kunde jenes Telefonunter-nehmens, das viel Geld gab, damit die Halle nach ihm benannt wird, weil dann bei jeder Werbung, für egal welche Veranstaltung, der Name des Unternehmens genannt wird. Konsens ist das Zauberwort, Konsensäußeres – Konsensinhalt. Hier tritt nur auf, wer massenkompatibel ist, und hier geht nur rein, wer das Gewöhnliche, aber auf ungeheure Größe gebracht, sucht.

Der Vielfalt der stattfindenden Veranstaltungen entspricht die Vielfalt des Publikums. Vom beinharten Eishockey- oder Handballfan über die Familien beim Basketball, vom Kreischteenie beim Popkonzert bis zum konservativen Besucher der Hofreitschule, vom amüsierfreudigen Oliver-Pocher-Mario-Barth-Freund bis zum Businessgast in der eigens von der Firma gemieteten Loge ist einfach alles dabei, was ins grobe Raster »Normalo« passt. Jede Altersstufe, fast jede soziale Herkunft, beinahe jeder Geschmack. Sie strömen in die Halle, die bei Sportveranstaltungen rund vierzehntausend Menschen fasst, bei Konzertveranstaltungen, aufgrund veränderter Raumaufteilung, gar bis zu siebzehntausend. Sie gucken ihre Veranstaltung an – und was passiert vorher, in den Pausen und manchmal auch nachher? Richtig: Sie haben Durst. Sie haben Hunger. Vierzehntausend, Siebzehntausend.

Und da kommt Maikel Sifri ins Spiel. Er ist der Küchenchef der Halle, und er und seine Crew haben schon mal was vorbereitet ...

Wenn Kinder Köche malen, dann sehen sie aus wie Maikel Sifri: groß, ziemlich rund, ein freundliches Gesicht. Mit wiegendem Seemannsgang geht er durch die Unzahl an Küchenräumen der Halle, sein Kopf dreht sich dabei unablässig von links nach rechts, Radarblick auf jeden der arbeitenden Köchinnen und Köche. »Alles klar bei Euch?«, »Jo, Chef«, da käme keiner auf die Idee, nur so zu tun, als ob. Sifri riecht, wenn irgendwo etwas schiefläuft. Seit gut zwanzig Jahren ist er im Beruf, von der Lehre in der Heimatstadt Kassel über einen großen Schweizer Gastronomiekonzern, bis der sich stark auf Convenience verlegte. Danach viel Ausland, große Ferienclubs, also Showküche, Eventküche, Themenabende. Er diente sich zum Küchenchef hoch, verbrachte einige Zeit in Tunesien und Ägypten, »Super Freizeitwert, Tauchen, Sonne, weißte?«, lacht er. Ich kann das Wort »Freizeit« beim besten Willen nicht mit Sifri in Zusammenhag bringen, aber gut, er wird schon ab und zu mal eine Taucherbrille aufgesetzt haben, vielleicht, um nachzugucken, ob er selber besseren Fisch aus dem Roten Meer ziehen kann als seine Lieferanten. Qualität ist, wie bei vielen Chefköchen, das wichtigste Wort in Maikel Sifris professionellem Wortschatz, die unablässige Suche nach den besten, im jeweiligen Betrieb bezahlbaren Produkten, Köchen, Geräten treibt sie täglich um. Gute Küchenchefs können verdammt unangenehm werden, wenn etwas oder jemand sich ihren Qualitätskriterien in den Weg stellt. Der Koch, der nicht begreift, worum es geht, oder, noch schlimmer, es begreift, aber keinen Bock hat. Der Lieferant, der minderwertiges Zeug mit in die Kiste packt. Der Kellner, der das Essen nicht schnell genug an den Gast bringt oder es lieblos verkauft, ja der Gast selbst, der durch unqualifizierte Rückmeldung beweist, dass er keine Ahnung hat. Achtung, will man als informierter Beobachter solcher Situationen gerne rufen; schmeiß die grau gewordenen Bohnen weg, Kumpel, bevor er sie sieht, und mach sie neu; stopf dir die gammelige Möhre ganz schnell in die Tasche, oder, wenn du keine hast, in den Mund, Händler, wenn du heil hier rauswillst und morgen wiederkommen; diskutier nicht, Kollege Kellner, schnapp dir die Teller, und raus damit; um Himmels willen, lieber Gast, beschwer dich nicht, dein Kobe-Steak sei »definitiv nicht medium-rare«, iss das präzise dunkelrosa gebratene Fleisch einfach auf, der Mann am Grill ist »Mister-allesechs-Garstufen-perfekt-im-Schlaf«, obwohl er ein massives Drogenproblem hat und außerdem der Lieblingskoch des Chefs.

So ein Küchenchef ist Maikel Sifri, bei aller Gemütlichkeit.

Nach Ägypten kam eine Saison Griechenland, immer Clubs, dann hatte Sifri »die Schnauze voll von Ausland«. Als dann ein früherer Küchenchef die Geschäftsführung im Berliner »Café am Neuen See« übernahm, ein beliebtes Sommerlokal mitten im Tiergarten mit schönem Biergarten unter romantischen Weidenbäumen, sollte Sifri hier Küchenchef werden. Dafür kam er nach Berlin, doch letztlich wurde er dann aber, ganz kurzfristig, Küchenchef im »Pan Asia«, das wie das »Café am Neuen See« zum Umfeld der Firma »Gastart« gehört. Er blieb zwei Jahre, kochte anschließend doch noch eine Saison im »Café am Neuen See« – allein! –, bis ein Angebot aus der Schweiz kam. Ein Exkollege hatte dort die Eröffnung eines Clubhotels zu stemmen und wünschte sich Sifris Schützenhilfe für zwei Monate. Es sollte eineinhalb Jahre dauern, bis Sifri wieder nach Berlin zurückkehrte. »Gastart« war ihm in der Zwischenzeit treu geblieben; Sifri wurde zum Chef der Cateringsparte, dem Hauptgeschäft der Firma, ernannt. Ein Business, das im Winter eher mau läuft, weswegen Sifri nach einem Jahr noch mal für sechs Monate in die Schweiz ging. Während der Zeit kam dann die Zusage, dass »Gastart« die Gastronomie der Anschutz-Halle übernehmen wird, glücklicher Abschluss eines Verhandlungsmarathons über fünf Jahre. Und Maikel Sifri war der Mann, der dieses Ding schultern sollte.

Bei »Gastart« war man sich einig, dass man hier etwas wagen will: Jenseits von Würstelstand und Pommes sollte es in dieser Halle richtige Gastronomie geben, mit gehobenem

Standard und guter Qualität. Sicher, auch Fastfood, das gehört zu Sportveranstaltungen einfach dazu und ist der Dramaturgie der kurzen Spielpausen angepasst; aber auch das sollte in besonderer Qualität offeriert werden. In Amerika, wo Anschutz unzählige Arenen betreibt, sind solche Konzepte schon verbreitet, was insofern hilfreich war, als die Amis auch Kücheneinrichtungen und Gerätschaften entwickelt haben, die so etwas technisch überhaupt möglich machen. Der Gerätepark von Maikel Sifri ist tatsächlich zu neunundneunzig Prozent US-Ware. Die Küchen wurden nach amerikanischem Vorbild in die Architektur eingepasst. Es gibt zwei Großküchen, aufgebaut wie in einer Betriebskantine. Die eine befindet sich im dritten Stock, der aber in allen Plänen vierter Stock hieß, weil die Amis kein Erdgeschoss kennen, das bei ihnen eben schon der erste Stock ist. In dieser Logik heißt diese Küche also bei Sifris Truppe »die Vierhunderter-Küche«. Zwei Stockwerke darunter findet sich die »Zweihunderter«, nämlich in unserem ersten, aber dem amerikanischen zweiten Stock. Beide Küchen sind sehr großzügig geschnitten, verfügen über mehrere Herde, Warmhaltemöglichkeiten, Konvektomaten, Kippbräter, große Kühlräume und eine regelrechte Spülstraße, durch die Unmengen von schmutzigem Geschirr und Gerät durchgefahren werden können, natürlich von, in Berlin offensichtlich obligatorisch, afrikanischen Spülern. Die »Vierhunderter« beschickt das »World Dinner Restaurant«, intern nur »WDR« genannt, und die »Zweihunderter« den »Club«. Zu beiden Räumlichkeiten gibt es noch sogenannte Satellitenküchen, kleine Fertigungsräume, in denen fast fertiges Essen, meist kaltes, den letzten Schliff bekommt und so, bei viel Gedränge, auch von einer anderen Seite aus als nur der Küche an den Gast gebracht werden kann. Im »Club« gibt es darüber hinaus noch eine große Buffetinsel mit Warmhalte- und Kühloberflächen und zwei Kochstellen mit je einer Induktionsmulde für Woks und einer starken elektrischen Grillplatte, deren Temperatur sehr exakt geregelt werden kann. Vom Eingang der Buffetinsel am Kopf des Clubraumes sind es nur zwei Schritte in eine riesige Spülküche, hier können bei Veranstaltungen die Kellner ihr Geschirr und die Köche ihre dreckigen Gerätschaften loswerden.

Auf einer Art offenen Galerie zwischen »Club« und »Zweihunderter« befindet sich eine lange Bar, vor der Sifri oft einen langen Tresen mit einer schönen alten italienischen Aufschnittmaschine und frischen Salaten aufbaut. Die Salate sind zur Selbstbedienung fertig angerichtet auf kleinen Tellern, an der Maschine steht ein Koch und schneidet Roastbeef oder Schinken frisch für die Gäste auf. In einer Ecke ist noch ein kleiner Stand fest installiert, an dem schnelle warme Kleinigkeiten serviert werden, in diesem Fall Currygerichte. Das ist eine der über zwanzig »Concessions« in der Halle. »Concession« ist die amerikanische Bezeichnung für »Verkaufsstand«. Die meisten von ihnen befinden sich ebenerdig um die gesamte Innenhalle herum, und ihr Angebot deckt die gesamte Imbisspalette ab, von Brat- und Currywurst über Leberkäse, Frikadellen, Döner und Crêpes bis zu Donuts und Muffins.

Die »Vierhunderter« beherbergt auch die Vorbereitungsküche der »Suiten«. Suiten sind in dieser Halle Logen, abgeschlossen, hoch über den Zuschauerrängen, in denen geladene Gäste ein vorher bestelltes Buffet bekommen. Diese Suiten sind langfristig vermietet, was sich in der Regel nur große Firmen leisten, die hier Geschäftsfreunde oder verdiente Mitarbeiter mit der Luxusvariante von »ins Stadion gehen« verwöhnen. Die Jahresmiete bewegt sich im unteren sechsstelligen Bereich, Essen und Getränke gehen extra. Wird sich schon auszahlen, vermutlich.

Die Vorbereitungen für die Concessions finden dort statt, wo Kapazitäten frei sind und Köche dafür Zeit haben. Abends arbeiten in den kleinen Ständen praktisch keine gelernten Köche, sondern Aushilfskräfte, die lediglich fertigen.

Die Patisserie für die gesamte Halle hat in der »Zweihunderter« ihren Platz. Hier werden Cookies, Muffins und Donuts gebacken, Brot und Brötchen. Desserts für »WDR«, »Club« und Suiten kommen auch von hier. Nach einigen Startschwierigkeiten ist die Abteilung jetzt so gut aufgestellt, dass »Gastart« plant, für seinen gesamten Cateringbereich, also nicht nur die Halle, die Desserts zentral hier fertigen zu lassen. Als Sifri das erzählt, spürt man deutlich den Stolz auf die Mädels und Jungs von seiner süßen Truppe.

Wie plant man ein solches Unterfangen? Maikel Sifri lacht: »Eigentlich gar nicht. So was gab's nämlich noch nicht vorher. Nicht in der Qualität, die wir hier liefern.« Man schaute sich die »Color Line Arena« in Hamburg an, auch eine Anschutz-Halle, man begutachtete die Gastronomie im Berliner Olympiastadion. »Gab uns aber alles bloß ein paar Grundideen, war klar, dass das hier 'n ganz andrer Schnack wird.« Die fertig geplante Kücheneinrichtung gab gewisse Parameter vor, das Konzept wurde eins zu eins aus amerikanischen Hallen übernommen, »da haben wir hier und da noch um 'ne zusätzliche Schublade gebeten oder zwei Geräte getauscht, aber im Großen und Ganzen stand das fest. Und ob ich auf die Grillplatte 'nen amerikanischen Burger oder 'ne deutsche Bratwurst schmeiße, ist ja der Grillplatte egal«. Sifri und der »Gastart«-Küchendirektor Markus Herbicht machten sich also daran, ausgehend von den vorgegebenen technischen Möglichkeiten, den verschiedenen gastronomischen Hot Spots der Halle, den sehr unterschiedlichen Veranstaltungen und dem dementsprechend bunt gemischten Publikum eine Vision zu entwickeln, was hier gehobene Gastronomie bedeutet und wie man dennoch auch den normalen Eisbärenfan bei der Hand nimmt und ihm den

schockartigen Kontakt zu amerikanischer Unterhaltungs-
und Freizeitkultur, gepaart mit internationaler Feelgood-
Küche so sanft gestaltet, dass der nicht gleich wegen anti-
kapitalistischer Allergiereaktionen in atemlose Starre fällt.
Und, nicht zu vergessen, das Ganze musste auch noch wirtschaftlich sein. Denn Mister Anschutz weiß, dass eine Halle
wie diese etwa zwanzig Jahre hat, bevor sie als alt gilt. In
diesen zwanzig Jahren will er nicht nur seine investierten
165 Millionen Euro wiederhaben, sondern nach Möglichkeit
auch noch einen Batzen drauf. Das ist kaum nur mit Ein-
trittsgeldern zu verdienen, zumal seine Eishockeyspieler ja
auch ein bisschen was verdienen und »Metallica« sicher nicht
aus purer Freundschaft ausgerechnet hier auftritt.

Aber es gibt jemanden, der Mister Anschutz ein regel-
mäßiges Einkommen sichert, und das ist »Gastart«. Die
Firma zahlt nämlich eine umsatzabhängige Pacht an den Betreiber der Halle, und die wird nicht ganz mickrig sein. Tja,
und diese Pacht und eine Menge Gehälter und das Geld für
die nicht ganz kleinen Einkäufe und natürlich auch noch
ein bisschen was für »Gastart« selber muss Maikel Sifri verdienen. Nicht nur durch Kochen, sondern vor allem auch
durch Rechnen. Er muss hier Mengen kalkulieren und in den
Griff bekommen, die selbst für einen abgezockten Küchen-
profi nicht selbstverständlich sind. Er musste Qualitätsstan-
dards entwickeln, die er immer und unter allen Umständen
in diesem Monstrum von Gastronomie gewährleisten kann.
Und Sifri gehört nicht zu der Sorte Koch, die so etwas dadurch erreicht, dass sie den Standard niedrig ansetzen. Vermutlich hat er auch genau deswegen diesen Job bekommen.

Ein Zauberwort ist »gute Ware«. Ein anderes »Personal«. An
beidem wird nicht gespart. Ein drittes ist »Frische«. Sifri arbeitet an keiner Stelle mit Convenience. Halt, an einer Stelle
doch: Die Brühe, in der er Würste erhitzt, bekommt neben

ein paar frischen Aromazutaten noch einen kleinen Schuss gekörnte Brühe in Bioqualität mit. Na ja, geschenkt. Warum diese Frischeküche nicht nur besser schmeckt, sondern tatsächlich wirtschaftlicher ist, dazu komme ich noch ...

Personell gibt es zwei Ebenen: Souschefs, beziehungsweise Küchenchefs und Köche. Jeder Souschef führt selbstständig einen Hauptbereich. Hinter einer weißen Tür am Rande der »Vierhunderter« betritt man ein ziemlich kleines Büro, in das sich an drei Schreibtische vier Souschefs quetschen, abgeteilt davon kommt man in das noch viel kleinere Büro von Maikel Sifri. Kein Küchenchef mag Büroarbeit, die meisten schaffen es, diese zumindest teilweise auf jemand anderen abzuwälzen und nur das unumgänglichste selber zu machen, denn Köche wollen kochen und nicht tippen. Aber hier ist Büroarbeit ein absolut überlebensnotwendiger Teil des Jobs. Denn hier ist Logistik alles. Bestelllisten, Dienstpläne für bis zu achtzig Mitarbeiter, Angebote für Kunden, Ablaufpläne für Veranstaltungen, Checklisten für die Hygiene, alles wird hier besprochen, aufgeschrieben, kontrolliert und bearbeitet. Obwohl jeder Souschef seinen Logistikkram selbst macht, gibt es hier sogar einen Souschef, der quasi als Supervisor für nichts anderes als Organisation und Checklisten verantwortlich ist. Denny, nicht mein »VAU«-Denny, war ursprünglich der Chef der Patisserie, aber in dem Job nicht so gut wie als Organisator, und Maikel Sifri hat kurzerhand diese Position geschaffen, weil sich schnell zeigte, dass man hier genau so einen Mann dringend braucht.

Die regelmäßigste Anforderung stellen da noch die Concessions. Jörg, der vorher Küchenchef im »Pan Asia« war, ist dafür alleine verantwortlich. Sifri war seinerzeit »heilfroh, dass ich Jörg dafür bekommen konnte, ich hab nämlich von Systemgastronomie überhaupt keine Ahnung.« Jörg war früher auf der halben Welt für große amerikanische und asia-

tische Systemketten tätig, auch als Trainer. Systemgastronomie bedeutet nicht nur Fastfood nach US-Style, sondern eine
bestimmte Form von Gastronomie in ihrem Wesen zu erkennen, dieses zu formatieren und dadurch exakt wieder-
holbar zu machen. Das kann dann Burgerbraten sein, aber
auch Wokküche, Wraps und Smoothies, Pizza und Pasta,
Bratwurst oder Irish Pub. Es ist Design und Inhalt. Und,
ganz wichtig dabei, es muss ein Schulungssystem für Mitarbeiter in Küche und Service geben, das gewährleistet, dass
jeder, der es durchläuft, seinen Job genau so macht, wie es
das System vorsieht. Jedes Essen sieht immer genau gleich
aus und schmeckt auch genau gleich, denn das bietet dem
Gast die Gewissheit, dass er hier immer genau das vorfindet,
was ihm beim letzten Mal gefallen hat. Und genau solche
Schulungen hat Jörg weltweit durchgeführt, und das ist eine
seiner großen Stärken im Team von Maikel Sifri. Er nimmt
einen Studenten, der im Leben noch nichts Vernünftiges gekocht hat, und macht, guten Willen beim Probanden vorausgesetzt, mit ein wenig Training einen Bomben-Würstelbrater
aus dem angehenden Ethnologen, der nach durchlaufener
Schulung auch angesichts der Bestellungen von hundertfünfzig angeschickerten Eishockeyfans nicht in Panik ver-
fällt, sondern einfach zackig abarbeitet. Jörgs Jungs pauken
buchstäblich einzelne Handgriffe zum Dönerwickeln oder
Leberkäsesemmelbelegen, damit auch im Stress nichts schiefgehen kann.

Einer gewissen Regelmäßigkeit unterliegt auch die Arbeit
für die Suiten. Sifri hat getreu dem Credo Systemgastronomie auch für die Logen ein Portfolio von sieben oder acht
verschieden Buffets zur Auswahl entwickelt. Eher spanisch
mit Tapas oder bayrisch mit frischem Leberkäs, Weißwurst
und Brezn oder italienisch mit Antipasti. Wurstkessel mit
Brotkorb und Senf, asiatisch oder französisch angehaucht
mit schöner Käseplatte zum Schluss und noch ein paar wei-

tere Varianten, je nachdem, was der Bauch so begehrt. Als Fleischhauptgänge bietet er nur Schmorgerichte an. Das ist ein bezeichnendes Beispiel für die Sifri'sche Qualitätsstrategie. »Am Anfang hab ich auf Gästeanfrage auch Rinderfilet verkauft, Geld spielt in dem Bereich keine wirkliche Rolle, und so ein Rinderfilet macht ja auch dem Koch Spaß.« Aber in den Suiten stehen die Sachen schon mal zwei Stunden unter der Wärmelampe. Und da zieht dann das ehemals dunkelrosa gebratene edle Stück bis zur vollständigen Grauwerdung nach. »Weiß ja jeder Koch: Fleisch braten – essen – gut! Fleisch braten – hinstellen – angucken – nicht gut!« Darum hat er es aus dem Angebot gestrichen. »Bringt zwar Geld und die Leute stehen drauf, aber eigentlich wird doch damit keiner glücklich. Ich nicht und die Gäste, wenn sie ehrlich sind, auch nicht.« Geschmortes liegt im Fond und wird beim Nachziehen eher noch besser.

Die Logenmieter bestellen für jede Veranstaltung neu, und die Truppe arbeitet dann tagsüber die Zettel ab. Auf der Rundgalerie, wo die Suiten sich befinden, sind in strategischen Abständen kleine Küchen angeordnet. Dorthin werden die bestellten Essen verbracht, und kurz vor Einlaufen der Gäste beginnt dann die Endfertigung. Wurstkessel werden in den Konvektomaten geschoben, Leberkäse in den Ofen, Brot schön geschnitten, Brezeln aufgebacken. Wenn die Suiten sich füllen, kommt alles auf kleine Servierwagen und wird bereitgestellt. Kellner kümmern sich während des gesamten Spiels oder Konzerts um den Service. Natürlich können die Gäste auch jederzeit etwas von den Speisekarten des »WDR« bestellen, das dauert nur etwas länger, weil das Restaurant verabredungsgemäß von der »Vierhunderter« vorrangig beschickt wird. Die für die Suiten eingeteilten Köche haben dann nämlich schon frei.

Stefan, der diese Abteilung leitet, war früher mal im »VAU«. Als ich da lernte, war er Assistent von Kolja Kleeberg in dessen kleiner Kochshow im Privatfernsehen. Er ist ein eher ruhiger, freundlicher Typ, und das hätte ihn beinahe mal seinen Job gekostet. Maikel Sifri erzählt das freimütig: »Stefan ist ein super Koch, aber manchmal zu weich. Seine Leute liefern qualitativ immer gute Arbeit ab, aber am Anfang kam es immer wieder vor, dass sie die Standards nicht eingehalten haben. Klar, Köche sind ja meistens kreative Leute. Langweilen sich schnell, wenn sie immer dasselbe machen. Also experimentierten sie ein bisschen rum. Bloß, dann hab ich den Rücklauf aus der Suite, hey, die Käseplatte oder was auch immer, war beim letzten Mal aber anders. Das geht einfach nicht, in den Suiten, das sind ja keine kleinen Kunden. Scheiße, also. Ich hab Stefan gesagt, er muss seinen Leuten die Kreativität austreiben. Kreativ sind hier nur die Souschefs und ich. Basta.« Stefan, vielleicht aus eigener leidvoller Erfahrung mit Druck in der Sternegastronomie, versuchte es auf die nette Tour. Aber das half nicht gegen den Gestaltungstrieb der Köche. »Da habe ich ihm gesagt: du – oder die. Klingt gemein, aber ich kriegte das nicht anders in den Griff.« Stefan atmete also tief durch und haute auf den Tisch. Dann fotografierte er jedes Essen, das in den Suiten angeboten wird, und machte einen DIN-A4-Zettel mit Foto, Rezept und exakter Mengenangabe. Solche laminierten Zettel gibt es mittlerweile von allen Essen, die hier verkauft werden, bei der Pasta steht sogar, wie viel Gramm Parmesan darübergestreut wird. Sie hängen überall, und keiner hat mehr Ausreden. Und Maikel Sifri ist sehr froh, dass er den guten Stefan nicht rausschmeißen musste.

Das »World Dinner Restaurant« und damit die »Vierhunderter« schmeißt Andelko, ein echt Berliner Kroate mit Beckham-Kamm und großer, aber herzlicher Schnauze. Er sieht nett und nach Spaß aus, ist laut Sifri jedoch der Souschef mit dem höchsten Personaldurchlauf hier. »Der feuert die

Leute schneller hinten raus, als sie vorne reingehen.« Der Anspruch ist im »WDR« allerdings auch hoch, schließlich ist es das gastronomische Aushängeschild der Halle. Ein À-la-carte-Restaurant mit hochklassiger Karte. Vom Tisch aus kann man die Spiele gucken und sich dabei internationale Spitzenweine zu Gemüte führen. Manchmal bietet Andelko hier auch Buffets an, je nach Veranstaltung. In Andelkos Küche muss es schnell gehen, aber es darf kein bisschen geschlampt werden. Weil sein Essen, im Unterschied zu dem in den Suiten, nicht für langes Stehen konzipiert ist, kann er sich Kurzgebratenes und soften Fisch in filigranen Tellerkonstruktionen erlauben, die nicht immer einfach anzurichten und auch entsprechend empfindlich sind. Wenn man mitzieht ist Andelko aber genau so, wie er aussieht: smart und funny.

Ähnlich sieht es im »Club« aus, allerdings hat der die Spezialität, dass nur Dauerkarteninhaber, die einen zusätzlichen Aufpreis zahlen, hier Zutritt haben. Dafür können sie von zwei Stunden vor Veranstaltungsbeginn bis zwei Stunden nach Ende hier essen, so viel sie wollen. Das Angebot ist aber nicht das, was man von All-you-can-eat-Buden so gewohnt ist, sondern durchaus vergleichbar mit dem »WDR«. Die »Club«-Küche managt Robin, ein ziemlich junger Typ. Bei Musikveranstaltungen wird der »Club« häufig für Empfänge genutzt, deshalb verfügt er über die große Buffetinsel. Und genau hier habe ich auch meinen ersten Einsatz am Gast in dieser Halle.

Weil das Live-Kochen immer nur das Zückerchen nach der Mise-en-place ist, steht vor dem großen Auftritt das Ackern in der Vorbereitung. Die Veranstaltung, die morgen stattfindet, ist ein Coup für die Halle: die Gala zur Verleihung des wichtigsten deutschen Musikindustriepreises, des »Echo«. Sie findet zum ersten Mal hier statt, und natürlich möchten die Betreiber, dass das nicht das letzte Mal war. Sifri und seine Leute haben sich mächtig ins Zeug gelegt, um dieser neuen Klientelmischung zu zeigen, was sie draufhaben. Neben dem üblichen Musikfan sind eine ganze Menge Künstler da und viel Musikbusiness, Fachpublikum. Beim Empfang im »Club« trifft sich eigentlich nur die Branche. Das Buffet bietet asiatische Komponenten mit Gemüsesalaten und Curry, rustikale Stullen auf kräftigem Brot und ein Safranrisotto mit gegrillten Garnelen und Balsamicoreduktion, dazu Dessertvariationen.

Meine Beiträge zur Mise-en-place: Ich habe zwei Stunden lang etwa fünf Kilo Zuckerschoten geschnitten, die eine Hälfte längs in sehr schmale Streifen, Juliennes, für den Salat, die andere Hälfte in Rautenform für das Curry. Zweieinhalb bis drei Stunden lang habe ich zwanzig Bund Frühlingslauch in feine Röllchen geschnitten, ebenfalls für Salat und Curry. Eine halbe Stunde lang habe ich Zucchini halbiert und in dünne Scheiben geschnibbelt, bis irgendjemandem auffiel, dass die gar nicht für das Asiazeugs bestimmt waren, und mir die ganze Kiste wegnahm. Dann habe ich noch ein Jahr lang Koriander gezupft und bis zur Rente Thaibasilikum in Streifen gehackt. Ich weiß es nicht mehr so genau, bei solchen Mengen verschwimmt irgendwann die Wahrnehmung und folglich auch die Erinnerung. Cherrytomaten waren, glaube ich, auch dabei. So dreißig Millionen und alle hatten Namen. Im Ernst, ich habe sicher weniger gearbeitet als jeder andere dort, aber ich musste noch niemals so monoton solche Massen an Gemüse oder Kräutern zerkleinern. Vergleichbare Materialschlachten schlägt man eigentlich nur noch in den Kantinen von großen Industriebetrieben, aber dort wird man meistens Convenienceprodukte finden, das ist eine Frage der Preisgestaltung. Die Verarbeitung von frischer Ware in solchen Größenordnungen bindet eine Menge Personal, aber daran wird hier glücklicherweise wirklich nicht gespart.

Irgendwann schlug Maikel Sifri dann auch noch in der »Zweihundert« auf und machte sich daran, gut fünfzehn Bleche voll mit in Chilisauce geschmorten Hühnerbeinen in kleine Stücke zu zupfen, für den Asiasalat, oder doch das Curry? »Ein Küchenchef, der fast nur im Büro sitzt, das gibt schlechte Stimmung unter den Köchen. Glaubt ja keiner, dass man da arbeitet. Also mach ich regelmäßig irgendwelche Idiotenjobs, damit alle mich dabei sehen.« Ich staune immer wieder, dass Küchenchefs, die nicht vergessen haben, wie anstrengend das alles ist, ohne jeden modernen Personalführungskurs ganz genau wissen, wie man eine Brigade bei der Stange hält.

Am Samstag, dem großen Tag, werde ich hauptsächlich fürs Verpacken und Transportieren eingeteilt. Eine Blase an der Zeigefingerwurzel der linken Hand, genau an der Stelle, die beim Schneiden das Messer nach unten drückt, erinnert mich daran, dass ich gestern untrainiert Kochleistungssport ausprobiert habe. Ich schaufele Risotto in Porzellanschalen, Folie drüber, in Bleche und die Bleche in mannshohe Rollwagen. Mit solchen Rollwagen wird hier alles transportiert, es gibt von nichts so kleine Mengen, dass man es in kleinen Döschen herumtragen würde. In den Küchen stehen Kühlschränke ohne Schwellen. Die Türen schließen dicht am Boden ab, damit man die Rollwagen komplett hineinschieben kann. Die absoluten Kracher stehen in der »Vierhunderter«: ein Konvektomat und ein Schockkühlschrank ohne Schwelle. Beide sind elektronisch miteinander vernetzt. Warum? Nun, nehmen wir mal an, Maikel Sifri möchte gerne fünfzig schöne Rinderfilets im Ganzen servieren, kann hier ja durchaus vorkommen. Sie sollen, sagen wir mal, morgen um sechzehn Uhr dreißig serviert werden. Morgen ist viel zu tun, heute haben wir ein bisschen lose, und also würden wir in Sachen Rinderfilet gerne heute schon mal was unternehmen. Kein Problem. Wir braten alle fünfzig schön ge-

würzten Rinderfilets kurz im Kippbräter an und legen sie
dann in Bleche, stapeln die Bleche in einen Rollwagen und
schieben den in den vorgeheizten Konvektomaten. Eine gute
Kerntemperatur für Rinderfilet ist achtundvierzig Grad Celsius, dann ist es schön rosa. Aber diese Temperatur soll das
Fleisch natürlich erst morgen um sechzehn Uhr dreißig
haben, nicht jetzt schon. Ich will es auch nicht nach dem
Anbraten einfach kühlen und dann morgen fertig garen, das
dauert mir zu lang und ist mir auch zu wenig exakt, ich weiß
ja nicht, wie lange es noch nachzieht und wie weit es in der
Zeit noch gart. Darüber soll ich auch gar nicht nachdenken,
das tun nämlich die zwei schlauen Schränke für mich. Der
Konvektomat hat den Schockkühler gefragt, wie schnell er
die fünfzig Filets runterkühlen kann, und ihm gesagt, dass
das Fleisch morgen um sechzehn Uhr dreißig genau achtundvierzig Grad Kerntemperatur haben soll. Der Kühler
rechnet ein bisschen rum und sagt dann dem Konvektomaten, dass der die Filets auf sechsunddreißig Grad Kerntemperatur bringen soll und dann piepen. Gesagt, getan, der
Konvektomat gart, misst und piept, ein Koch holt die Filets
raus und schiebt den Rollwagen in den Schockkühler. Der
kühlt das ganze Fleisch in zwei bis drei Minuten auf vier
Grad runter, da zieht nichts nach. Alle gehen nach Hause,
und das Fleisch zittert ein bisschen im kühlen Schrank. Am
nächsten Tag, keiner denkt mehr an die Filets, sagt der kühle
Schrank seinem Kumpel Konvektomat um sagen wir mal
fünfzehn Uhr dreißig, dass er auf hundertvierzig Grad hoch-
heizen soll. Wenn das getan ist, gibt der kühle Schrank Alarm,
und ein Koch eilt heran, erinnert sich an die Filets und holt
sie aus der Kälte raus, schiebt sie in den Konvektomat, und
der weiß nun, wie lange er heizen muss, damit die Filets
herrliche achtundvierzig Grad Kerntemperatur haben. Er gibt
stolz Alarm, und der Koch kann beim Gast ein umwerfend
zartes rosa Rinderfilet tranchieren. In diesem Wunderdings

blanchieren die Köche übrigens auch Gemüse. Erst im Konvektomat bei Dampf kurz garen, dann zum Abschrecken statt in Eiswasser in den Schockkühler. Damit verbraucht man sehr viel weniger Wasser und vermeidet den zweiten Wasserkontakt, was Nährstoffe schont. Allerdings muss man, damit es sich lohnt, auch solche Unmengen an Gemüse zu blanchieren haben wie hier ...

Das Risotto ist verstaut, und ich werde nach unten geschickt zu Robin, dem »Club«-Chef. Robin fragt mich ein bisschen aus, über meine Stationen und die Zeit im »VAU«. Mit der »Mecklenburg Vorpommern« mache ich Punkte bei ihm, er war Smut auf der »Gorch Fock«. »Ich hab dich für die Risottostation eingeteilt, das haste im ›VAU‹ ja bestimmt oft gemacht. Komm mal mit, ich zeig dir den Club.« Dort ist jetzt noch Ruhe vor dem Sturm, ein paar Kellner wuseln schon rum, während Robin mir die Geheimnisse der Buffetinsel zeigt. Alles ganz edel, viel Schiefer und dunkles Holz, aber darunter ausgeklügelter Stauraum und Kühlmöglichkeiten. »Risotto haste ja gerade verpackt. Ist sehr al dente, damit es nicht total verkocht, das kalkulierst du dann mit ein. Fond in den Wok, Risotto dazu, schön rühren, mit Butter binden, kennst ja das Spiel. Auf der Grillplatte daneben brätst du die Garnelen und neben dir steht ein Mann, der richtet auf kleinen Tellern an. Amuse-gueule-Portionen, ein paar Spritzer Balsamicoreduktion darüber, einen Parmesansplitter ins Risotto, schicken.« Okay, das klingt so, als ob meine Hosen heute trocken bleiben dürften.

Robin beordert mich in die kleine Satellitenküche des Clubs zu zwei Kollegen, die dort schon Stullen belegen. Ich steige mit ein, und bei entspannten Gesprächen geht der Nachmittag flott vorbei. Ich darf sogar mal für zwanzig Minuten raus, den Soundcheck von U2 anhören, »ist doch so deine Generation, oder?« Ja, ja, schon recht. Aber tatsächlich finde ich das verdammt aufmerksam und nett von der Kollegin. U2!! Habe ich noch nie in echt gesehen. Nach zehn Minuten ist der Soundcheck vorbei, und ich habe eine definitive Alterskrise. Bono ist acht Jahre älter als ich, und was der gerade zehn Minuten an Sprüngen und Gymnastik vorgeführt hat, während er auch noch singt, hätte mich ins Sauerstoffzelt gebracht. Und das macht der dann gerne mal zwei Stunden lang beim Konzert. Trotzdem. Starker Moment.

Später wimmelt es dann von Servicekräften im »Club«, wir Köche rüsten auch auf, verstauen alles unter den Arbeitsflächen, bauen oben schön auf. Mein Partner ist eingetroffen, ein bisschen nervös, weil er »eigentlich immer in den Concessions« arbeitet. Aber es wird schon laufen. Unmerklich füllt sich der »Club« mit Gästen, dann geht es auch schon los. Ein langer, stetiger Fluss von Risottobestellungen, kurze Gastkontakte, viel Gel, ein paar schräge Frisuren aus den Achtzigern und ein Menge Dekolletés. Nicht wirklich glamourös, aber dafür auch nicht unsympathisch. Vielleicht kenne ich aber auch bloß niemanden, weil ich keine Ahnung habe. Hier und da Schauspieler und, ach doch, dahinten steht Dieter Gorny, den kenne sogar ich. »Haben Sie nichts Vegetarisches?« Hallo Gregor, auf die Arbeit konzentrieren. »Einen Augenblick bitte, ich schaue nach.« Sollte ich eigentlich im Kopf haben, ja, ja. Tatsache, ich habe nichts rein Vegetarisches. Ich denke noch, das ist ja doof, aber am Ende des Abends wird diese Dame die einzige Vegetarierin gewesen sein. Aha, was gelernt, Musikbranche: eher Fleischesser …

Ganz am Ende, als die allermeisten Gäste schon zu ihren Plätzen abgezischt sind, wird es dann doch noch prominent. Hintereinander rauschen Jan Delay, Culcha Candela und Peter Fox ganz nah an mir vorbei, weil direkt hinter der Buffetinsel der Eingang zu dem Aufenthaltsraum ist, wo sie alle auf ihre Auftritte warten. Ich traue mich nicht nach Autogrammen zu fragen, obwohl ich weiß, dass ich meine Kinder damit echt glücklich machen würde. Später erzählt mir Robin, dass so etwas hier auch gar nicht gerne gesehen würde. Prominente werden nicht angestaunt, das ist Politik der Firma, die bei ihren Veranstaltungen ständig Kontakt mit Berühmtheiten aus allen gesellschaftlichen Bereichen hat.

Wir räumen auf, ein paar wenige Köche bleiben zurück für eine kleine Aftershowparty hier, die große findet woanders statt, aber auch bei »Gastart«. Ich darf nach Hause gehen. Beim Aufräumen zeigt mir Maikel, warum sich Frischeküche auch wirtschaftlich lohnt: Das vorbereitete Gemüse für das Asiafood, das nicht verbraucht wurde, sieht noch top aus. »Wenn ich dafür Convenience genommen hätte, vorgegart, geht's zwar schneller beim Fertigstellen, aber die nicht verbrauchten Reste kann ich abends wegschmeißen. Das Zeug hier kann ich locker noch zwei, drei Tage aufheben ohne großen Qualitätsverlust.« Na, dann hat sich meine Fingerblase ja Gott sei Dank gelohnt ... Knowhow und Logistik – jetzt müssen nur noch schnell alle Souschefs darüber informiert werden, was noch da ist, damit sie die nächsten Veranstaltungen so planen können, dass die »Reste« gut ins Menü passen.

Mit solchen Planungen sind sie tatsächlich ziemlich spontan hier. Während der Playoffs bei Eishockey oder Basketball sitzt Sifri tatsächlich am Radio, um das Ergebnis der Auswärtsspiele mitzukriegen. Wenn die Mannschaft dort gewinnt, tritt sie zwei Tage später zum Heimspiel an, und Sifri fährt die gesamte Logistik hoch. Verlieren sie, sind sie raus, und die Jungs bleiben daheim.

Zwei Tage später dann das Kontrastprogramm. Eishockey. Maikel hat mich für die Suiten eingeteilt. Die sind heute nicht allzu stark gebucht, alles Anzugträger, sodass der Tag einigermaßen locker verläuft. Ich mache mit einer Kollegin Käseplatten. Schöne Rohmilch- und Ziegenkäse. Sie spricht kein Wort Französisch, und ich helfe ihr bei der Aussprache, wozu ist man Saarländer? Danach fülle ich mit Spritzbeuteln gesalzene Butter und Kräuterquark in Porzellanschüsseln. In einer Ecke werden im Akkord Wraps gewickelt für Lunchboxen, der Vorbereitungsbetrieb in Andelkos »Vierhunderter« läuft auf vollen Touren. Ich steige mal hier mit ein und mal da, schon wieder so ein Tag, der in der Erinnerung verschwimmt. In den kleinen Küchen bei den Suiten geht es dann auch flott. Auf allen Tellern, Platten und Töpfen sind die Suitennummern angebracht, wir verteilen nur, checken genau, ob jeder das hat, was bestellt war, und danach ist auch schon Feierabend.

Zum Einlauf der Mannschaften nimmt Maikel mich mit ins »WDR«. Ist schon beeindruckend. Gut dreizehntausend in der Halle, ordentlich Stimmung. Von der Decke baumelt ein reihenhausgroßes Oktagon aus Videoscreens. Hier sieht man Laufschriften, Werbung und später Nahaufnahmen von den Spielern. Wir stehen genau über der Fankurve der Eisbären, den Stehplätzen. Fahnen, ernster Unterstützungswille. Die Sprechchöre sind gewaltig laut, aber sehr exakt koordiniert, das läuft scheinbar über Handzeichen, die Rhythmen sind zu komplex, um zufällig zu entstehen. »Das ist morgen deine Kundschaft«, lacht Maikel, »Concession in der Fankurve, Bratmaxe!«

Das Schöne am Concession-Job ist der Arbeitsbeginn. Siebzehn Uhr in der Halle. Es gibt keine Mise-en-place. Was der jeweilige Chef in der Concession angefordert hat, packt der Mann in den großen Kühlungen auf einen Wagen, den man dann nur noch holen muss. Ach ja, das habe ich ja noch gar nicht erzählt; neben den Kühlräumen der diversen Küchen gibt es hier noch große Kühlungen und eine zentrale Warenannahme. Wer was aus diesem Stock braucht, bestellt es per Mail unten, dann werden Wagen gepackt und zur Abholung bereitgestellt.

Ich bekomme heute sogar Arbeitskleidung, denn Concession heißt: graublaues Poloshirt, dunkelblaue Basecap und blaue Schürze. Echt studentenjobmäßig. Im Imbiss weist mich Enrico am Wurstgrill ein. Etwa vierzig Würste liegen schon drauf und bräunen langsam. »Hier ist Öl in der Flasche, sprühst du ab und zu mal drüber, regelmäßig mit der Zange wenden. Die rechte Hälfte ist ganz heiß, zum Anbraten. Wenn sie gut Farbe haben, ziehst du sie rüber auf die linke Seite, da ist es nicht so heiß, da können sie dann liegen bleiben. Je nach Verbrauch legste dann gegen Ende von jedem Drittel nach.« Drittel? »Na, dann ist doch Pause. Eishockey. Drei Drittel.« Ach so, stimmt. »Und da kommen die alles raus?« – »Ja klar! Und dann muss alles schnell gehen. Die Kellner vorne am Tresen rufen die Bestellungen einfach nach hinten zu uns. Ich mach Currywurst, Marvin Pommes und du Bratwurst. Wenn sie ›Bratwurst‹ rufen, sagst du laut ›Ja‹, zählst gut mit, und dann ab damit.«

Direkt am Tresen arbeiten die Kellner, nehmen Bestellungen auf und richten die Getränke. Hinter den Kellnern steht der Herdblock, nach vorne ein Arbeitstresen mit Zapfanlage, zur anderen Seite unsere Station. Ganz links Enricos Grill mit Currywürsten drauf, daneben die Schneideapparatur, Currysauce, hausgemacht, Currypulver, Pappschalen und Holzgabeln. In der Mitte die Siebmulde, in die Marvin seine Pommes zum Abtropfen und Salzen schüttet, daneben wieder Pappschalen, ganz rechts meine Grillplatte, noch mal Pappschalen und eine Tüte mit schon eingeschnittenen Brötchen. An der rückwärtigen Wand Marvins Friteuse, ein weiteres Wunderdings aus Amiland. In drei Becken können sechs Frittierkörbe gehängt werden. Sie haben einen Timer, die Zeit ist für die Pommesgröße optimal eingestellt. Das war eines der größten Problem in der Vorbereitung, jemanden zu finden, der zuverlässig die Menge an vorgeschnittenen Kartoffeln in der immer gleichen Dicke und Qualität liefern kann, die Sifri hier braucht. An guten Tagen haut er eine Tonne Pommes raus. Eintausend Kilo! Wenn die Pommes zu dick sind, werden sie mit der Voreinstellung der Friteuse nicht gar, wenn sie zu dünn sind, verbrennen sie. Der Frittenmann kann auch nicht etwa während der Schicht die Einstellung anpassen, dann fliegt er aus der Kurve. Die Friteuse braucht zum Vorheizen zwanzig Minuten, egal welche Temperatur man einstellt. Dann hält sie diese Temperatur aber auf wenige Grad exakt, egal wie viel Frittiergut man hineingibt, und egal wie lange sie läuft. Nach Feierabend lässt man das Fett ab und säubert die Maschine. Das Fett durchläuft über Nacht eine ganze Reihe von Filtern, die immer feiner werden, und kommt am nächsten Tag blitzsauber wieder in die Becken. Das kann man fünf, sechs Mal wiederholen, danach sollte gewechselt werden.

Über jedem der drei Arbeitsplätze befindet sich eine nach vorne abfallende Regalfläche, in die man die fertigen Portionen gleiten lässt, man kennt das von den Fastfoodketten. Über der Fläche Wärmestrahler. Für mich ist der Ablauf also so: Brötchen in die Rechte, mit der Grillzange in der Linken eine Wurst von der Platte nehmen, ins Brötchen legen, Brötchen mit Wurst in eine Pappschale, Pappschale mit Brötchen und Wurst auf der Ablage nach unten gleiten lassen. Von mir aus gesehen rechts liegt schon seit Beginn des Dienstes eine fertige Portion, das Muster sozusagen, die Schale ist mit Klebestreifen am Boden fixiert, »weil sonst die Kellner ratzfatz die alte Wurst schnappen und servieren, na, da freut sich der Gast«, erklärt mit Enrico. »Leberkäse« bedeutet, den Grill zu verlassen, in die Dönerecke zu gehen, dort eine klappbare Pappschale auszubreiten, eine Brötchenunterseite in die Schale zu legen, eine Wärmeschublade auf Kniehöhe zu öffnen, den heißen Leberkäs zu entnehmen, eine daumendicke Scheibe abzuschneiden, die auf die Brötchenhälfte zu legen, die zweite Brötchenhälfte draufzupacken, auf das Ganze eine Papierserviette zu legen und so den Leberkäs nach vorne zu tragen. Klingt einfach, kostet aber echt Zeit, vor allem, weil ja meist eine Bestellung die nächste auslöst: »Mmh, stimmt, Leberkäs hab ick ja ooch schon lange nisch mehr jejessen ...« Döner will mir Enrico gar nicht erst zeigen, das würde ich an einem Abend niemals schnell genug hinbekommen, und das sei überhaupt die größte Katastrophe, wenn einer Döner bestellt.

Im Großen und Ganzen läuft der Abend hier rund, es ist nicht allzu viel Gedränge, aber so hundertzwanzig Bratwürste habe ich verkauft. Ich bin nicht in die Scheiße gekommen, habe aber oft meine Bestellungen überhört in dem ganzen »ein Bier«, »eine Curry«, »ein Menü« (eine Currywurst mit Pommes und Bier), »zwei Cola«, da muss man sicher erst ein Ohr für entwickeln. Enrico hat mich aber immer rechtzeitig geweckt.

Zwischendrin hatte ich sogar ein paar Kapazitäten frei für Studien. Der Eisbärenfan ist voll ausgestattet mit Trikot, Schal und Wimpel, trägt sein Haar eher kurz, vereinzelt Vokuhila, gerne Schnauzer, viele Tattoos, viele Glatzen. Er benimmt sich wesentlich besser, als sein Erscheinungsbild vermuten lässt, und passt ganz gut zu seinem Sport. Im Vergleich mit Fußballern müssen Eishockeyspieler ganz schön rackern. Sie spielen oft zwei, manchmal drei Tage hintereinander, und weder konditionell noch verletzungstechnisch ist das ein Spaziergang. Malocher hier wie da.

Aber das Umfeld, also die Sponsoren, die Leute in den Suiten, im »WDR«, im »Club« und natürlich Mister Anschutz, das ist eine andere Welt, und die Gehaltsklasse entfernt natürlich auch die Spieler um Welten von den Fans.

Man hat versucht, sie mitzunehmen aus dem Wellblechpalast, und sie sind auch mitgegangen, aber sie witterten überall Verrat, und jetzt stehen sie da, warten auf die Bratwurst und das Bier, beides finden sie zu teuer, und es interessiert sie nicht, dass Maikel Sifri drei Monate lang Bratwürste verkostet und mit Metzgern verhandelt hat, um einen zu finden, der ihm eine Biobratwurst ohne Geschmacksverstärker oder andere Zusätze, die viel mit Wirkung, aber eigentlich nichts mit Geschmack zu tun haben, zuverlässig in der erforderlichen Menge herstellt. Früher gab es einen sehr beliebten Grillstand vor dem Wellblechpalast, der Betreiber durfte nicht mit umziehen, das gab reichlich Ärger. Mittlerweile lebt er nicht mehr. Als der Fan-Ärger über Bier- und Bratwurstpreise mal wieder hochkochte, gingen Sifri und alle seine Souschefs gemeinsam mit ein paar Anschutz-Leuten zu einem großen Treffen. Dort erklärten sie die wirtschaftlichen Realitäten, unter denen diese Gastronomie betrieben wird. Sie wiesen darauf hin, dass die Eintrittspreise stabil geblieben seien und die Eisbären ja schließlich auch mit einem Spitzenkader immer um die vordersten Plätze spielten. Am Bierpreis war, zumindest betriebswirtschaftlich verantwortlich, nichts zu drehen, also senkte man den Bratwurstpreis ein bisschen, den Fans aber nicht genug. Wie will man argumentieren, wenn dem Gast die Qualität der Wurst, okay, ich mach das blöde Wortspiel: wurscht ist? Wie sollte Maikel Sifri den Leuten hier erklären, dass er ständig rechnet, mit Wareneinsatz, mit erwarteten Verkäufen, mit Lagerkapazitäten und den Stunden der Mitarbeiter, ihrer Anzahl. Alle außer den Chefs arbeiten hier auf Stundenbasis, viele haben noch einen zweiten oder gleich mehrere Kochjobs. Niemand darf unproduktiv herumstehen, aber um den Laden hier so geschmiert laufen zu lassen, wie er das tut, darf auch nirgends ein Koch zu wenig stehen, denn dann hakt die Maschine, wird es anstrengender, als es sein muss, und das geht auf die Stimmung und letzten Endes auf die Qualität.«Und wenn die Qualität unter dem Kostendruck zurückgehen würde, denn würde ich die Halle nicht mehr kochen wollen«, sagt Sifri. ›Die Halle kochen‹, klingt wie ›Die Halle rocken‹, und ich bin sicher, genauso empfinden die Jungs das auch.

Ich sitze mittlerweile umgezogen im Büro der Souschefs, sie haben mich auf ein Bier aus ihrem großen Kühlschrank eingeladen. Draußen ist es dunkel, und man kann sich hier wirklich wie auf der sehr kleinen Kommandobrücke eines ziemlich großen Raumschiffes fühlen.

Das Raumschiff ist gelandet, ja. Es ist bei sehr vielen der Bewohner des Planeten Berlin gut angekommen, aber bei einigen bleiben Misstrauen, Fremdheit. Dass sie nicht recht mitkommen wollen in diese neue Welt, findet Maikel Sifri schade, aber er und seine Jungs hier sind eben ganz anders. Immer auf der Suche, immer offen für Neues. Heute hier, morgen da.

Als ich am Nachmittag zur Schicht kam, hatte unter der Brücke Warschauer Straße, nur hundert Meter vor der Halle, ein Mann gerade einen Würstelstand aufgebaut. Eisbärenfans strömten schon, und sie sammelten sich um den Stand. Currywurst, Bratwurst, Softdrinks und Bier, alles Ostware, billiger als in der Halle. Er machte ein gutes Geschäft, die Kunden blieben lange bei ihm stehen, als wollten sie Kraft sammeln. Kraft für das Betreten des Raumschiffes, das sie so überfordert und an die abgelaufene Zeit erinnert. Und später stehen sie dann in der Kurve und brüllen: »Berlin! – Ost!! Berlin! – Ost!! – OST! OST! OST-BER-LIN!!!«

Maikel gibt mir die Hand und lacht kurz: »Heute war ja nicht viel los in der Concession. Freitag müsstest du kommen, da brummt's.«

Er ist nicht der Erste heute, der mir das sagt, und im Rausgehen überlege ich, was denn der Unterschied zwischen heute und dem kommenden Freitag sein könnte, aber erst viel später, in der S-Bahn, fällt es mir ein: Kommenden Freitag ist Hartz-IV-Auszahlung.

high end.

Drei Sterne – Eine Reise wert (Guide Michelin)

Ein Stern, zwei Sterne, drei Sterne. Mützen, Punkte, Hauben, Bestecke. Bester Koch Deutschlands, beste Küche der Welt, Aufsteiger des Jahres, Newcomer oder Koch des Jahres, des Jahrhunderts. Innovative Küche, revolutionäre Küche, klassische Hochküche. Junger Wilder, Meisterschüler, Altmeister. Aromenexplosionen, tiefe Soßen, flüchtige Schäume, leichte Desserts. Wahnwitzige Kreationen, sich immer neu erfinden, ausbrennen. Drei Sterne, zwei Sterne, ein Stern.

Kein Stern mehr ...

Eine nahezu unübersichtliche Masse an Führern, Bewertern und Beschreibern überschwemmt den kulinarisch Interessierten mit Informationen über Spitzenküchen, will in Zeichen erfassbar machen, wie gut sehr gut ist oder exzellent oder »so etwas Unglaubliches habe ich noch nie in meinem Leben gegessen«. Journalisten und Kritiker ringen um Worte, die ihr eigentlich völlig subjektives sinnliches Erleben objektiv gültig beschreiben und dem Leser nacherlebbar machen, was der Rezensent sich da in den Mund gestopft hat. Dabei soll die Emotion tunlichst außen vor bleiben, eine fachlich-sachliche Bewertung will man abliefern und so dem Adressaten helfen, sich zu entscheiden, ob er in genau diesem Restaurant sein sauer verdientes Geld in Naturalien umsetzen will. Und da sind wir schon mitten im Leistungsvergleich, der doch beim Thema Essen so fehl am Platz scheint. Geht es um Köche oder Künstler, um Hochleistungssportler am Herd? Gehen wir in dieses oder jenes Restaurant, weil es großartig schmeckt oder weil wir wissen, dass hier ein mit was auch immer gekrönter Meisterkoch am Herd steht? Oder schmeckt es uns vielleicht so gut, weil wir vorher gelesen haben, dass hier ein quasi-amtlich bestätigtes Genie am Werk ist? Warum kostet ein Vier-Gang-Menü in dem einen Restaurant sechsundvierzig Euro und im anderen hundertzwanzig? Kann man vierundsiebzig Euro Unterschied schmecken?

Vor meiner Lehre hatte ich noch nie in einem Sternerestaurant gegessen. Ich hatte, ehrlich gesagt, in einem ernsthaft kulinarischen Sinne überhaupt noch nicht viel gegessen. Als ich die Küche des »VAU« zum ersten Mal betrat, schossen mir allein vom Duftgemisch der auf den Herden stehenden Saucen und Fonds die Säfte in Mund und Magen ein. Es dauerte zu Beginn der Lehre Wochen, bis ich so weit desensibilisiert war, dass ich während der Arbeit nicht fortwährend Hungergefühle und Unterzuckerung verspürte, nur von den Gerüchen.

Im Laufe der Ausbildung durfte, ja musste ich natürlich von allem probieren, geriet aber immer unter Druck, wenn ich etwas zur Qualität sagen sollte. »Wie findstes denn?« Was für ein Stress – nie hätte ich gewagt, etwas zu bemängeln, weil ich mir vorkam wie ein Hafenarbeiter, der aufgefordert wird, sich zu moderner Kunst zu äußern. Mir fehlten einfach alle Werkzeuge zur Beurteilung, ich hatte keine Referenzerlebnisse.

Zum Prozess der Professionalisierung gehört aber nun

mal die Kritikfähigkeit, sowohl aktiv als auch passiv. Ich lernte also, auf die wichtigsten Faktoren zu achten: salzig, süß, sauer, scharf, bitter. Immer probieren, was der Postenchef gemacht hat – gut merken – und wenn du es dann selbst gemacht hast, die Erinnerung abrufen und vergleichen. Nächste Schwierigkeitsstufe ist dann die sensorische Suche nach den diffizileren Aromen: Ist genug Thymian oder Rosmarin an der Jus, schmeckt das Sorbet wirklich nach Limette oder doch nur nach Zucker? Danach geht es dann an Kombinationen. Passen diese und jene Komponenten gut zusammen, wie muss man in jedem einzelnen Bestandteil die Aromen austarieren, damit sich wirklich ein harmonisches, aber spannendes Gesamtbild ergibt? Es ist endlos, wie bei jeder kreativen Arbeit. Und etwas wird man nie los, ja es wird eigentlich immer schlimmer, je besser man wird: das Zweifeln.

Am Ende des ersten Lehrjahres ging ich dann mit meiner Frau ins »VAU« essen. Hochzeitstag. Wir bekamen das ganze Programm. Sechs Gänge mit korrespondierenden Weinen. Ausnahmslos alle Einzelteile hatte ich schon mal während der Arbeit gekostet, aber im Ganzen und in aller Ruhe am Tisch genossen, war das doch etwas ganz anderes. Der Trevisano Tardivo beispielsweise, eine spezielle Radicchiosorte, der gegrillt zum Lamm serviert wurde, war mir, einzeln probiert, immer zu bitter gewesen. Außerdem nervte die Zubereitung. Man musste die Grillplatte auf den Induktionsherd legen, aufheizen lassen, mit Öl einstreichen, dann den längs aufgeschnittenen Salat darauf braten. In der Zeit hatte man statt zwei Kochstellen, mit denen man ohnehin nur knapp klarkam, bloß noch eine zur Verfügung und musste auch noch höllisch auf das Grillgut aufpassen, denn der Salat verbrennt leicht. Nach dem Grillen wurde der etwas holzige Strunk so zurechtgeschnitten, dass er gerade noch den Salat zusammenhielt, aber gut zu essen war. Dabei fiel er gerne mal auseinander, und dann musste man einen neuen machen. Danach war die Grillplatte glühend heiß, musste runter vom Herd, um sie dann zehn Minuten später wieder draufzustellen, weil wieder Lamm bestellt worden war.

Jetzt lag der Tardivo auf meinem Teller, dazu ein Pastinakenpüree, eine ganze Ofentomate – sanft bei sechzig Grad getrocknet –, zwei kleine, hausgemachte Lammwürste, ein Klecks Geschmortes aus der Schulter und als Hauptdarsteller ein schön rosa gebratenes Stück Lammrücken und die Portweinjus.

Die Soße ist fleischig-alkoholisch-süß, die Ofentomate fruchtig-süß, das Püree erdig-süß. »Süß« in verschiedenen Gradierungen ist also eindeutig die vorherrschende Note auf diesem Teller, das Zentrum seiner Aromenskala. Eingerahmt wird das nun einerseits vom kräftigen Eigengeschmack des Fleisches und andererseits von der Bitternis des Tardivo. Perfekt. Die Geschmacksnerven werden auf der gesamten Bandbreite gereizt, und neben den Extremen »bitter« und »süß« liegt das eigentlich eigenwillige Lamm, das viele wegen seines speziellen Geschmacks ja tatsächlich nicht mögen, und erscheint auf einmal ganz sanft und nimmt so selbstverständlich seinen Platz als zentrale Komponente dieses Ganges ein.

In den folgenden Tagen war ich deutlich weniger genervt von der Zubereitung des Trevisano Tardivo. Mir war klar geworden, wie wichtig seine Rolle bei diesem Gericht ist und auf was es bei seiner Zubereitung ankommt.

Es geht also beim Besserwerden ganz stark um sensorische Erfahrungen. Ein Koch, der sich entwickeln will, muss auch immer essen; Neues essen, Fremdes essen und sich Neues und Fremdes, das er gut fand, durch wiederholtes Essen vertraut und damit für sein Repertoire verfügbar machen. Dadurch legt er in seinem Gehirn eine riesige Enzyklopädie der Aromen an, aus der er sich bei der Entwicklung neuer Gerichte zielsicher bedienen kann. Dazu kommt dann das Wissen um klassische Speisen aus verschiedenen National-küchen, um herausragende Kreationen anderer Köche, die man zitieren oder weiterbearbeiten kann. Und natürlich die ständige Übung des Fertigens in unterschiedlichsten Tech-niken und Verfahren, die Schulung auch des optischen ästhetischen Empfindens, um schöne »Tellerbilder« schaf-fen zu können, wobei es nicht zuletzt auch ganz technisch um Konsistenzen geht. Was nutzt mir der schönste und grünste Basilikumschaum auf der Vorspeise, wenn er nicht so lange steht, dass der Gast ihn auch in voller äußerer Schön-heit erlebt? Konsistenzen spielen selbstverständlich auch sensorisch eine entscheidende Rolle: knusprig, cremig, sah-nig, dickflüssig, schaumig, luftig. Alle Aggregatszustände von Essen entfalten unterschiedliche Wirkung auf den Esser. Ich kann aus denselben Erbsen und ähnlichen weiteren Zu-taten entweder ein Erbsengemüse, ein Erbspüree oder einen Erbsenschaum herstellen. Selbst wenn ich jedes Mal die-selben Aromen – sagen wir mal Salz, Pfeffer und Minze – einsetze, werden sich beim Kosten der drei Zubereitungen jeweils ganz andere Assoziationen einstellen.

Und, niemals zu vergessen: All dieses Wissen, alle Tech-niken und alles Handwerk kommen im Ernstfall – also im Küchenalltag – ja nicht in aller Gemütsruhe zum Einsatz, sondern unter ständigem Zeitdruck. Je höherklassiger eine Küche, desto aufwendiger die Produktionsprozesse, desto vielteiliger die Kompositionen der Gerichte. Es muss mehr Essen in höherer Qualität und auf höherem handwerklichen Niveau hergestellt werden, aber der Tag hat trotzdem nur vierundzwanzig Stunden. Es gibt ab einer gewissen Qualität von Küche keine Maschinen mehr, die die Arbeit beschleuni-gen können, weil ja, im Gegenteil, gerade hier das buchstäblich handwerkliche Arbeiten die Qualität sicherstellt. Also bleibt nur, mehr und besseres Personal zu beschäftigen. Hierbei spielt aber die pure Größe der Küche eine perfide Rolle, denn irgendwann ist sie voll, und das passiert häufig schon, bevor man genug Köche Sinn ergebend hat hineinstellen können. Sinn ergebend zum Beispiel, weil genug Arbeitsflächen, Herde, Öfen und andere Gerätschaften vorhanden sind, damit auch jeder Koch zu jeder Zeit etwas produzieren kann und nicht herumsteht, weil er gerade nirgends seinen Nudelteig ausrollen kann. Noch schlimmer wäre, dass es, wenn er den Teig jetzt nicht ausrollt, um die Ravioli für den Mittagsservice herzustellen, heute Mittag einfach keine Ravioli gibt. Die einzige Möglichkeit für einen Küchenchef, höchste Qualität zu erreichen, ist also, neben seinem eigenen Können und der Verwendung bester Zutaten, die Zusammenstellung der besten Brigade, die er kriegen kann – in der seiner Küche angemessenen Größe.

Was aber macht eine gute Brigade in der Spitzengastronomie aus? Einige grundsätzliche Kriterien: Jeder der Köche beherrscht sicher ein möglichst breit gefächertes handwerkliches Repertoire, die einzelnen Postenchefs sind darüber hinaus auch für die speziellen Aufgaben ihres Postens besonders qualifiziert.

Jeder Einzelne ist überdurchschnittlich motiviert, in dieser Küche an jedem Arbeitstag zu jeder Zeit die volle Leistung zu bringen. Und je besser die Küche, desto häufiger und weiter muss sich der einzelne Koch auch noch über das ihm möglich Erscheinende hinaustreiben können, körperlich und nervlich.

Jeder Koch ist fähig, beständig neben der Konzentration auf die eigene Arbeit auch noch Aufmerksamkeit für die Arbeit der anderen und, vor allem während der Servicezeiten, für alle Anweisungen und jede Kritik des Küchenchefs aufzubringen. Tunnelblick und Einzelkämpfertum sind nur in kurzen Phasen nützlich, im Wesentlichen ist ein guter Postenkoch Teamspieler. Und er darf nicht in seinen Anstrengungen nachlassen, gleichgültig, ob er sich geschnitten oder verbrannt hat oder der Küchenchef ihn gerade vor allen so in den Senkel gestellt hat, dass er am liebsten weinend im Boden versinken würde.

Ausdauer, Ehrgeiz, ungeheurer Fleiß und die Fähigkeit, Niederlagen und Schmerzen ertragen zu können, gehören also zu den Grundqualifikationen des Kochs in der Spitzengastronomie. Klingt pathetisch, ist aber wahr. Und je höher die Spielklasse, desto höher auch die Anforderungen, klare Sache.

Nach zwei Jahren Arbeit in einer Küche mit einem Michelinstern begann ich mich irgendwann zu fragen, welche konkreten Auswirkungen die Klassifizierung mit zwei oder gar drei Sternen auf die Arbeit eines Kochs hat. Ich hatte die Anforderungen in meiner Lehrküche schon als ziemlich stramm empfunden. Wenn ich mal zwei Wochen frei hatte, war ich so raus, dass ich drei, vier Arbeitstage brauchte, um wieder den erforderlichen Zustand an Dauerkonzentration und Aufmerksamkeit zu erreichen, der es mir möglich machte, einen Service durchzustehen, ohne ständig angepampt zu werden, weil ich dieses vergessen und jenes schlecht gemacht hatte, und vor allem viel zu langsam war. Ich fand das Essen auf diesem Niveau so umwerfend, dass ich mir nicht vorstellen konnte, was daran wie zu steigern wäre, um statt einem Michelinstern drei zu bekommen. Und vor allem, wie groß ist denn der Unterschied überhaupt?

Wenn man in den Grundsätzen des Reiseführers »Guide Michelin« nachliest, so findet man folgende Kategorisierung, die bis heute gültig ist: Ein Stern: »Eine sehr gute Küche – verdient besondere Aufmerksamkeit.« Zwei Sterne:

»Eine hervorragende Küche – verdient einen Umweg.« Drei Sterne: »Eine der besten Küchen – eine Reise wert.«

Man muss sich hier die Anfänge des »Guide« vergewärtigen. Im Jahre 1900 gab der Reifenhersteller für die wenigen Automobilisten Frankreichs diesen Führer erstmalig heraus, in dem Benzinhändler und Werkstätten verzeichnet waren, Tipps für die ständig nötigen Reparaturen standen und natürlich auch Hotels und Restaurants an den Strecken empfohlen wurden. Zu Beginn gab es nur einen Stern, das Bewertungssystem verfeinerte sich mit dem zunehmenden Erfolg des Druckwerkes, und heute ist er der traditionsreichste und, was die Strahlkraft seines Urteils angeht, auch unbestritten der wichtigste Restaurantführer der Welt. Nur der Vollständigkeit halber sei hier erwähnt, dass die Hotelklassifizierung von einem bis zu fünf Sternen mit den Michelinsternen nichts zu tun hat. Für Köche und Restaurantleiter der Spitzengastronomie zählen ausschließlich die ein bis maximal drei Sterne, die der »Guide Michelin« vergibt.

Stellen Sie sich nun einmal einen Autofahrer des Jahres 1922 vor. Die Autos, auch die teuersten, rappeln und verlieren Öl. Benzin gibt es nicht an Tankstellen, sondern bei lizenzierten Händlern und Apothekern, oft nur in kleinen Mengen. Die Reifen müssen häufig gewechselt werden, Speichen und Achsen brechen auf den noch ziemlich schlechten Straßen. Es gibt keine geschlossenen Limousinen, die Chauffeure sind Wind und Wetter, Sonne und Staub, Schnee und Matsch ausgeliefert. Keine Servolenkung und kein Navigationsgerät. Kurz gesagt, Autofahren ist anstrengend und eher sportlich denn bequem. Man überlegt es sich gut, ob man einen Umweg macht oder gar eine Fahrt zu einem bestimmten Ziel plant, wenn es dabei lediglich um Nahrungsaufnahme geht. Über eine Ein-Sterne-Küche, die ohnehin an der Strecke liegt, darf man sich also sehr freuen und sollte sich Zeit für das Essen nehmen, für eine mit zwei Sternen darf es auch mal ein Schlenker sein, aber für drei kann man alle Torturen des Fahrens getrost auf sich nehmen, um nichts anderes zu erreichen, als eben in diesem Restaurant zu essen.

Eine kleine Statistik hilft, einschätzen zu lernen, wie erheblich der Unterschied zwischen einem und drei Sternen heute ist: In Deutschland hat der »Guide Michelin« für das Jahr 2009 einhundertneunundachtzig Köche mit einem Stern bewertet – was im Übrigen dafür spricht, dass die deutsche Gastronomie mittlerweile fraglos in der Spitzenklasse mitspielt. Achtzehn deutsche Köche bekamen zwei Sterne. Drei Michelinsterne haben im ganzen Land nur neun Köche. Weltweit sind zurzeit achtundsechzig Köche mit drei Sternen bewertet.

Im kleinen Saarland, da erlaube ich mir einen kurzen Anflug von Lokalpatriotismus, arbeiten gleich zwei Küchenchefs auf diesem Spitzenniveau: Klaus Erfort in Saarbrücken und Christian Bau im »Schloss Berg« in Perl-Nennig, einer abgeschiedenen Gemeinde im Norden des Bundeslandes, nah an der Pfalz und Luxemburg.

Und hier, im Grenzland, darf ich per Selbstversuch herausfinden, was es bedeutet, in einer der achtundsechzig höchstbewerteten Küchen der Welt zu arbeiten.

Christian Baus Souschef Patrick Maus, ein großer und schlaksiger Mann um die dreißig, mit langen, zum Zopf zusammengebundenen Haaren und Piratentuch, drückt auf den Öffnungsschalter der Küchentür und lässt mich vorgehen. Eine ganz normale Küche, nicht groß, ohne irgendwelchen Schnickschnack, ganz übliche Arbeitsgeräte. Direkt an der Tür der Pass, dahinter ein langer Herdblock mit Induktionskochflächen, Grillplatte und Salamander. An der Längswand zwei rechtwinklig zueinander angeordnete Arbeitsplätze; am einen arbeiten die beiden Entremetiers, am anderen die zwei Gardemangers. Ein steinerner Durchgang, Reminiszenz an die alten Schlosszeiten, von weißen Kacheln umrahmt, führt in die winzige Patisserie. Schränke und Regale aus Edelstahl, handelsübliches Kochgeschirr, und keiner arbeitet hier mit Fünhundert-Euro-Messern aus Japan. Auffällig ist die strahlende Sauberkeit bis in die kleinsten Ecken, als wäre die Küche gerade erst eingebaut worden, dabei sind die Gebrauchsspuren überall offenkundig. Und auf der großen Lüfterhaube über dem Herdblock, vom Pass aus immer gut zu sehen, sind zwei Schilder angebracht, die jedem hier Arbeitenden zu jeder Zeit den Tarif erklären: »Qualität kommt von (sich) quälen!!!«, steht auf dem einen, auf dem anderen, wie um den Titel dieses Buches eindrucksvoll zu rechtfertigen: »Klagt nicht – kämpft!!!«

Der Souschef stellt mich flott und knapp seinen sechs Kollegen vor, zu schnell, um sich die Namen zu merken, außerdem geht die Konzentration der Köche nach kurzem Lächeln – »Hi« –, Händeschütteln sofort wieder zurück auf die aktuelle Verrichtung und diese mit erhöhter Geschwindigkeit weiter, denn durch die Begrüßung hat man ja schon wieder Zeit verloren ...

Maus nimmt mich an seinen Posten mit, der sich über die gesamte Längsseite hinter dem Pass zieht. Vorne ist der Fleischposten, hier kocht der Souschef und zum Fenster hin der Fischposten, den im Wesentlichen der Küchenchef Christian Bau selbst kocht. Außerdem befindet sich hier hinten auch die Induktionsgrillplatte, auf der sowohl Fleisch als auch Fisch und Meeresfrüchte angebraten werden. Außerdem der Holzkohlegrill, der eine Stunde vor Servicebeginn angeheizt wird.

Der Souschef mustert mich nervös, er überlegt, womit er mich jetzt beschäftigen könnte, »irgendwie is des unnergegange, dass du heut da bist. Hätt ich dir nämlich der ganse

Schnibbelkram uffs Au gedrückt«, babbelt der gebürtige Pfälzer von der Loreley, »egal, mir finne schun was.« Wo es in anderen, simpleren Küchen bei der Einarbeitung von neuen Köchen immer genug Aufgaben gibt, die man bedenkenlos und gerne delegiert, ist das hier eben nicht so einfach. Man muss nämlich auch bei einem geprüften Facharbeiter wie mir erst mal gucken, ob der auch bei einfachsten Vorbereitungsarbeiten so exakt, selbstständig und schnell arbeitet, dass man nicht ein paar Stunden später bei der Betrachtung seines Beitrages zur Mise-en-place einen Herzinfarkt bekommt, weil er unter »Brunoises« etwas versteht, was hier allenfalls als grober Würfel durchgeht, oder aber der Kerl zur Herstellung derselben eine Stunde braucht, das Zeug aber schon in zwanzig Minuten blanchiert und abgeschreckt in der Kühlschublade liegen muss. Und den »Schnibbelkram«, den man Obskuranten wie mir aufs Auge drücken kann, ohne sie die ganze Zeit unter Beobachtung zu halten, den haben Maus und die Kollegen heute schon längst hinter sich gebracht. Aber ein Souschef wäre kein Souschef, wenn er nicht etwas zu tun fände, und so darf ich mich mit einem Teil der Amuse-Gueule-Vorbereitungen befassen. Ein Blech voller kleiner runder Teigplätzchen, Durchmesser etwa fünf Zentimeter, muss belegt werden. Zunächst soll ich auf jedes einen winzigen Klecks hausgemachtes Basilikumpesto aufstreichen, genau in die Mitte, darauf kommt dann ein kleiner Würfel Mozzarella, darauf wiederum eine Ofentomate, die dann später ein Topping von Oliventapenade kriegt. Eine Ofentomate ist hier nicht etwa eine im Ganzen getrocknete Frucht: Die Tomaten wurden überbrüht, geschält, geachtelt, entkernt und dann mit Öl, Salz, Pfeffer, Knoblauch und Kräutern im Ofen getrocknet. Das ergibt viele sehr dünne und zerbrechliche Spitzovale, die auf geöltem Backpapier zum Liegen kommen, immer etwa zehn pro Lage. Je zwei dieser Tomatenstücke müssen zu einem flachen, viereckigen

Paket zusammengelegt werden, das dann seinen Platz auf dem Mozzarella findet. Es ist schwierig, die Tomatenstücke unbeschädigt vom Papier zu lösen, es ist noch schwieriger, sie zu besagtem Paket zu falten. Die Finger werden immer öliger, die Tomaten scheinbar immer empfindlicher, und bei jedem Stück, das hoffnungslos in Fetzen gegangen ist, stelle ich mir vor, wie der Entremetier bei jeder von mir ruinierten Tomate sein Messer fester halten muss, damit es nicht wie ferngelenkt seinen Weg in mein Bein findet. Der Mann bringt alle zwei oder drei Tage sicher eine Stunde – ohne das Trocknen – mit der Herstellung dieser Ofentomaten zu, eine Arbeit, die bei mir wenigstens zwei Stunden dauern würde. Patrick Maus greift immer wieder ein und zeigt mir, wie man mit eineinhalb Fingergriffen Pakete formt, die aussehen, als hätte sie eine Ofentomatenfaltmaschine hergestellt, alle genau gleich. Wenn ich nicht schon zwei- bis dreitausend solcher frustrierender Erfahrungen in Küchen gemacht hätte, würde ich jetzt wie ein Dreijähriger schmollen.

Ich muss daran denken, wie ich in meiner Lehre zum ersten Mal eine Vorspeise, nämlich den »Salat mit Jakobsmuscheln, Orange und Paprika«, anrichten sollte. Zuerst mit dem Löffel einen schönen Kreis aus knallroter Paprika-, einen zweiten aus Orangen-Olivenölreduktion ziehen und dann in die Mitte das Salatbouquet drapieren. Die Kreise waren okay, der Salat in einer Schüssel mit Dressing gut mariniert. Jetzt musste ich eine gute Handvoll Salat mit der Linken fassen, die Rechte schwebte so, als ob ich ein Glas hielte, knapp über der Tellermitte. In dieses »Gefäß«, das meine rechte Hand darstellte, war nun von oben der Salat einzufüllen, immer vorsichtig nachstopfen, niemals fest drücken. Wenn der gesamte Salat dann von der Linken ins Gefäß der Rechten gewandert, die Linke sich als Halterung zur Rechten gesellt hatte und ich sicher war, dass der kleine Salatturm vorerst hielt, musste ich loslassen. Erster Test. Hatte mich mein Gefühl getrogen, dann würde der Salathaufen jetzt auseinanderfallen, das Dressing unschön auf dem Teller verspritzen, und schwupp, ging's von vorne los, möglicherweise sogar mit ganz neuem Salat, denn der alte war ja vielleicht schon in Orangen- und Paprikareduktion gewälzt. Hielt hingegen der Turm, dann ging es jetzt ans Feintuning. Der kleine gemischte Salat musste mit den Fingern vorsichtig aufgelockert werden, ungefähr so, wie der Friseur durch die Locken flockt, um Fülle zu erzielen. Dann waren hier ein feines Blatt Minzunasalat attraktiv ein wenig aus dem Häufchen zu zupfen, vielleicht dort ein, zwei Blatt Lollo rosso statt dem Lollo bianco zu platzieren, wegen der farblichen Abwechslung, und der Rucola machte sich schön auf der Spitze des Turms, wie Palmenblätter. Und natürlich nicht einschlafen dabei, schließlich ist das nicht die einzige Vorspeise, die wir heute hier servieren, und außerdem sind zwei Jakobsmuscheln der eigentliche Hauptact dieses Tellers, und die liegen schon, schön glasig gebraten, im Wärmeschrank bereit. Und wenn die Muscheln nicht bald zu ihrem Salat kommen, dann sind sie nicht mehr schön glasig, sondern gut durchgebraten, und das ist nicht lecker Michelinstern, sondern schöne Scheiße. Ich kämpfte also schweißgebadet mit dem ersten Salatbouquet meines jungen Kochlebens, lächelnd beobachtet von meinem Chef de Partie Holger. Die Rechte formte das Gefäß, der Salat ging glücklich hinein, die Linke fasste nun auch darum herum, und ich setzte ein Mal, zwei Mal, drei Mal zum endgültigen Absetzen an. Dann lag der Salat auf dem Teller, Gott sei Dank in der Mitte, wo er hingehörte, immer noch von beiden Händen gehalten. Mut gefasst und losgelassen – er stand, nein, o Gott, schnell noch mal mit beiden Händen rum, stabilisieren, noch mal loslassen und – puh. Jetzt zupfen, dabei fällt natürlich die ganze Pracht in sich zusammen, ich kann sie wieder gerade so retten, aber noch einmal traue ich mich nicht mehr ran. Holger guckt immer noch, jetzt eher grinsend als lächelnd. Er ist nur deswegen so entspannt, weil wir im Mittagsservice sind, das Restaurant also nicht so voll ist und ich noch im Zeitlimit für die Muscheln bin. Holger nickt kurz, ich gehe wieder ans Werk. Stabilisiere, zupfe, nehme raus und lege dazu, immer wieder wankt die Konstruktion und kann gerade so gerettet werden, aber von Fortschritt bei der Gestaltung keine Rede. Als ich mich schon geschlagen geben will, nimmt mein Salat doch überraschend Form an, und ich lege letzte Zupfhand an. In diesem Moment sagt Holger unbedacht und eigentlich freundlich gemeint einen Satz, der mich für den Rest meines Lebens beim Anrichten und überhaupt jeder filigranen Küchenarbeit verfolgen wird: »Naaa, wird's denn gehn mit de Wurschtfinger?« Ich gucke auf das zarte Bouquet in meinen, na ja er hat recht: Wurstfingern und gewinne schlagartig die Gewissheit, zum Schweinsbraten machen die richtigen, aber für einen »Salat mit Jakobsmuscheln, Paprika und Orange« auf jeden Fall die falschen Hände zu haben. Furchtbarer Moment, aber ich bin darüber hinweggekommen, woran Holger einen nicht unerheblichen Anteil hat; er ließ mich in den folgenden Monaten geduldig so lange Salatbouquets und andere Feinarbeiten machen, bis ich mein naturgegebenes Defizit durch Technik einigermaßen ausgeglichen hatte. Aber wenn dann eine neue Filigranarbeit wie jetzt das Tomatenfalten auf mich zukommt, verfalle ich immer wieder in den ersten Affekt dieses – Jahre zurückliegenden – Tages, und Holgers Stimme sagt den bösen Satz in meinem Kopf...

Zu allem Überfluss steht jetzt auch noch plötzlich Christian Bau neben mir, der Küchenchef, der Drei-Sterne-Mann. Ein mittelgroßer, kräftiger Typ von achtunddreißig Jahren mit ganz kurz geschorenem schwarzen Haar, sehr großen braunen Augen, darüber ausdrucksstarke Brauen. Er schüttelt mir die Hand und guckt mit diesem Holger-Lächeln auf die Tartelettes, die sich optisch hoffentlich innerhalb seines Toleranzbereiches befinden. Ich habe ihn vorher nicht einmal gesprochen, die Verabredung lief über Mail und die Empfangschefin des Hotels. Bau spricht einen gemütlichen badischen Dialekt und macht eigentlich einen entspannten Eindruck, trotzdem gerate ich sofort unter Druck. Man spürt auch eine leicht veränderte Temperatur in der Küche. Nicht, dass hier vorher rumgeblödelt oder -getrödelt wurde, um Gottes willen, aber es ist noch leiser und konzentrierter geworden. Klar, ich bin natürlich durch die wenigen Jahre Küche schon ausreichend konditioniert, um beim Eintritt in die, sagen wir ruhig mal: Aura eines Küchenchefs wach zu werden, aber ich wette, auch der Laie würde die Spannung spüren, die unter der gemütlichen Oberfläche von Christian Bau vibriert. Die Aufmerksamkeit Baus ist beim Gesprächspartner, aber die Augen wandern beständig durch die Küche, und die Köche wissen das genau. Es treten auch schon die ersten kurz heran, zeigen etwas in Schüsseln oder Sauteusen und holen sich, nach eingehender Prüfung durch den Chef, erleichtert ein knappes Nicken ab, die maximale Anerkennung, die hier während des normalen Arbeitsbetriebes zu bekommen ist. Wir plänkeln ein bisschen über den Grund meines Hierseins, und ich schwitze ordentlich, weil sich währenddessen in meinem Kopf Bilder formen, wie eine unbedachte Äußerung über das Kochen im Allgemeinen dazu führt, dass mich ein cholerischer Meister aus dem Burgfenster in den Misthaufen schmeißt. Blame it on me, der echte Bau ist durchweg freundlich und sicher weit davon entfernt, mir irgendein entschlüpftes Wort zum Galgenstrick zu drehen. Vor allem: Seine Konzentration gilt der Arbeit hier und nicht dem hysterisierten Besucherkoch, der schon beim Belegen eines Amusegueulegebäckes am Rande seiner Möglichkeiten entlangschrappt. Mit meiner Arbeitskraft rechnet hier eh keiner, und der Küchenchef wechselt jetzt auch schon zur dienstlichen Besprechung mit seinem Souschef, der auch ein bisschen gerader als vorher steht. Ich falte wieder Tomaten...

Nach einer halben Stunde ist es geschafft. Man kann Patrick Maus' Tomatenpakete deutlich von meinen unterscheiden, aber der Gesamteindruck ist wohl zufriedenstellend, denn ich darf das Blech verräumen. Die Kühl- und Lagerräume des Restaurants befinden sich alle im Keller, den man, schlosstypisch, nur über eine enge Wendeltreppe, die in einer breiten, aber recht steilen Portaltreppe ausläuft, erreicht. Ich gehe sehr vorsichtig mit meinen Tartelettes nach unten. Der dort arbeitende zweite Patissier schaut mich freundlich, aber unverständig an, denn hier gibt es, wie der plötzlich im Sturmschritt hinter mir auftauchende Patrick Maus beweist, eigentlich nur ein Tempo: Vollgas. Egal, ob man einen Eimer Zwiebeln oder zwei Tabletts voll mit kleinen, empfindlichen Amusegueules trägt, es geht schnellen Schrittes nach unten oder oben, und wenn man leere Hände hat, dann bitte drei Stufen auf einmal. Zeit, Zeit, Zeit, der ewige Teufel im Nacken der Köche. Die Listen für die Mise-en-place scheinen nie kürzer zu werden, und nur zwei Arme pro Mensch sind und bleiben ein Fehler der Schöpfung, zumindest wenn der Mensch professionell kochen will. Der Druck steigt, je mehr Überblick ein Koch über die Gesamtabläufe seiner Küche hat. Denn dadurch gewinnt er erschreckende Erkenntnisse über das Ineinandergreifen der Bemühungen aller und die Gefährdung der Gesamttagesleistung durch vereinzelte Schwächen oder Fehler. Geht hier Zeit flöten, weil eine Zubereitung so misslungen ist, dass man sie komplett neu herstellen muss, blockiert das auch einen anderen Koch, weil der jetzt nicht den Ofen oder die Eismaschine oder was auch immer benutzen kann, was bedeutet, dass ein Streit ausbricht, der noch mehr Zeit kostet. Ein Postenchef muss also seinen Postenkoch ständig kontrollieren und maßregeln, der Souschef muss alle Postenchefs in Blick und Griff behalten und der Küchenchef muss seinem Souschef vollständig vertrauen; denn der Souschef vertritt den Küchenchef, solange der den ganzen Kram abarbeitet, von dem kaum ein Gast ahnt, dass er auch zu den Aufgaben eines Meisterkochs gehört, wie zum Beispiel Kalkulationen, Wareneinsatzberechnungen, Bestellungen, Reservierungsarrangements, die gemeinsam mit dem Servicechef besprochen, durchgerechnet und geplant werden. Nicht zu vergessen Personalangelegenheiten, wie Zeugnisse schreiben, Urlaubspläne verfassen, Bewerbungen sichten, Köche, die weiterwandern wollen, an Kollegen empfehlen. Und kreativ muss er ja auch noch irgendwann sein.

Ein Küchenchef ist der wirtschaftlich Verantwortliche in einem solchen Betrieb und muss, egal ob ein oder drei oder kein Stern, sein Kostenmanagement rechtfertigen und daher betriebswirtschaftlich exakt und gewissenhaft arbeiten. Und wenn man nur die qualitativ besten und damit teuersten und luxuriösesten Zutaten verwendet, die zu kriegen sind, dann wird das nicht einfacher, sondern schwerer. Denn Gäste, die bereit sind, die dann wirtschaftlich zwingend hohen Preise zu zahlen, wachsen nicht auf Bäumen. Andererseits ist es aber auf dem Niveau von drei Michelinsternen unabdingbar, mit diesen High-End-Produkten zu arbeiten, weil nur sie die geschmacklichen, ästhetischen und auch oft physikalischen Eigenschaften mitbringen, die die Ansprüche dieser Küche fordern. Ein teurer Fisch schmeckt und riecht besser, er sieht schöner aus und sein Fleisch ist fester, was es ermöglicht, diesen Fisch zum Beispiel auf hoher Temperatur anzubraten, für eine schön knusprige Hautseite, ihn in aromatisierter heißer Butter kurz nachzugaren und dann so zu servieren, dass er in der Mitte noch glasig ist. Ein billiger Fisch fällt entweder auseinander oder wird von halb roh sofort zu trocken und kann, selbst wenn man ihn in den Garzustand »glasig« bekommt, was in etwa dem »medium-rare« beim Steak entspricht, nicht wirklich gegessen werden, weil er nach zwei Tage altem rohem Fisch schmeckt. Christian Bau bezeichnet seine Waren folgerichtig also nicht als »teuer«, sondern als »preiswerte Spitzenprodukte«, weil sie im Wortsinne »ihren Preis wert« sind. »Das ist das Wesen der absoluten Spitzengastronomie, dass wir hier mit den besten und damit auch knappsten Produkten des Weltmarkts arbeiten. Regional-saisonal kann auf diesem Niveau kein Gradmesser sein.« Er findet regional-saisonal ein gutes Prinzip und folgt dem auch, solange es beispielsweise um einheimisches Gemüse geht, aber seine Karte danach auszurichten, käme ihm nie in den Sinn. »Im Ein-Sterne-Bereich oder knapp darunter ist das was ganz anderes, da finde ich oft die Verwendung von Luxusprodukten inflationär und eigentlich unwirtschaftlich. Da macht regional-saisonal und Bio absolut Sinn.« Aber in der Kategorie, in der er sich bewegt, sollte Essen vor allem als ein kultureller Genuss verstanden werden. In Frankreich oder Italien ist gutes Essen ein selbstverständlicher Teil des Alltags, schon eine Mittagspause im Restaurant muss qualitativen Ansprüchen genügen, die etliche Restaurants in deutschen Fußgängerzonen zur Geschäftsaufgabe mangels Befähigung zwingen würden. Dass Qualität, auch bei scheinbar »einfachem« Essen, nur durch die Verwendung guter Produkte und fachkundiges und liebevoll arbeitendes Küchenpersonal zu erreichen ist und somit ihren Preis hat, würde ein Südeuropäer kaum in Zweifel ziehen. Wir Deutschen aber tun uns nach wie vor schwer mit diesem Zusammenhang. Irgendwo in unserer Seele wohnt ein Effizienzmanager, der glaubt, industrielle Verfahren oder

Hilfsmittelchen würden dasselbe an Nahrungsmitteln be-
wirken können wie ein langjährig in der Spitzengastronomie
erfahrener Koch, der nur beste Frischware verwendet. Außerdem, und diesen Umstand beklagt Christian Bau wie alle
seine Kollegen aus der gehobenen Küche, gibt ein Deutscher
nach wir vor lieber zweitausend Euro für einen Plasmafern-
seher aus als zweihundertfünfzig Euro pro Kopf für einen
Abend in einem Drei-Sterne-Restaurant. Natürlich ist das viel
Geld, kein Koch würde jemals so tun, als wäre es ein Klacks,
so viel auszugeben. Zumal Köche zu den eher schlecht be-
zahlten Berufsgruppen zählen. Ein Souschef wie Patrick Maus
mag vielleicht zweitausendfünfhundert bis dreitausend Euro
brutto monatlich verdienen, und dafür arbeitet er sechzig bis
siebzig Stunden die Woche, trägt Verantwortung für große
Warenwerte und den reibungslosen Ablauf jedes einzelnen
Tages. Wenn zum Abendservice irgendetwas fehlt, kriegt der
zuständige Postenkoch als Erster eins aufs Dach, danach
folgt unmittelbar der Chef de Partie, aber im Endeffekt landet das ganze Problem bei Patrick Maus, denn ER trägt
die Verantwortung im täglichen Küchenbetrieb und muss
sicherstellen, dass jeder Posten seinen Krempel beisammen
hat. Und er, der gleichzeitig auch als Chefsaucier fungiert,
muss natürlich auch seinen eigenen Posten top in Schuss
halten.

Die Komplexität einer solchen Küche, von der kreativen Idee
über die tatsächliche praktische Fertigung im laufenden
Betrieb, lässt sich am besten anhand eines einzelnen Gerichtes von Christian Bau darstellen. Es heißt »Bar de Ligne.
Kleine Meeresfrüchte – Paella – Sauce Aioli und Pesto« und
ist Baus Version des spanischen Nationalgerichts. Paella
kennt eigentlich jeder. Man kocht den Paellareis mit Safran
und Geflügelbrühe, gart Miesmuscheln im Sud, löst sie aus,
brät Hühnerfleisch, Muscheln, Garnelen und verschiedene

Fische in der Pfanne, gibt Tomate und den Reis dazu, und fertig ist eine mehr oder weniger klassische Paella. Lecker und eine Menge Arbeit, die sich der Hobbykoch nicht so ohne Weiteres macht. Bau und seine Leute fangen auch genauso an. Die Hühner haben sie im Ganzen besorgt, die Haut vorsichtig abgelöst und beiseitegelegt, das Fleisch ausgelöst und aus den Karkassen einen Hühnerfond für den Safranreis gekocht. Die Muscheln sind gar und ausgelöst, Hühnerfleisch und Fische gebraten, der Safranreis fertig gekocht, alles wie gehabt. Die gesamte Paella füllen sie nun in Metallbehälter und frieren diese ein. Wenn sie durchgefroren sind, werden die Behälter, einer nach dem anderen unter eine Maschine geschoben, deren sehr schnell drehende und äußerst scharfe Messer die schöne Paella superfein pürieren. Diese Masse wird mit übrig behaltenem Muschelfond abgeschmeckt, durch ein feines Sieb gestrichen und dann kühlgestellt. Jetzt putzen und garen sie Vongole und Bouchotmuscheln, holen das Fleisch aus den Schalen und schneiden von den Bouchotmuscheln den bräunlichen Teil weg, der immer aus der Muschel hängt. Calamaretti werden geputzt und geschnitten, dann setzen die Köche aus Hummerkarkassen und Tomaten einen süßlichen Krustentierfond an, der hauptsächlich mit Safran gewürzt ist. Wenn der fertig gekocht ist, wird er ebenfalls passiert und beiseitegestellt.

Die abgelöste Hühnerhaut wird jetzt auf ein mit Backpapier ausgelegtes Blech aufgestrichen, leicht eingeritzt und gesalzen. Dann kommt ein zweites Blech drauf, das Ganze wird mit einem großen Stein beschwert und bei 180° eine Stunde im Ofen kross gebacken – fertig ist der Hühnerchip.

Der Hauptdarsteller des Tellers ist ein Stück Loup de mer oder Wolfsbarsch. Zuchtfische dieser Sorte kosten etwa zwölf Euro pro Kilo, Wildfang um die zwanzig. Ein »Bar de Ligne« ist ein im Atlantik mit der Leine (Ligne) geangelter, nicht per Netz gefischter Loup, der aufgrund seiner besonderen Qualitätsstufe »Bar« genannt wird. Er hat eine Marke in der Wange, auf der oft das Schiff und der Name des Anglers stehen, und manche lassen sogar den Haken zurück als weiteren Beweis. So ein Loup kostet achtunddreißig Euro pro Kilo und hat ein sagenhaft festes, hellrosa Fleisch. Der Fisch kommt in der Spitzengastronomie im Ganzen in die Küche, wird geschuppt, ausgenommen, filetiert und portioniert. Die beiden letzten Arbeitsgänge nimmt Christian Bau immer selbst vor. »Bisher hab ich keinen gefunden, der das so präzise und schnell macht wie ich. Und wenn ich zum Beispiel aus einem Steinbutt statt zwanzig nur fünfzehn Portionen rauskriege, weil der Poissonier zu viel Abschnitt verursacht, dann summiert sich der Verlust in einem Monat auf tausend Euro.«

In der Zwischenzeit hat der Entremetier noch einmal Safranreis gekocht, der achtundvierzig Stunden an der Luft getrocknet, dann zu Puffreis frittiert wird und ab jetzt immer warm gehalten werden muss, sonst wird er weich.

Die Jungs brauchen jetzt bloß noch Basilikumblätter in einer Kelle zu frittieren, Zucchiniblüten in Tempurateig auszubacken, Ibericoschinken der Güteklasse »Belota« sehr fein aufzuschneiden und klein einzurollen, einige von den schon bekannten Ofentomaten ebenfalls zu kleinen Röllchen wickeln, darauf kommt später die Pesto, die sie auch schon fertig haben. Ach, und die Aioli wird natürlich noch schnell zubereitet.

Dann ist alles beisammen für die Paella à la Bau: Etwas Krustentierfond, Paellapüree, die frisch sautierten Muscheln und Calamaretti (Köpfe und Tuben), der Schinken, die Tomate mit Pesto, der knusprige Hühnerchip und der krachige Safranpuffreis, darauf ein perfekt gebratenes Stück bester Fisch, Basilikumfritte und Zucchiniblüte in Tempura, hausgemachte Pesto und Aioli. Sind fünfundfünfzig Euro zu viel Geld dafür?

Christian Bau, der wie alle Spitzenköche durch die jahrelange harte Schule gegangen ist, weiß heute noch genau, wie
viel Geld zweihundertfünfzig Euro sind, aber wenn man alle
Faktoren ehrlich in Betracht zieht, ist das der Preis, den er in
dem von ihm und seiner Frau geleiteten Restaurant für ein
großes Menü mit Wein, Wasser und Kaffee ansetzen muss,
wenn er nicht betriebswirtschaftlichen Suizid begehen will.
Denn neben den Leistungen der Küche gehört der hoch
professionelle Service inklusive der fachkundigen Vorhalte
von unzähligen exklusiven Weinpositionen und deren sen-
sibler Einsatz zu den Speisen ganz unabdingbar zum Erreichen von drei Michelinsternen dazu.

Trotzdem: Warum sollte man denn unbedingt in einem
Drei-Sterne-Restaurant essen? Nun, gezwungen wird niemand; vielleicht kommt man mit dem Vergleich zu Oper,
Theater und Kunstmuseen der Sache näher. Wir haben im
deutschsprachigen Raum ein ungeheuer dicht gewobenes
Netz solcher Kulturinstitute, ihr Besuch ist für den Bürger
erschwinglich, weil sie hochgradig subventioniert sind. Würden die öffentlichen Kassen nicht erhebliche Beträge in die
Budgets einspeisen, dann wären wir für eine Theaterkarte
auch locker mal neunzig bis hundertzwanzig Euro los. Und
dann sehen wir Erwin Bernd Marschalke mit seiner unsterb-
lichen Interpretation des Faust (erster Teil) am Theater unserer Heimatstadt Posemuckel. Wollten wir aber, nur um zu
vergleichen, den Bruno Ganz doch auch mal in der Rolle
sehen, dann müssten wir nach Berlin oder Zürich oder Wien
fahren und dort dann zweihundert Euro zahlen, denn der
Ganz und ein entsprechendes Ensemble plus die adäquate
Regie kosten das Theater schon ein paar Taler mehr als der
stets bemühte Erwin B. Marschalke und seine Kollegen. Und
nach Posemuckel kommen die alle gar nicht erst, das ist
nicht finanzierbar.

Der Eintritt in Museen ist lächerlich billig in unserem Land, Gott sei Dank. Wenn aber die große Goya-Ausstellung nach Berlin kommt, dann sprengen die Kosten den üblichen Rahmen; der Eintritt ist deutlich teurer, und dennoch bildet sich eine mehrere Hundert Meter lange Schlange, weil all diese Menschen die Chance, Bilder und Zeichnungen des großen Malers im Original zu sehen, als einzigartig begreifen.

Ich will hier gar nicht in die Diskussion einsteigen, ob Kochen Kunst ist, es geht um das Erlebnis der Rezeption. Denn wenn man nicht gerade eine Koryphäe der Kunstgeschichte ist, die sich für detaillierte Aspekte der Farbgestaltung interessiert, dann ist der Genuss an Goyas Bildern vordringlich ein flüchtig emotionaler. Es ist das Bewusstsein, Originale zu sehen, die der berühmte Künstler von eigener Hand gefertigt hat, es ist eine seelische Vertiefung in die Begegnung mit einem vergangenen Jahrhundert und seine Schrecken und Wunder. Es ist die Bewunderung für die Präzision des Striches und die Ausdruckskraft der Porträts.

Wenn wir uns unbedingt Bruno Ganz als Faust ansehen wollen, dann hat das nichts mit der Hoffnung auf ein tieferes Verständnis der Rolle oder des Stückes zu tun. Dazu könnten wir das Stück auch einfach lesen oder der Interpretation von Erwin B. Marschalke trauen, denn dumm ist Erwin nicht. Es geht um die Hoffnung auf ein besonderes Erlebnis, die Gewissheit, dass der als großer Künstler gerühmte Schauspieler mit seinem Spiel etwas in uns zum Klingen bringt, das Erwin leider nicht so richtig erreicht. Dass große Künstler, vor allem Interpreten, zu solchem in der Lage sind, hat sehr viel mit ihren eigenen Erfahrungen zu tun. Neben der persönlichen Begabung ist entscheidend, mit wem diese Menschen im Laufe ihres Leben gearbeitet haben, wie sehr sie von Regisseuren, Dirigenten oder Künstlerkollegen herausgefordert wurden, welche Erkenntnisse

sie gewannen, wie sie ihre eigene Technik und ihr Handwerk verfeinern konnten. All das führt dann zu der Fähigkeit, aus derselben Rolle ein ganz anderes Erlebnis für
den Zuschauer zu machen, als das dem armen Erwin möglich ist.

Nicht anders verhält sich die Sache mit Köchen. Christian
Bau hat in einem Hotel mit gehobener gutbürgerlicher
Küche gelernt, und über einige Stationen führte ihn sein
Weg zu Harald Wohlfahrt nach Baiersbronn, bei dem er
fünf Jahre blieb und sich vom Commis zum Souschef vor-
arbeitete. Er wurde Dritter beim »Prix Taittinger« in Paris,
der inoffiziellen »Weltmeisterschaft der Köche«, erwarb seinen Meisterbrief und wurde dann 1998 Küchenchef im
Restaurant »Schloss Berg«, das zur »Victor's«-Hotelgruppe
gehört. Hier erkochte er sich alle drei Sterne. »Das geht natürlich nur, weil sich der Konzern dieses Restaurant leistet.
Alles ist ehrlich kalkuliert, aber ohne einen finanziell be-
lastungsfähigen Partner geht so eine Sache nicht«, sagt Bau
klar. Alle deutschen Drei-Sterne-Restaurants sind in irgendeiner Weise kofinanziert, in der Regel durch ein Hotel. Und
es braucht einen Mentor, für Bau ist das Wohlfahrt, »jeder
von uns hat da ja so einen.« Sein saarländischer Kollege
Klaus Erfort war ebenfalls einige Jahre bei Harald Wohlfahrt, der mit Helmut Thieltges, Hans Haas und Hans Stefan Steinheuer zur zweiten Generation der Spitzenköche in
Deutschland zählt; die erste waren Eckhart Witzigmann,
Heinz Winkler, Dieter Müller und Jean-Claude Bourgueuil.
Diese beiden Kochgenerationen haben überhaupt erst Spitzengastronomie in unserem Land möglich gemacht. Die
Dritte, zu der eben Bau und Erfort zählen, stellt jetzt sieben
der neun deutschen Drei-Sterne-Köche, alle beziehen sich
aufeinander und haben voneinander gelernt oder sich durch
die Konkurrenz und die Fähigkeiten der anderen anspornen

lassen. »Die Leistungsdichte ist mittlerweile enorm. Ich behaupte, dass die deutsche Spitzenküche die technisch perfekteste der Welt ist«, sagt Christian Bau selbstbewusst.

Meine nächsten Beiträge zur technischen Perfektion der Küche von »Schloss Berg« sind eine große Wanne sauber geachtelter und entkernter Tomaten für eine neue Fuhre Ofentomaten und eine Schüssel gepellter Saubohnen. Die saubere Ausführung dieser Hilfsarbeiten qualifiziert mich in den Augen des bayerischen Entremetiers Michael für eine sehr spezielle Aufgabe. »Hast scho amal Orangensegmente g'macht?« Ich frage: »Orangen filetieren?«, worauf Michael seinen zweiten Mann Thomas auffordert, mir zu zeigen, was er meint. Thomas schält in Windeseile eine Orange mit dem Kochmesser, schneidet sie an und löst ein Orangenfilet mit den Fingern aus. Er zieht die Häutchen vorsichtig ab und hebt das Stück Orange ganz nah vor meine Augen. Jetzt zupft er ganz leicht an einem Ende und trennt ein kleines Stückchen ab. Das nimmt er zwischen Daumen und Zeigefinger beider Hände und löst es ganz sacht in seine Bestandteile auf, winzige länglich geformte und an beiden Seiten spitze Beutelchen, die den Saft enthalten. »Darfste nicht drücken, sonst platzen sie, und dann sind se wertlos«, grinst er. Ich kann es zunächst nicht fassen und muss an mein erstes Erbsenschälen in der Lehre denken. Da dachte ich, die Erbsen sollten aus den Schoten geholt werden. »Nee, das ist Pulen. Ich meine Schälen«, sagte damals der Küchenchef zu mir und nahm eine einzelne Erbse in die Finger der Rechten, ritzte das Häutchen mit dem Daumennagel der Linken an und drückte zwei ganz, ganz kleine, halbkugelförmige, kräftig grüne Kerne heraus. Nach meinem ersten und vielen weiteren Kilos Erbsen war es mir immer ein besonderer Spaß, neue Lehrlinge oder Praktikanten in diese Arbeit einzuführen, weil sie alle glaubten, man wolle sie verarschen.

Nun, hier bei Christian Bau werden Erbsen und Saubohnen selbstverständlich geschält, weil sie dann schöner aussehen und auch besser schmecken, Orangensegmente sind also nur ein weiteres Eskalationsmerkmal auf dem Weg von einem zu drei Sternen. Probieren Sie's mal. Ich habe etwa eine Stunde für die eine Orange gebraucht, aber auf der Entenbrust machen sie sich wirklich toll, diese winzigen, beim Hineinbeißen platzenden Orangensaftsäckchen, die Gott gepackt hat, damit Christian Bau sie uns servieren kann.

In drei Tagen kann ich mir immerhin genug Vertrauen erarbeiten, dass ich Gemüsebrunoises schneiden, verschiedene Muscheln sowie Calamaretti putzen und zuschneiden und Hummerscheren fein würfeln darf. Aber alle meine Aktivitäten enden, wenn der Service beginnt. Dann begebe ich mich in eine kleine Ecke zwischen Kaffeemaschine und Spülküche, nehme eine Körperhaltung ein, die man beim Militär als »Rührt Euch!« kennenlernt, und bewege mich so wenig wie möglich.

In jedem À-la-carte-Restaurant der Welt beginnt der Service mit innerer Unruhe und Spannung. Jeder hofft, dass er nicht aus der Kurve fliegen wird, dass seine Mise-en-place für den ganzen Abend reicht und er alles so gut abliefert, wie es sein muss, damit es kein Gemecker vom Pass gibt. Aber wenn die Welle mal rollt, dann wird kommandiert und geflucht, die Sauteusen und Pfannen scheppern, Schubladen werden aufgerissen und zugeknallt, der eine verbrennt sich und meckert, der andere schneidet sich und rüttelt am Schrank mit den Pflastern bis die Tür herunterfällt. Dazwischen immer wieder die Annoncen und der Streit mit den Kellnern. In der Küche von Christian Bau dagegen – kein Pieps.

Die Luft ist so dick wie Kartoffelsuppe, und es redet niemand außer dem Küchenchef. Die Kellner dürfen ihre Bestellungen leise loswerden und abrufen, aber sonst haben sie Redeverbot. In dem Waschbecken, in das der Service die Weinkühler ausleert, liegen Handtücher, damit die Eiswürfel nicht rumpeln. Christian Bau steht, wenn er nicht Fisch brät, hoch konzentriert am Pass und annonciert die Menüs und die abgerufenen Gänge. Er spricht leise und präzise, kein lautes Rufen, aber wehe, einer überhört etwas. Die Teller sind alle kompliziert anzurichten, mit den kalten Speisen fangen die Köche schon gut zehn Minuten bevor ein Teller rausgeht an, sonst schaffen sie das gar nicht. Winzige Würfel von Gelees müssen geometrisch exakt platziert, kalte Saucen in kleinsten Tropfen aus selbst gefalteten Papierspritztüten auf den Teller getupft und nach japanischer Art sauer eingelegte Gemüse zu Mikroarchitekturen verwoben werden. Alle arbeiten hektisch atmend, müssen immer wieder tiefe Beruhigungszüge einlegen, weil sonst die Hände zu sehr zittern, die Körper beben, und das kann katastrophale Auswirkungen auf die aktuellen Verrichtungen haben.

Die heißen Gänge werden am Pass und unter den Wärmelampen angerichtet. Jetzt tickt die Uhr gnadenlos, denn hier wird das Essen nicht mehr besser. Alle Komponenten müssen schnellstmöglich auf die Teller und diese an die Tische. Bau mahnt und treibt, immer leise und eher zischend als befehlend. Den Jungs bricht der Schweiß aus, und das hat wenig mit Hitze zu tun. Kleinste Blättchen Kerbel müssen an die richtige Stelle, Morcheln präzise neben einen Hummerschwanz fallen, und nichts darf spritzen oder schmieren. Die Kellner warten vor der Tür und gucken durch ein kleines Fenster. Erst auf einen Wink des Chefs dürfen sie die Tür öffnen und eintreten. Und dann beschleunigt sich die Uhr für die Köche noch mal, denn die Kellner sollen nicht lange stehen, sondern die japanisch anmutenden Holztabletts mit den Köstlichkeiten ins Restaurant bringen.

»Herrgott noch mal, gehen Sie da weg, das kann man ja nicht mitansehen.« – »Wie wollen Sie denn mit so einem krummen Buckel anrichten? Stehen Sie gerade, du lieber Himmel!« – »Ja, wenn Sie sich da auch noch dazustellen, da ist keinem geholfen, das ist total unproduktiv. Suchen Sie sich was Produktives.« So geht das über Stunden. Bau schüttelt enttäuscht den Kopf, schnaubt, macht diesen Ich-kann-das-nicht-fassen-Blick nach oben, wird mal lauter, wirft die Hände nach vorne, das hat ja alles keinen Zweck. Dabei schuften die Köche stumm immer schneller und schneller, hechten auf leisen Sohlen von hier nach da, wischen Tellerränder, türmen zarte Wildkräutersalate, zupfen Blättchen, braten, sautieren und grillen. Nichts findet Gnade. Auch die Kellner kriegen ihr Fett weg, und selbst Gäste wären fällig, säßen sie nicht weit genug weg. Ein Herr bestellt das Überraschungsmenü, möchte aber dieses, jenes und schon gar nicht das hier essen, eine Dame will unbedingt grünen Tee statt Wein trinken, aber dann ist ihr der liebevoll zubereitete Tee zu dünn. Das sind Momente, wo man denkt, jetzt reißt der Bau sich gleich die Kochjacke runter und wird zum unglaublichen Hulk, aber meist ruft er nur nach seiner Frau Yildiz, die den Service des Restaurants leitet, und die kriegt ihn wieder runter. Dabei hat sie selbst nicht wenig um die Ohren, damit im Restaurant eitel Freude und Sonnenschein und Drei-Sterne herrscht und keiner der Gäste Stress auch nur riecht. Nur während der kurzen Momente in der Küche oder im Backoffice hat sie überhaupt die Chance, ihren Leuten auch mal Bescheid zu stoßen, wenn es nicht rund läuft.

Kein Koch bleibt ungeschoren, selbst Patrick Maus, von dem Bau stolz sagt, dass er der einzige seiner Köche sei, den er hier an jeden Posten stellen könnte und der eindeutig sein wichtigster Mitstreiter ist, kriegt eins drüber, weil er eine

Taubenbrust nicht rechtzeitig fertig hatte. Thomas, zweiter Mann am Entremetier, steht ganz vorne beim Watschenverteilen, nichts macht er recht. Bau guckt ihn irgendwann bloß noch schnaubend an und winkt schon ab, wenn er sich nur rührt. Der junge Mann, frisch aus der Lehre hier gelandet, wird rot und röter, er ist manchmal den Tränen nahe, aber er gibt nicht auf, immer wieder geht er mit einer Sauteuse oder Schüssel nach vorne und leistet seinen Teil beim Anrichten, auch wenn er weiß, dass er mit nichts, mit gar nichts mehr seinen Chef, den Drei-Sterne-Koch Christian Bau, davon überzeugen kann, dass er es ernst meint und es unbedingt will und gerne auch noch eine Stunde mehr jeden Tag arbeitet, wenn es nur endlich mal recht wäre, was er tut. Mit zitternder Stimme genehmigt er sich ein einziges Mal ein »Ich mach ja sowieso alles falsch«, um einfach ein bisschen Druck und Verzweiflung abzulassen. Bau hört es, und einen Sekundenbruchteil lang wird die Gewitterwolke auf seinem Gesicht ganz tiefschwarz, aber er lässt es durchgehen, es war auch so leise, keiner außer dem Chef und mir hat es gehört. Michael, der Chef Entremetier, ist auch irgendwann fällig, Tamar, türkischer Tiroler und Chef Gardemanger mit langjähriger Erfahrung in der Spitzengastronomie, kassiert Tiefschläge. Sogar Taku, ein blutjunger Koch aus Tokio, der seit fünf Jahren auf Europatournee ist und auch schon beim Drei-Sterne-Kollegen Juan Amador, dem deutschen Molekularküchenkönig, war, gerät unter Feuer. Mittags sagte Bau über ihn noch, dass er einer sei, vor dem er ungeheuren Respekt habe. »Wie der einfach so in die Fremde geht, ohne ein Wort einer anderen Sprache, und sich dann durch Spitzenküchen kämpft, klasse.« Und daran halte ich mich plötzlich fest. Bau hat über jeden seiner Leute etwas in der Art gesagt, und ich könnte mir beim bösesten Willen nicht vorstellen, dass der Mann heuchelt. In einer etwas ruhigeren Phase des Abends, als alle konzentriert vor sich hin werkeln,

schaue ich mir den kurzzeitig beschäftigungslosen Küchenchef an. Unruhig schießen die Augen hin und her, die Zunge fährt aus dem Mund und wieder zurück, er streicht sich
mehrmals über die Stirn, die in Falten liegt. Mit einem langen, scharfen Blick checkt er die Bons über dem Pass, Rund-
blick durch die Küche, er tänzelt. Der Teufel, der er im Nacken
seiner Leute ist, das ist einfach der Teufel, der immer schon
in seinem Nacken sitzt. Es sind die ganzen zwanzig Berufs-
jahre als Koch, als einfacher Commis, der angemeckert wurde, als Postenkoch bei dem legendären Harald Wohlfahrt und
schließlich als dessen Souschef und Vertrauter. Immer Verantwortung, immer Stress und die glasklare Erkenntnis, dass
man auf diesem Niveau nur kochen kann, wenn man nicht
lockerlässt, nicht mal eine halbe Sekunde lang. Niemals.
Man hat den Eindruck, dass er beim Anrichten jedes Tellers
alle Komponenten noch mal im Geiste durchprobiert, passt
alles, ist das Gericht ausgereift, muss da was geändert werden? Die Hände tun ihre Arbeit im Jetzt, aber der Kopf ist
auch mit Zukünftigem beschäftigt, immer in Bewegung.

Doch Baus Hände machen derweil keine Fehler, er setzt
niemals zweimal an oder zögert. Zu fast jedem seiner Gänge
gehört auch ein Sorbet oder Eis. Eine saubere Nocke, mit
dem Teelöffel ausgestochen, geformt wie ein spitzes Ei. Es
ist eine einfache Bewegung, aber auch gute Patissiers müssen bei fünfzehn Nocken ein- oder zweimal neu ansetzen.
Ich habe Christian Bau während vier Services beobachtet.
Nicht ein einziges Wanken oder Wackeln. Löffel rein, nach
vorne geschoben, Drehung, Löffel zurückgezogen, Nocke
raus und ohne Schütteln sauber auf den Teller gesetzt, dabei
mit dem Löffel gestreichelt, als wäre es das erste Mal.

Als die letzten Desserts raus sind, wird aufgeräumt und geputzt. Dabei geht Bau lachend eine Runde durch die Brigade,
aller Druck wie weggeblasen. Vor Thomas bleibt er eine Weile

stehen, redet und tätschelt ihm die Wange, »gut gekämpft heute«. Der wächst einen halben Meter und putzt jetzt wie Meister Proper persönlich. In zwölf Stunden, beim nächsten Mittagsservice, wird Christian Bau zu ihm sagen: »Haben Sie Ihr ganzes Pulver gestern verschossen? Traurig.« Aber seine Köche reden alle gut von ihm, klar, er sei streng, manchmal launisch, aber das sind ja auch drei Sterne hier, oder? In keiner Küche kann ein Koch mehr lernen. Wer hier besteht, den haut nichts mehr um. Arbeitsbeginn ist täglich um neun Uhr morgens, aber sie sind alle spätestens um halb neun umgezogen in der Küche. Am Mittwoch, dem ersten Arbeitstag nach den beiden Ruhetagen, geht der Betrieb um sechs, halb sieben los, weil ja zwei Tage Mise-en-place fehlen. Abends bis ultimo.

Am letzten Tag soll ich um fünf Uhr nachmittags die Schürze abnehmen und duschen gehen, denn am Abend bin ich eingeladen. Zum Essen. Bei Christian Bau. O Gott.

Punkt sieben Uhr steige ich die Treppe vor dem Restaurant hoch, die Tür öffnet sich von Zauberhand, klar, für mich wurde ja reserviert. Ich werde an den Tisch geleitet, bekomme ein mit ätherischen Dämpfen befeuchtetes heißes Handtuch »zur Erfrischung« gereicht, danach einen schönen Aperitif, und dann steht eine Kollegin vom Service lächelnd vor mir und sagt: »Herzlich willkommen im Restaurant Schloss Berg. Herr Bau würde gerne für Sie kochen, gibt es irgendetwas, das Sie nicht essen?« – »Aus dieser Küche würde ich alles essen.« Was soll ich sonst sagen? Das ist meiner Meinung nach die einzig adäquate Antwort auf diese Frage, wenn man weder religiösen noch allergisch bedingten Einschränkungen bei der Nahrungsaufnahme unterliegt. Man stellt einen kleinen Tisch mit Zeitschriften neben mich, weil ich ja ohne Begleitung bin, damit ich mich nicht zwischen den Gängen langweile; ich werde auch etwas öfter besucht als die Tische mit mehreren Gästen. Ungeheuer aufmerksam, alle Kellner gehen mit mir um, als wäre ich ein ganz normaler zahlender Gast, und beziehen doch zwinkernd die Tatsache mit ein, dass wir uns seit ein paar Tagen regelmäßig in der Küche begegnet sind. Britta Jäger, die Chefsommelière des Restaurants, macht eine Weinreise mit mir, schöne kurzweilige Geschichten zu jeder Sorte, Hinweise auf die Aromen, die auf mich warten, und wie sie mit dem entsprechenden Gang korrespondieren.

Das Essen ist niederschmetternd großartig. Allein was hier in drei Gängen als Amuse Gueule oder »Gruß aus der Küche«, wie das ja woanders gerne heißt, rausgeht, würden viele Küchen gerne für teures Geld als Vorspeise verkaufen. Danach eine Gänsestopfleber, die einem ganz leicht vorkommt, wegen ihrer Begleitung von Krokant aus grünem Tee und Mango. Taschenkrebse, die im Goldfischglas an den Tisch schwimmen und ein Dashi-Gelee aus dem fernen Asien mitbringen. Ein Steinbutt, der feine Stückchen vom Huhn dabeihat und, weil sie ihm so gut gefiel, auch noch eine Krustentiersoße für mich einpackte. Die Bressetaube gibt mir die Brust, lässt etwas vom Schenkel in Ravioli füllen und bestellt Tamarinden-Kaffee-Sauce dazu. Als Übergang von Salzigem zu Süßem schickt die Patisserie nach dem Hauptgang einen Lollie von Limetteneis, umhüllt mit weißer Schokolade, bitte in einem Haps essen. Eine klare Aufforderung, sich jetzt zurück in die Kindheit zu begeben. Die beiden Jungs von der süßen Front spielen mit Tabus: Schokoladenerde, aus der man Maracujacreme ausgräbt, Zuckerröllchen, die beim Hineinbeißen Ingwercreme in den Mund fließen lassen, süße Fruchthalbkugeln in Gummibärchenkonsistenz, Marshmallowschlangen, Rhabarberkompott mit Streuseln. Bitte regredieren Sie – jetzt! Hier ist der auf der Karte verzeichnete Dessertname »Süße Gedanken« wirklich angebracht. Diese Desserts sind clever und lustbetont zugleich. Zum Kaffee dann noch vier Petitfours und Pralinen.

Das ist so eine ungeheure Großzügigkeit in dieser Gastronomieklasse, die daran gemahnt, dass man da nicht von blanker Leistungsschau egomanischer Küchenverrückter spricht, sondern von einer Kulturleistung, die viel mit leidenschaftlicher Freigiebigkeit und vollendeter Form, gerade auch beim Service am Tisch, zu tun hat. Wer es als Gast hierher geschafft hat, und damit ist keine finanzielle oder gesellschaftliche Leistung gemeint, sondern einfach der Entschluss, hier einen Tisch zu reservieren, der ist ein König und wird auch so behandelt. Bau witzelt mal darüber: »Wenn einer schlau ist, geht er zum Drei-Sterne-Restaurant Mittag essen. Er bestellt einen Hauptgang für fünfzig Euro, Wasser und ein Glas Wein. Dann bekommt er drei Amuse-Gänge, sein Hauptgericht, ein kleines Vordessert und zum Kaffee Pralinen und Petitfours. Der ist auf höchstem Niveau pappsatt und hat siebzig Euro gezahlt.«

Habe ich eigentlich deutlich gemacht, wie gering meine Erfahrung als Esser in Spitzenküchen ist? Ich bin wirklich nicht daran gewöhnt, in besternten Restaurants zu sitzen und den Château Lafitte auf der Zunge rollen zu lassen. Meine Kenntnisse über Wein sind erbärmlich, auch wenn ich gerne Wein trinke. Gut, über Essen kann ich mir aufgrund meiner Ausbildung ein einigermaßen fundiertes Bild machen, aber ich würde mich niemals als Gourmet bezeichnen oder gar ernsthaft als Gastrokritiker klassifizieren. In einem Drei-Sterne-Restaurant habe ich vor diesem Abend überhaupt noch nie gegessen. Ich will damit sagen, dass ich zu den Menschen gehöre, die sich bei aller angelernten Kultur durchaus mit Schwellenängsten gegenüber dieser Art Gastronomie herumschlagen müssen, aber ich habe mich während der gut drei Stunden, die ich an meinem Tisch saß und aß und trank und den Ausführungen der Kellner zu Essen und

Wein lauschte, niemals auch nur eine Sekunde fehl am Platz gefühlt. Das lag allein an der Behandlung und Zugewandtheit dieser Profis. Und das Essen ist natürlich exquisit und sophisticated und voller Überraschungen, aber vor allem eine nicht enden wollende Reihe handwerklich perfekt zubereiteter Speisen mit deutlichen und unverfälschten Aromen, die dem Esser vielleicht in überraschender Form begegnen, aber immer sehr intensiv nach dem schmecken, was sie sind. Es ist eine Völlerei in bester Atmosphäre und freundlicher Gesellschaft, selbst wenn man ohne Begleitung am Tisch sitzt. Sollten Sie den Wunsch nach einem solchen Essen in sich tragen und sich bisher einfach nicht getraut haben, ein Restaurant dieser Klasse aufzusuchen, dann nehmen Sie dieses Kapitel bitte als unverhohlene Aufforderung, sich diesen Genuss einmal zu gönnen. Sie können nichts falsch machen dabei, kein Kellner wird die Nase rümpfen, weil Sie ein Besteck verkehrt halten, auf diesem Niveau begreift sich der Service als ihr Freund auf Zeit, der Sie durch den Abend begleitet. Und die Köche kochen sowieso ohne Rücksicht auf die Qualität Ihrer Krawatte (die Sie gar nicht brauchen) oder den Preis des Designerkleids (ein simples »sich gut Anziehen« ist allemal genug). Es ist ein Angebot, etwas Außergewöhnliches zu erleben, so als könnten Sie Karten für die Metropolitan Opera in New York bekommen. Selbst wenn Sie sich nicht wirklich für Oper interessieren, da gehen Sie doch hin, oder?

Nach dem dritten Dessert, das inklusive aller Vordesserts eigentlich das fünfte Dessert war, und dem Kaffee rolle ich wohlig aufgepolstert nach draußen, und dort steht für mich, wie für jeden »richtigen« Gast, Christian Bau in frisch gewechselter, blütenweißer Kochjacke bereit, um mich zu verabschieden. Ich gebe ihm die Hand und will sie gar nicht zurückhaben, stammele Dank und Begeisterungslaute, stoße

Peinlichkeiten wie »ja großartig, einfach großartig, ehrlich, ein Hammer« aus, und der Mann grinst, lacht und dann biegt er vor Lachen den Rücken nach hinten durch, der runde Kopf verschwindet beinahe, dann kommt er wieder zurück, der Drei-Sterne-Mann, der harte Küchenhund, einer von nur achtundsechzig auf der Welt, lässt meine Hand los und sagt, immer noch glucksend: »Aber Herr Weber! Es ist doch bloß Essen.«

nachschlag.

Eineinhalb Jahre als Beikoch, zwei Jahre als Lehrling, zehn Monate als reisender Rührlöffelschwinger durch zehn Küchen in Deutschland.

Eine überschaubare gastronomische Karriere, aber, vor allem durch die Arbeit an diesem Buch, eine reiche.

Ich habe mit über dreißig für einige Zeit eine Welt betreten, die mich von Kindesbeinen an faszinierte, und sie hat an Faszination eher gewonnen denn verloren in jenen Jahren.

Die Beschwernisse dieses Berufsstandes sowohl als auch seine speziellen Freuden eindrücklich darzustellen, war mir ein großes Bedürfnis, und ich hoffe, den Menschen, die ich in all diesen Küchen getroffen habe, und ihren täglichen Bemühungen damit gerecht zu werden.

In der Gastronomie zu arbeiten bedeutet, auf vieles zu verzichten, das für »Normalbürger« selbstverständlich ist. Man schläft weniger und zu ganz anderen Zeiten, man arbeitet, wenn alle frei haben, ja man ist mit seiner Arbeit ein wesentlicher Bestandteil des Freizeitvergnügens seiner Mitmenschen. Köche stehen viele Stunden des Tages bei Kunstlicht in dicker Luft und erledigen zu viele Arbeiten in zu wenig Zeit. Der Druck, den sich die meisten Köche selber machen, ist noch wesentlich höher als der Druck von Kritikern oder Gästen. »Was willst du sein: Koch oder Kocher?«, ist die Frage, die sie sich täglich selbst stellen. Fast jedermann glaubt, zum Essen etwas Substanzielles sagen zu können, aber nicht sehr viele Menschen haben wirklich Ahnung vom Kochen allgemein, vom professionellen Kochen schon gleich gar nicht.

Das heißt nicht, dass man kritiklos hinnehmen soll, was einem vorgesetzt wird. Ist Essen schlecht, dann darf es schlecht genannt werden, auch dem Kellner oder Koch ins Gesicht. Will uns ein Koch mit Chichi bei der Deko oder sinnlos wildem Würzen darüber hinwegtäuschen, dass er über kein solides Handwerk verfügt oder nicht mit Liebe kocht, dann darf man »mieser Kocher!« in die Küche brüllen. Aber wer die Bemühungen von opferbereiten Herdarbeitern abkanzelt, nur weil er regelmäßig Esskolumnen liest und dreimal im Jahr mit großartigem Gestus ein Menü für vier Personen kocht, das ein Profi neunzig Mal pro Abend unter Hochdruck schickt, der ist ein Snob und ohne Herz. Solche »Gourmets« sind in Kochkursen genervt, wenn sie erst mal nur Karotten in Brunoises schneiden sollen. Aber mit den Brunoises fängt alles an.

Mit der Demut und Aufmerksamkeit, die einer für all die scheinbar nichtigen Arbeiten aufzubringen bereit ist. Und ein Koch, der auf dieser Basis sicher steht, wird auch nicht dadurch verdorben, dass er vorübergehend in einer Küche landet, in der er nur noch gekörnte Brühe in den Kippbräter schmeißt. Er wird immer einen Weg finden, unter den alles bestimmenden wirtschaftlichen Gegebenheiten der Küche, in der er gerade arbeitet, wenigstens etwas Liebe und Handwerkerstolz auf den Teller zu bringen. Und wenn das Maß voll ist oder seine Zeit abgedient, dann wird er durchatmen und sich eine Küche suchen, die bessere Möglichkeiten bietet.

Köche, die nachhaltig erlebt haben, was es heißt, wirklich gutes Essen zu kochen, und sei es auch das einfachste, werden immer wieder jede Mühe auf sich nehmen, um dieses Erlebnis zu wiederholen und in der Intensität zu steigern. Und jeder Laie, der sich ihnen mit Interesse nähert, mit Respekt vor dem guten Produkt und der harten Arbeit daran, der ist willkommen, zu fragen und zu lernen, und wird niemals ausgelacht.

Es ist eine harte Arbeit, aber auch eine schöne. Man kommt sich nah in einer Küche, streitet wie die Fischweiber und ist doch immer wieder auf Gedeih und Verderb aufeinander angewiesen. Wenn der Service rund läuft, wenn die Maschinerie durch Können, Ehrgeiz und Kameradschaft so gut geölt ist, dass Essen um Essen in bestmöglicher Qualität rausgeht, dann ist es der pure Rausch, dann spielen Müdigkeit und Schmerzen und der Stress keine Rolle mehr.

Und wenn man hart arbeiten kann und mit Herzblut zur Sache geht, wird man Teil einer Bruderschaft. Von mir aus halten Sie mich für sentimental, aber ich spreche aus Erfahrung. Seit achtzehn Jahren bin ich im Fernsehgeschäft, es gibt vielleicht einen oder zwei Leute, die ich anrufen und nach einem Job fragen könnte, wenn mir das Wasser bis zum Hals stünde. Und dann wäre noch die Frage, ob sie einen für mich hätten. Aber nach nur wenigen Jahren als Koch könnte ich in der Not jederzeit zehn, zwölf Leute anrufen und bekäme einen Tag später Arbeit. Betrete ich heute ein Lokal, in dem ein Exkollege kocht, und er sieht mich, dann kommt er aus der Küche und umarmt mich mit einem Ausruf à la »Du fetter Drecksack, lässte dich auch mal wieder sehen?« und verbittet sich, dass ich etwas aus der Karte bestelle. »Ich koch euch was Schönes, wie viel wollt ihr ausgeben?«, lautet das Angebot, das man niemals ausschlagen darf, es ist ein kleiner Ritterschlag mit Kuss für den Esser. Wenn man eine

Weile am selben Herd geschuftet hat, füreinander da war im guten und im schlimmen Service, wenn man sich angebrüllt und in den Armen gelegen hat – und so emotional geht es in Küchen durchaus zu –, dann hat man den anderen in einer unaufhörlichen Extremsituation erlebt und ist eine Bindung fürs Leben eingegangen.

Natürlich gibt es die Abzockerläden, die Rotzküchen, die lieblosen Vollpamper und Abfütterer. Die Lebensmittelindustrie hört und hört nicht auf, unser Essen chemisch optimieren zu wollen, bequem für die Hersteller und Weiterverarbeiter, aber den Verbraucher um jeden authentischen Genuss bringend. Sie macht Käse, in dem überhaupt keine Milch mehr drin ist, der aber »ganz gleichmäßig gratiniert«. Giovanni aus Unna greift seit zwanzig Jahren die immer genau richtige Menge selbst geraspelten Gouda, damit die Pizza immer schön überbäckt, aber nicht zu salzig wird und der Boden nicht aufweicht. Der Käse zerläuft gleichmäßig, weil Giovanni seine Pizza immer dreht. Er ist ein Könner, wie viele, viele Köche und Bäcker und Patissiers, und er würde gar nicht begreifen, warum jemand Zeit damit verbringt, Käse aus Chemikalien herzustellen.

Und diese handwerklichen Könner werden erfreulicherweise mehr und mehr in deutschen Küchen. Die Belastungen des Berufes, gerade in der gehobenen Gastronomie, nehmen junge Menschen heute auf sich, weil sie ebendiese Belastungen durch Stolz auf ihre Produkte kompensieren wollen. Sie suchen das echte, unverfälschte und absolut umwerfende Essen.

Ich habe eine subjektive Auswahl unter Küchen getroffen, da draußen sind noch Tausende anderer Geschichten. Ich hätte in dunkleren Ecken stöbern können, aber ich bin bewusst zu Köchinnen und Köchen gegangen, die es ernst meinen, auch wenn ihre Küchen ihnen oft betriebswirtschaftlich enge Grenzen setzen. Ihre Gäste sind ihnen nicht gleichgültig, und sie wollen abends stolz auf das Geleistete sein.

Schulen Sie als Gast Ihr Auge und Ihre Zunge für die Kleinigkeiten. Vergleichen Sie Ihre Betriebskantine nicht mit dem Edelrestaurant oder der Küche Ihrer Oma, sondern schauen Sie genau hin, wie die Leute am Herd es schaffen, Sie und alle Ihre Kollegen täglich satt zu kriegen. Vielleicht machen Sie einfach mal ein Praktikum, einen Tag nur, und gucken sich die Sache aus der Nähe an. Sie werden Dinge sehen, die Ihnen missfallen, aber vielleicht verstehen, warum sie so und nicht anders in dieser Küche vor sich gehen und auch, dass die Köche darunter leiden. Aber wenn es eine gute Kantine ist, werden Sie viel mehr Dinge sehen, die Sie staunen lassen. Darüber, dass die Kollegen am Kochlöffel sich bei allem Stress doch viele Gedanken um Ihr leibliches Wohl machen und eine Menge Phantasie und Mühe walten lassen, um das Essen auch zum Genuss werden zu lassen.

Es liegt auch an uns Gästen, wie es weitergeht mit der deutschen Küche. Wir setzen Trends, wenn wir bereit sind, etwas mehr Geld für bessere Qualität auszugeben. Ich rede nicht von Luxus, sondern davon, für eine Pizza nicht bloß drei fünfzig auszugeben, weil sie da nur aus Convenience hergestellt sein kann, aber für sieben fünfzig schon die Gute von Giovanni zu kriegen ist. Schweinekoteletts für drei Euro pro Kilo können weder von einem glücklichen Schwein stammen noch gesundes und wohlschmeckendes Essen sein. Wir entscheiden beim Einkauf über die Entwicklungen der Lebensmittelindustrie mit und sollten dafür sorgen, dass es so etwas irgendwann nicht mehr gibt. Wie kann man Lebensmittel nur von einer Industrie »entwickeln« lassen?

»Es ist doch nur Essen!«, sagte Christian Bau zu mir. Er hat recht, aber es verbirgt sich noch etwas in der Tiefe hinter diesem Satz: Was so ein Drei-Sterne-Hammer-Koch Abend für Abend verkauft, ist natürlich nicht einfach nur Essen, aber das tatsächliche Wesen seiner lebenslangen Bemühungen ist, sicht- und essbar werden zu lassen, was man aus guten, nachhaltig gewonnenen Schätzen unserer Erde machen kann. Es fängt mit dem Schneiden von Brunoises an, entwickelt sich weiter über das gute, selbst gemachte Kartoffelpüree und endet noch lange nicht bei perfekt gegrilltem »Bar de Ligne«. Wenn die Kette der liebevollen Aufmerksamkeit für das Produkt nicht reißt, vom Bauern über den Händler bis zum Koch, ob im Restaurant oder zu Hause, dann gewinnen wir ein großes Stück idyllischen Einklang zurück, inneren Frieden und Freude. Wenn wir für die Menschen, die wir lieben, kochen, dann sollte das ein Akt der Freigiebigkeit sein und nicht der Eitelkeit. So ist es auch bei den guten Köchen da draußen. Sie schuften, um uns zu erfreuen.

Kochen ist nicht wirklich Krieg, aber es kostet Schweiß und Tränen und manchen Tropfen Blut. Jeder Tag beginnt und endet mit leeren Schubladen, und der tägliche Kampf am Herd bringt Siege, aber auch viele Niederlagen mit sich. Ein gutes Essen ist das allemal wert.

reservierung.

Wenn Sie selbst probieren wollen

lehre.

Meine Lehrküche, meine Basis. Hier, bei Kolja Kleeberg und seinen Himmelhunden, habe ich gezittert und gebangt, erste Erfolge erlebt und mir die Eintrittskarte in die Bruderschaft der Köche erschwitzt. Wenn Sie einen allerersten Schritt in die Welt der Spitzengastronomie wagen wollen, dann kommen Sie mittags. Ist nicht so teuer wie abends, aber fast genauso gut.

> Restaurant VAU
> Jägerstraße 54/55 • 10117 Berlin
> Telefon 0 30/2 02 97 30
> www.vau-berlin.de

gastarbeit.

Italien hin und zurück ist von Ihrem Wohnort aus nicht in zwei Tagen zu schaffen? Wie wär's mit Unna/Westfalen?

Sieht nicht aus wie Italien, riecht und schmeckt aber so, zumindest, wenn Sie im »Meisterhaus« der Familie Gala essen
gehen. Wenn Giovanni und Giancarlo den »Teiche« kreisen
lassen und Salvatore sich mit Franco streitet, während Gianni
hofft, dass Antonio und Suresh bald wieder miteinander reden, weil er dann die bestellten Essen schneller zu seinen
Gästen bringen kann, dann trinken Sie einfach einen Wein
und schließen die Augen. Ah, bella Italia!

Meisterhaus
Hertinger Straße 32 • 59423 Unna
Telefon 0 23 03/1 46 85
www.meisterhaus.info

auf gefechtsstation.

Wenn Sie hier essen wollen, dann sollten Sie sich an Ihren
Wehrdienstberater wenden. Schon mit einem freiwillig ver-
längerten Grundwehrdienst von höchstens dreiundzwanzig
Monaten können Sie dabei sein. Allerdings sollten Sie das
zweiunddreißigste Lebensjahr noch nicht überschritten haben. Oder Sie finden heraus, wann der nächste »Tag der
offenen Tür« im Stützpunkt Wilhelmshaven stattfindet, und
schauen einfach mal vorbei. Sagen Sie bitte Grüße an die
Jungs.

Einsatzflottille 2
Fregatte Mecklenburg Vorpommern
Opdenhoffstraße 24 • 26384 Wilhelmshaven
Telefon 0 44 21/4 90 (Vermittlung Marinearsenal
WHV)

schwarz rot gold.

Hier erfordert eine Einladung gewisse ausdauernde Bemühungen Ihrerseits. Sie können sich in herausragender Weise gesellschaftlich engagieren, politisch tätig werden, in Lobbyistenkreisen verkehren, sich für Völkerverständigung einsetzen, als Künstler berühmt oder einfach gleich Bundespräsident werden. Jan Göran Barths Küche erleben zu können, ist aber fraglos einige Anstrengung wert.

Schloss Bellevue
Spreeweg 1 • 10557 Berlin
www.bundespraesident.de

come together.

Sie können vorher oder nachher eine Theatervorstellung in den Münchner Kammerspielen besuchen, aber nur essen gehen lohnt sich auch in jedem Fall. Und Sie fördern eine bewundernswerte soziale Einrichtung. Thomas Jäger kocht eine schöne Mischung aus alpenländischer und italienischer Küche mit asiatischen Einflüssen an der richtigen Stelle. Alles frisch und kräftig. Wenn am späten Abend die Trennwand zur Theaterkantine aufgeschoben wird, können Sie die Bühnenstars beim Biertrinken oder Schnitzelverputzen fragen, warum der Shakespeare heute danebenging.

Conviva im Blauen Haus
Hildegardstraße 1 • 80539 München
Telefon 0 89/23 33 69 77
www.cbamuenchen.de

wellems way.

Tscha, da wird Ihnen nix übrig bleiben, als einen Nordsee-
urlaub zu buchen, falls Sie nicht ohnehin schon dort oben
leben. Wellems, beziehungsweise Johanns Seekiste ist auch
nichts zum mal eben Reinjetten, denn ohne die seelische
Vorbereitung einiger Strand-, Wind- und Regentage fehlt der
richtige Heartbeat für das anheimelnd dunkle Lokal und den
speziellen Groove der Geschichtenküche in Nebel.

> Seekiste
> Smääljaat 2 • 25946 Amrum (Nebel)
> Telefon 0 46 82/6 40

draußen.

Mögen Sie den Begriff »Sommerfrische«? Das ist der Ort
zum Wort. Hier gibt es tolle Landschaft und tolles Essen.
Punkt. Darauf können Sie dann jede Menge besten Wein
schütten und sich kopfschüttelnd fragen, wie es so etwas in
einer Einöde wie dieser geben kann. Danach kuscheln Sie
sich in die gut aufgeschüttelten Betten und streicheln alle
darin befindlichen Bäuche. Gibt ja auch bald schon wieder
Frühstück.

> Alte Schule Fürstenhagen
> Zur Alten Schule 5 • 17258 Fürstenhagen
> Telefon 03 98 31/2 20 23
> www.hotelalteschule.de

tradition.

Zur Schaffermahlzeit eingeladen zu werden, verlangt nahezu identische Vorleistungen wie ein Essen im Schloss Bellevue. Bundespräsident sein ist auch hier ein sicheres Ticket.
Als Bürger Bremens sind Sie allerdings von einer Einladung
ausgeschlossen, es sei denn, Sie werden Schaffer und blechen
ordentlich oder Sie sind Kapitän. Ansonsten keine Chance,
egal was für ein großartiger Mensch Sie sind. Aber im »Club
zu Bremen« kann jedermann zumindest mal kosten, was
die Truppe von Herrn Madaus während des restlichen Jahres
so kocht.

> Rathaus Bremen
> Am Markt 21 • 28195 Bremen
>
> Der Club zu Bremen
> Haus Schütting
> Am Markt 13 • 28195 Bremen
> Telefon 04 21/3 64 84 58
> www.schaffermahlzeit.de

ost! ost! ostberlin!

Bei einem Koch, der sich immer auf mehr als zehntausend
Gäste einstellt, ist eine Reservierung überflüssig. Suchen Sie
sich eine Veranstaltung aus, die Ihnen Spaß macht, kommen Sie etwas früher und schnabulieren Sie sich durch. Wer
bei Maikel Sifri nichts für seinen Geschmack findet, darf
ohne Frage als schwieriger Gast bezeichnet werden.

O2-World
Mühlenstraße 12 • 10243 Friedrichshain, Berlin
Telefon 0 30/20 60 70 80
www.o2world.de

high end.

Zugegeben, man muss ein paar Taler zur Seite legen, um bei Christian Bau zu essen. Rolando Villazòn live zu erleben ist auch teurer, als ins Kino zu gehen. Kino macht Spaß, Villazòn macht Spaß, aber bei Villazòn ist doch noch viel mehr im Spiel. Drei Michelinsterne gibt es eben nur achtundsechzig Mal auf der Welt. Und keine Scheu, auch der Service hat drei Sterne und hilft Ihnen über alle Unsicherheiten hinweg. Nur eines geht gar nicht: Reservieren und dann nicht kommen! Aber das würden Sie bei Villazòn ja auch nicht tun, oder?

Victor's Gourmet-Restaurant Schloss Berg
Schloßstraße 27–29 • 66706 Perl-Nennig/Mosel
Telefon 0 68 66/7 91 18
www.schlossberg-nennig.de

küchenhilfen.

Ich habe noch nie ein Buch geschrieben. Meine Vorstellung davon war, typisch Schauspieler, von Klischees geprägt. Ich würde als rasender Reporter, mit Schreibzeug, Kamera und Diktafon bewaffnet – in diesem speziellen Fall natürlich meine Kochklamotten und die Messer nicht vergessen! – durch die Lande reisen, die gewonnenen Eindrücke und Erkenntnisse in fieberhaftem Rausch in die Tastatur hämmern und anschließend erschöpft sehr viel Alkohol trinken. Nach etwa einem Jahr wäre das Buch fertig, ich ein glückliches Wrack, und meine Frau und sehr viele andere Menschen würden mir bei der Buchpräsentation frenetisch applaudieren. Es wäre meine ganz ureigene Leistung, und ich könnte unglaublich stolz auf mich sein, mich ganz allein ...

Okay, die Sache mit dem Alkohol stimmte tatsächlich.

Ansonsten lernte ich sehr schnell, dass ein Autor zwar alleine am Computer sitzt, aber eine ganze Reihe Menschen durch seinen Entschluss, ein Buch zu schreiben, plötzlich eine Menge zu tun bekommen und ohne sie das Unterfangen gnadenlos zum Scheitern verurteilt wäre.

Vorneweg natürlich die Personen, die die Wohnung mit

dem Autor teilen und die ihm, taucht er wankend aus der Höhle des Arbeitszimmers auf, entfernt bekannt vorkommen.

Ich danke also als Allererstes und für immer meiner so klugen Frau Tanja, die eine wunderbare Autorin ist und ihre diesbezüglichen Ambitionen im vergangenen Jahr sehr zurückstellte. Sie war stets meine erste Leserin, Kritikerin und Ermutigerin. Eine eigentlich emanzipierte und autarke Frau behandelte ihren greinenden Gatten in den immer wiederkehrenden Krisen wie ein rohes Ei, das mit Tee, Kaffee und Stullen bei Kräften zu halten und mit ermüdender Ständigkeit zu loben ist.

Auch unseren Kindern gebührt Dank, denn sie haben zwar den Satz: »Ihr müsst leise sein, Papa arbeitet!«, nie in voller Konsequenz verstehen wollen, aber mir zu keiner Zeit Vorwürfe gemacht, dass ich in ihrem Leben nur noch als der rote Kopf vorkam, der lauthals brüllend aus dem Türspalt lugt.

Die zweite Leser- und Kritikerrunde bestand traditionell aus meiner Mutter Eva, meinen Schwiegereltern Karin und Dieter Haider, meinen Freunden Claudius Freyer und Andreas Eicher und meiner Tante Marianne Riedel. Sie haben alle mit großer Sensibilität gespürt, dass ich, entgegen meiner kernigen Aufforderung zu gnadenloser Rückmeldung, Kritik natürlich seelisch nicht verkrafte, und mich deswegen immer nur gelobt, mit gelegentlichen, geschickt eingewobenen »Anregungen«. Ihre häufige Frage: »Wann gibt's denn mal wieder ein Kapitel?«, hat mir über viele Nöte hinweggeholfen. Ohne dieses weiche Polster aus zugewandter Freundlichkeit und begeistertem Interesse hätten mich die Selbstzweifel sicher aufgefressen.

Dass ich überhaupt mit dem Schreiben begonnen habe, verdanke ich einem der integersten und freundlichsten Menschen im deutschen Fernsehgeschäft, nämlich Jonas Baur. You gave me freedom!

Und dieses Buch würde es nicht geben ohne meine Agentur »Graf & Graf« und deren wunderbare Sachbuchlektorin Rebekka Göpfert, die mich so sicher durch diese mir neue Welt geleitet hat und mir überhaupt erst erklärte, wie man an so eine Arbeit herangeht. Es ist sagenhaft beruhigend zu wissen, dass man sich wirklich nur mit dem Schreiben herumschlagen muss, weil erfahrene, kluge und humorvolle Menschen sich perfekt um alles andere kümmern.

Und ohne sie wäre ich natürlich auch niemals bei der großartigen Britta Egetemeier von Piper gelandet, die so emotional und begeistert an ein Buch herangeht, dass man als Autor lieber gar nicht mehr schläft, als sie zu enttäuschen.

Ein spezieller Dank gebührt Herrn Gerd Meyer, Geschäftsführer der Saarland-Sporttoto GmbH, für den Kontakt zu Christian Bau.

Und immer, immer wieder gehen mein Dank und meine Bewunderung an alle Köche, Spüler und Kellner, die mich in ihr Leben gelassen haben.

Ihr seid Helden!

Berlin, im Sommer 2009

PIPER

Robert L. Wolke
Drei Sterne für Einstein & Co.

Neues aus der Küchenwissenschaft. Mit Rezepten von
Marlene Parrish. Aus dem Amerikanischen von Helmut
Reuter. 400 Seiten. Piper Taschenbuch

Wie kühle ich einen Drink mit Eis, ohne ihn zu verwässern?
Was bringt das Marinieren? Warum kochen wir mit Wein?
Selbst Sterneköchen nützt es zu wissen, was der Bestseller-
autor und Chemiker Robert L. Wolke auf die vielen Fragen
zu Küche, Kochen und Essen an klugen Antworten parat hat.
Und dass Hobbyköche von Wolkes Tipps profitieren, steht
außer Frage. Mit ausgefallenen Rezepten für die praktische
Umsetzung von Wolkes Ratschlägen.

»Wortgewandt und voller Esprit.«
Allgemeine Hotel- und Gastronomiezeitung

01/1820/01/R

PIPER

Hervé This-Benckhard

Rätsel und Geheimnisse der Kochkunst

Naturwissenschaftlich erklärt.
Aus dem Französischen von Rainer Zolk und I. Rothfuss.
576 Seiten mit 175 Abbildungen. Piper Taschenbuch

Wie salzt man eigentlich richtig? Was passiert beim Braten
eines Spiegeleis? Warum gehört Senf in die Vinaigrette?
Für neugierige Feinschmecker und wißbegierige Köche hier
das kleine und große Einmaleins der Küche! – Von der
Suppe bis zum Essig läßt Hervé This-Benckhard nichts aus,
was interessant und nützlich zu wissen ist. Außerdem
verrät er fünfundfünfzig köstliche Rezepte für Vorspeisen,
Hauptgerichte und Desserts – und liefert die naturwissen-
schaftlichen Erklärungen für das beste Gelingen gleich mit.

»Dem Spiegelei hat er sogar ein einzelnes Kapitel gewidmet –
wer hätte etwa gewußt, daß man nur das Eiweiß in der Nähe
des Dotters salzen darf?«
Die Zeit

01/1821/01/R

Wolfgang Staudt

50 einfache Dinge,
die Sie über Wein wissen sollten

168 Seiten. Gebunden

Lieber weiß oder lieber rot? Die Frage kennt man. Aber wieso
ist Weißwein eigentlich weiß und Rotwein rot? Warum
schmecken manche Weine trocken und manche nicht? Banale
Fragen, oder?! Wein zu trinken ist leichter, als ihn zu verstehen. Aber erst wer mehr über den edlen Rebensaft weiß,
versteht ihn zu genießen. Dieses Buch vermittelt dem Leser
alle wichtigen Beurteilungskriterien und versetzt ihn somit in
die Lage, sich eine eigene Meinung über die sensorische Be-
schaffenheit von Wein zu bilden: Was unterscheidet einen nus-
sigen von einem fruchtig-beerigen Rotwein? Wie schmecke
ich Süße, Säure oder Tannine heraus? Wie erkenne ich den
Reifegrad eines Weins? Aber auch andere Aspekte des
Weingenusses werden thematisiert: Wie lese ich ein Flaschen-
etikett, welcher Wein harmoniert mit welchem Essen, zu
welchem Anlass serviere ich welchen Tropfen? Egal ob Anfänger oder regelmäßiger Weintrinker – dieses Buch zeigt, dass
jeder lernen kann, einen guten Wein zu erkennen und ihn richtig zu genießen.

11/1001/01/R

PIPER

Gunter Frank
Lizenz zum Essen

Warum Ihr Gewicht mehr mit Stress zu tun hat, als mit dem, was Sie essen. 336 Seiten. Piper Taschenbuch

Alle wollen abnehmen, kaum einer schafft es. Obst essen und Sport treiben, dann purzeln die Kilos? Eher nicht. Was hilft denn wirklich? Darauf kann es nach allem, was Medizin, Ernährungswissenschaft und Psychologie wissen, nur eine Antwort geben: belastenden Stress vermeiden. Nicht das, was wir essen oder wie viel wir essen, hat den größten Einfluss auf unser Gewicht, sondern ganz andere Faktoren: Hormone und Licht, Stress und Sorgen. Weil der Arzt und Ernährungsspezialist Gunter Frank in seiner Praxis jeden Tag den immensen Leidensdruck von eigentlich gesunden, aber mit ihrem Gewicht unzufriedenen Frauen und Männern sieht, hat er dieses revolutionäre Ernährungsbuch geschrieben. Wir müssen Schluss machen mit Verzicht, schlechtem Gewissen und Stress beim Essen, sagt Frank und zeigt: viel mehr als eine ordentliche Portion Rührei mit Speck schadet es, dass kaum noch jemand nach Herzenslust isst.

01/1705/02/R

PIPER

Thomas Raab

Der Metzger geht fremd

Kriminalroman. 368 Seiten. Gebunden

Durchaus mit Bewunderung für die Gründlichkeit der
hiesigen Reinigungskräfte registriert Danjela Djurkovic die
blitzblanken Fliesen des Kurschwimmbades. Es herrscht
eine gespenstische Stille, denn außer ihr ist nur eine andere
Person anwesend, die wie eine marmorne Statue am Grunde
des Beckens liegt. Der Mann ist tot, daran besteht kein
Zweifel. Mit seltener Gelassenheit alarmiert Danjela die
Klinikleitung und schickt einen Hilferuf in Richtung ihres
geliebten, eigensinnigen Willibald Adrian Metzger. Der sitzt
in seiner fernen Restauratorenwerkstatt und bricht nur
widerwillig in die Fremde auf. Doch bald schon nimmt ihn das
Leben auf dem Land gefangen. Denn auch dort haben die
Familien ihre Leichen im Keller.

01/1818/01/R